이태백 시집 찾아보기

이 책은 (재)한국연구재단의 지원으로 학고방출판사에서 출간, 유통합니다.

한국연구재단 학술번역총서 동양편 614

# 이태백 시집 찾아보기

이 백 지음 | 이영주·임도현·신하윤 역주

學古房

|일러두기|

1. 이 책의 저본은 청나라 왕기王琦가 주석을 붙인 ≪李太白全集≫으로 1991년 북경의 中華書局에서 출판된 것을 사용하였다. 시의 제목과 원문은 이 저본을 따랐으며 문맥이 통하지 않는 경우 다른 판본의 글자로 대체하고 주석에서 밝혔다. 왕기의 ≪李太白全集≫에는 권2~권25에 987수가 수록되어 있으며, 권30의 시문습유詩文拾遺에 57수가 수록되어 있다. 이 책에서는 이러한 작품 외에 다른 주석서와 참고자료에 수록된 일시와 단구 33수를 포함하여 모두 1072수를 수록하였다. 수록 순서는 대체로 왕기의 ≪李太白全集≫을 따랐다.
2. 시 원문에서 환운하는 곳과 마지막에는 」 표시를 하였다.
3. 작시시기에 대해서는 여러 주석서를 참고하였으며 유력한 설만 소개하였다.
4. 시의 해석에 대한 설이 다양한 경우 가장 적절한 것을 국문 번역에서 채택하고 의미 있는 이설은 주석에서 밝혔다.
5. 주석에서 전고를 설명할 때는 관련된 핵심 내용만 요약하여 제시하고 출전을 밝혔다.
6. 이백이 생존했던 시기의 연호인 개원開元, 천보天寶, 지덕至德, 건원乾元, 상원上元 등은 국문으로만 표기하였다.
7. 중국 지명과 중국인 인명은 모두 한국한자음으로 표기하였다.

## 머리말

    대표적인 중국 고전시가 시인들의 작품이 우리나라에서 아직 완역되지 않았다는 사실을 알고서 중국 시사에서 최정상의 자리를 차지하는 이백과 두보의 시라도 우선 완역해야겠다고 마음먹은 지 오래다. 그래서 이십여 년 전에 뜻을 함께하는 중문학 전공 교수 몇 사람과 함께 두보 시 독해 모임을 만들고 매주 한 번 서울대에 있는 나의 연구실에 모여 두보의 시를 독해하고 창작시기별로 그 결과물을 책으로 출간해 왔다. 이 작업은 두보 시 전체를 역해할 때까지 앞으로도 지속될 것이다.

    두보 시에 이어 1997년에 여러 대학원생과 함께 왕기王琦가 집주輯注한 ≪이태백전집(李太白全集)≫을 독해하는 모임을 만들었다. 여러 해 동안 총 24권 중 16권을 읽고 원문과 주석을 번역했지만, 학위 과정 중에 있는 대학원생이 지속적으로 참여하는 것이 어려웠고 나 또한 다른 일로 바빠서 모임이 중단되었다. 이를 아쉬워하면서 언젠가는 이백 시 역해 작업을 완성해야겠다고 다짐하고 있었는데 마침 2011년 한국연구재단에서 명저번역사업의 일환으로 이백 시 완역이 공모 과제로 제시되어 나는 내심 좋은 기회라 생각하고 응모하기로 마음먹었다.

　내가 연구책임자 일을 맡고 임도현 박사와 신하윤 교수 두 사람에게 공동연구자로 참여할 것을 권하였다. 임도현 박사는 나의 지도 아래 서울대에서 이백 시 연구로 박사학위를 받았고 신하윤 교수는 북경대에서 이백 시 연구로 박사학위를 받아 두 사람 모두 이백 시에 대한 이해가 깊고 연구 과정 중에 이미 상당수의 시를 역해한 원고를 가지고 있어서 적임자라고 생각했기 때문이다. 두 사람은 나의 제의를 흔쾌히 받아들였고 다행히도 연구재단에서 우리를 선정해 주어, 나의 오랜 숙원이던 이백 시 완역 작업을 본격적으로 할 수 있게 되었다.

　우선 임도현 박사가 세 사람이 가지고 있던 원고를 취합하여 말투와 체제를 통일시킨 초고를 만드는 일을 담당하였다. 사실 이 일이 품이 가장 많이 드는 일이었으니, 본 작업이 완성된 데에 임박사의 공이 가장 컸다고 해야 할 것이다. 그리고 나는 삼 년 내내 여러 대학원생과 함께 초고를 읽고 토론을 하면서 내용을 수정 보완하였다. 이 과정 중에 역대 주석가의 기존 주해는 물론 중국, 대만, 일본의 현대어 번역본도 모두 검토하였다. 이렇게 하여 완성된 수정본을 다시 한 번 더 검토하는 과정을 거쳐 최종적으로 원고를 확정하였다.

　이백 시에 대한 역대 주석가의 주해는 많지만 첨영詹鍈이 주편主編한 ≪이백전집교주휘석집평(李白全集校注彙釋集評)≫(천진天津, 백화문예출판사百花文藝出版社, 1997)에 청나라 이전의 주해가 거의 망라되었을 뿐만 아니라 근인의 성과도 일부 수록되어 있어서 큰 도움을 받았다. 그리고 첨복서詹福瑞, 유숭덕劉崇德, 갈경춘葛景春 외 4인이 공동 역해한 ≪이백시전역(李白詩全譯)≫(석가장石家莊, 하북인민출판사河北人民出版社, 1997), 욱현호郁賢皓가 역해한 ≪신역이백시전집(新譯李白詩全集)≫(대북

臺北, 삼민서국三民書局, 2012), 구보천수久保天隨가 역해한 ≪이백전시집(李白全詩集)≫(동경東京, 일본도서센타日本圖書センター, 1978) 등도 정밀하게 살펴보았다. 우리나라에는 아직 이백 시를 완역한 역해집이 없었으며 몇 종류 있는 선역집도 그 내용이 소략하고 역해가 정밀하지 않아 아쉬웠다. 그 중 진옥경과 노경희가 함께 역해한 ≪이백시의 정화, 고풍 악부 가음≫(역락출판사, 2014)은 이백 시 중 고풍古風, 악부樂府, 가음歌吟 부분을 완역하였을 뿐만 아니라 주해가 상세하고 역문이 정치하여 적지 않은 도움을 받았다.

 역대 주해가와 역해자의 기존 성과로부터 많은 도움을 받았음에도 불구하고 그 중 어떤 것도 완벽한 역해라고 할 수는 없었다. 따라서 다양한 성과를 참고하였으되 최종적인 역해는 결국 우리가 독자적으로 해야만 했다. 그동안 완벽한 역해서가 나오지 못한 것이 결코 역대 주해자와 역해자들의 능력과 공이 미흡했던 때문은 아니다. 이백 시가 가지고 있는 모호한 맥락 때문에 그 누가 하더라도 아마 완벽하게 역해하기는 힘들었을 것이다. 이백 시를 읽어 보면 매 구절의 뜻이 난해한 것이 그다지 많지 않아 일견 쉽다는 느낌을 받지만, 이백 시의 전체 맥락을 정확하게 파악하는 것은 결코 쉽지 않다. 여기에는 몇 가지 이유가 있다.

 첫째, 이백 시는 상당수가 언제 어디에서 지은 것인지 분명하지 않다. 시의 내용을 분명하게 이해하고 시구 사이의 맥락을 정확하게 파악하기 위해서는 작자의 창작 동기를 아는 것이 선행되어야 하는데, 이백의 경우 다수의 시가 지은 시기와 장소, 창작 동기가 불분명하다. 이는 이백의 행적 중 많은 부분이 아직도 정확히 알려져 있지 않은 것과도 관계가 있다. 지금도 많은 연구자들이 이백의 생애 가운데 불분명한 행적을 밝혀내려고 노력하고 있으니, 향후 새로운 사실이 밝혀지면 그 행적과 연관된 시는 기존 해석이 수정되기도 할 것이다.

둘째, 이백은 시를 지을 때 장법章法에 치중하지 않았다. 시인이 시를 지을 때 장법을 중시하여 시상의 전개 과정을 분명하게 보여주거나 시의 맥락을 알려주는 표지가 되는 시어를 적절하게 사용하면 독자도 이를 따라 정확하게 시를 해석할 수 있다. 하지만 이백은 즉흥적이고 자유롭게 시를 짓는 경향이 있어서 시의 맥락이 쉽게 드러나지 않는 경우가 많다. 때로는 시상의 단절이나 비약으로 인해 시의 완성도가 떨어진다거나 시상이 난삽하고 저열하다는 평가를 받기도 하는데 이는 이백 시의 진위에 대해 많은 논쟁거리를 제공하였다. 심지어 역대 주석가 중 어떤 이는 이백 시 중 200여 수 이상을 후인이 이백의 이름을 빌려 지은 위작이나 다른 사람이 지은 것이 잘못 들어간 것으로 간주하기도 하였다.

셋째, 이백은 가리키는 바가 모호한 표현을 하는 경우가 간혹 있다. 예컨대 자신의 상황에 대한 기술인지 아니면 다른 사람에 대한 언급인지가 불분명하거나, 또는 과거의 일인지 장래의 일인지 판단하기 어려운 경우가 있다. 때로는 문법적으로 다양하게 해석될 여지가 있는 시구가 있기도 하여, 어느 한 쪽을 선택함에 따라 시의 전체적인 내용이 사뭇 달라진다.

이상의 이유로 인해 이백의 시에는 다양한 해석이 가능한 시구가 많은데, 번역할 때는 어느 한 가지 해석만을 선택해야 하는 어려움이 있었다. 이런 경우 가장 합당하다고 생각하는 것을 선택하여 번역에 반영하고 기타 가능한 해석은 주석에서 소개하는 방식으로 문제를 해결할 수밖에 없었다.

앞에서 언급하였듯이 현전하는 이백 시 중에는 진위가 불분명한

시가 많다. 그러나 우리는 그것에 대해서 함부로 판단하는 것이 위험하다고 생각하여 일단 이백 시라고 알려진 시는 모두 역해하였다, 뿐만 아니라 시 전체가 전해지지 않고 일부 구절만 전해지는 것도 다루어 총 1072수를 수록하였으니 향후 이백 연구자나 독자에게 도움이 되리라 기대한다.

어떤 일이든 마찬가지겠지만 서둘다 보면 하자가 생기게 마련인데, 연구재단의 지원을 받다보니 주어진 기간 안에 작업을 끝내야 했다. 천 수가 넘는 많은 시의 역해를 삼 년이라는 길지 않은 시간 안에 서둘러 끝내고 나니, 오류가 적지 않을 것 같아 마음이 무겁다. 나름대로 최선을 다했고 가능한 한 많은 사람의 검토를 거치려고 애썼다는 것으로 스스로를 위안한다.

이백은 시 외에도 부賦, 표表, 서序, 기記, 송찬頌贊, 비명碑銘, 제문祭文 등 수십 편의 글을 남겼는데, 향후 이 글도 모두 역해하려고 한다. 이 책을 읽는 독자들이 귀중한 지적을 해 주기를 바라며, 이백전집의 역해집을 낼 때 그 지적을 반영하여 좀 더 나은 역해가 되도록 할 것을 약속한다.

연구를 지원해 준 한국연구재단, 출간을 맡아 준 학고방출판사에 감사드린다. 초고를 검토하고 수정 보완하는 일에 참여한 서울대 중문과의 이욱진, 엽취화, 국문과의 이준영 외 여러 대학원생에게도 감사의 뜻을 전한다.

                              을미해 대보름날에 이영주가 쓰다.

## 목차

머리말 ················································································ v
총목차 ················································································ 1
제목 찾아보기 ····································································· 61
구절 찾아보기 ··································································· 107

# 총목차

• 1권

머리말 ·················································································· v

이백의 생애와 시 세계 ······················································ x

1  고풍 古風 ········································································· 1

  1. 고풍 59수 제1수 古風五十九首 其一(大雅久不作) ············ 3
  2. 고풍 59수 제2수 古風五十九首 其二(蟾蜍薄太淸) ············ 9
  3. 고풍 59수 제3수 古風五十九首 其三(秦王掃六合) ············ 13
  4. 고풍 59수 제4수 古風五十九首 其四(鳳飛九千仞) ············ 18
  5. 고풍 59수 제5수 古風五十九首 其五(太白何蒼蒼) ············ 22
  6. 고풍 59수 제6수 古風五十九首 其六(代馬不思越) ············ 25
  7. 고풍 59수 제7수 古風五十九首 其七(客有鶴上仙) ············ 28
  8. 고풍 59수 제8수 古風五十九首 其八(咸陽二三月) ············ 31
  9. 고풍 59수 제9수 古風五十九首 其九(莊周夢胡蝶) ············ 34
  10. 고풍 59수 제10수 古風五十九首 其十(齊有倜儻生) ········· 37
  11. 고풍 59수 제11수 古風五十九首 其十一(黃河走東溟) ········ 40
  12. 고풍 59수 제12수 古風五十九首 其十二(松柏本孤直) ········ 42
  13. 고풍 59수 제13수 古風五十九首 其十三(君平旣棄世) ········ 45

| | | | | |
|---|---|---|---|---|
| 14. | 고풍 59수 | 제14수 | 古風五十九首 其十四(胡關饒風沙) | ……… 49 |
| 15. | 고풍 59수 | 제15수 | 古風五十九首 其十五(燕昭延郭隗) | ……… 53 |
| 16. | 고풍 59수 | 제16수 | 古風五十九首 其十六(寶劍雙蛟龍) | ……… 56 |
| 17. | 고풍 59수 | 제17수 | 古風五十九首 其十七(金華牧羊兒) | ……… 59 |
| 18. | 고풍 59수 | 제18수 | 古風五十九首 其十八(天津三月時) | ……… 61 |
| 19. | 고풍 59수 | 제19수 | 古風五十九首 其十九(西上蓮花山) | ……… 66 |
| 20. | 고풍 59수 | 제20수 | 古風五十九首 其二十(昔我遊齊都) | ……… 69 |
| 21. | 고풍 59수 | 제21수 | 古風五十九首 其二十一(郢客吟白雪) | …… 74 |
| 22. | 고풍 59수 | 제22수 | 古風五十九首 其二十二(秦水別隴首) | …… 76 |
| 23. | 고풍 59수 | 제23수 | 古風五十九首 其二十三(秋露白如玉) | …… 79 |
| 24. | 고풍 59수 | 제24수 | 古風五十九首 其二十四(大車揚飛塵) | …… 83 |
| 25. | 고풍 59수 | 제25수 | 古風五十九首 其二十五(世道日交喪) | …… 86 |
| 26. | 고풍 59수 | 제26수 | 古風五十九首 其二十六(碧荷生幽泉) | …… 89 |
| 27. | 고풍 59수 | 제27수 | 古風五十九首 其二十七(燕趙有秀色) | …… 91 |
| 28. | 고풍 59수 | 제28수 | 古風五十九首 其二十八(容顏若飛電) | …… 93 |
| 29. | 고풍 59수 | 제29수 | 古風五十九首 其二十九(三季分戰國) | …… 95 |
| 30. | 고풍 59수 | 제30수 | 古風五十九首 其三十(玄風變太古) | ……… 98 |
| 31. | 고풍 59수 | 제31수 | 古風五十九首 其三十一(鄭客西入關) | … 102 |
| 32. | 고풍 59수 | 제32수 | 古風五十九首 其三十二(蓐收肅金氣) | … 105 |
| 33. | 고풍 59수 | 제33수 | 古風五十九首 其三十三(北溟有巨魚) | … 107 |
| 34. | 고풍 59수 | 제34수 | 古風五十九首 其三十四(羽檄如流星) | … 109 |
| 35. | 고풍 59수 | 제35수 | 古風五十九首 其三十五(醜女來效顰) | … 114 |
| 36. | 고풍 59수 | 제36수 | 古風五十九首 其三十六(抱玉入楚國) | … 118 |
| 37. | 고풍 59수 | 제37수 | 古風五十九首 其三十七(燕臣昔慟哭) | … 121 |
| 38. | 고풍 59수 | 제38수 | 古風五十九首 其三十八(孤蘭生幽園) | … 124 |
| 39. | 고풍 59수 | 제39수 | 古風五十九首 其三十九(登高望四海) | … 126 |
| 40. | 고풍 59수 | 제40수 | 古風五十九首 其四十(鳳飢不啄粟) | …… 129 |
| 41. | 고풍 59수 | 제41수 | 古風五十九首 其四十一(朝弄紫泥海) | … 132 |
| 42. | 고풍 59수 | 제42수 | 古風五十九首 其四十二(搖裔雙白鷗) | … 135 |

43. 고풍 59수 제43수 古風五十九首 其四十三(周穆八荒意) … 137
44. 고풍 59수 제44수 古風五十九首 其四十四(綠蘿紛葳蕤) … 141
45. 고풍 59수 제45수 古風五十九首 其四十五(八荒馳驚飆) … 144
46. 고풍 59수 제46수 古風五十九首 其四十六(一百四十年) … 147
47. 고풍 59수 제47수 古風五十九首 其四十七(桃花開東園) … 151
48. 고풍 59수 제48수 古風五十九首 其四十八(秦皇按寶劍) … 153
49. 고풍 59수 제49수 古風五十九首 其四十九(美人出南國) … 156
50. 고풍 59수 제50수 古風五十九首 其五十(宋國梧臺東) ……… 158
51. 고풍 59수 제51수 古風五十九首 其五十一(殷后亂天紀) … 160
52. 고풍 59수 제52수 古風五十九首 其五十二(青春流驚湍) … 163
53. 고풍 59수 제53수 古風五十九首 其五十三(戰國何紛紛) … 165
54. 고풍 59수 제54수 古風五十九首 其五十四(倚劍登高臺) … 168
55. 고풍 59수 제55수 古風五十九首 其五十五(齊瑟彈東吟) … 171
56. 고풍 59수 제56수 古風五十九首 其五十六(越客採明珠) … 174
57. 고풍 59수 제57수 古風五十九首 其五十七(羽族稟萬化) … 176
58. 고풍 59수 제58수 古風五十九首 其五十八(我行巫山渚) … 178
59. 고풍 59수 제59수 古風五十九首 其五十九(惻惻泣路歧) … 180

## 2 악부 樂府 … 185

60. 먼 이별 遠別離 … 187
61. 그대는 강을 건너지 마시오 公無渡河 … 192
62. 촉으로 가는 길이 험난하다 蜀道難 … 197
63. 양보 梁甫吟 … 206
64. 까마귀가 밤에 울다 烏夜啼 … 217
65. 까마귀가 깃들이다 烏棲曲 … 219
66. 성의 남쪽에서 전쟁하다 戰城南 … 222
67. 술을 드시오 將進酒 … 225

68. 가고 가며 사냥하다 行行且遊獵篇 ································ 230
69. 날아가 버린 용 2수 제1수 飛龍引 二首 其一 ················ 233
70. 날아가 버린 용 2수 제2수 飛龍引 二首 其二 ················ 236
71. 천마 天馬歌 ································································· 240
72. 갈 길 힘난하다 3수 제1수 行路難 三首 其一 ··············· 250
73. 갈 길 힘난하다 3수 제2수 行路難 三首 其二 ··············· 254
74. 갈 길 힘난하다 3수 제3수 行路難 三首 其三 ··············· 259
75. 오래도록 그리워하다 長相思 ········································ 264
76. 상류전 上留田行 ·························································· 267
77. 봄날 春日行 ································································· 273
78. 앞에 술동이가 있다 2수 제1수
　　前有樽酒行 二首 其一 ············································· 278
79. 앞에 술동이가 있다 2수 제2수
　　前有樽酒行 二首 其二 ············································· 281
80. 밤에 앉아서 읊조리다 夜坐吟 ····································· 283
81. 들판의 참새 野田黃雀行 ············································· 286
82. 공후의 노래 箜篌謠 ···················································· 289
83. 아침에 장끼가 날아오르다 雉朝飛 ······························ 293
84. 구름 위로 오르는 즐거움 上雲樂 ································ 296
85. 이칙격에 맞춘 불무를 추며 부르는 백구의 노래
　　夷則格上白鳩拂舞辭 ················································ 307
86. 해가 뜨고 지다 日出入行 ············································ 312
87. 오랑캐 땅에 사람이 없어지다 胡無人 ························· 317
88. 북풍 北風行 ································································· 322
89. 협객 俠客行 ································································· 326
90. 관문의 산에 뜬 달 關山月 ·········································· 331
91. 독록 獨漉篇 ································································· 334
92. 높은 언덕에 올라 먼 바다를 바라보다
　　登高丘而望遠海 ······················································· 340

93. 따뜻한 봄 陽春歌 ································· 345
94. 양반아 楊叛兒 ··································· 348
95. 한 쌍의 제비가 헤어지다 雙燕離 ············· 351
96. 산에 은거한 이가 술을 권하다 山人勸酒 ····· 354
97. 우전에서 꽃을 따다 于闐採花 ················· 358
98. 곤궁의 노래 鞠歌行 ····························· 361
99. 그윽한 계곡의 샘물 幽澗泉 ···················· 367
100. 왕소군 2수 제1수 王昭君 二首 其一 ········· 371
101. 왕소군 2수 제2수 王昭君 二首 其二 ········· 374
102. 중산왕의 첩 中山孺子妾歌 ···················· 375
103. 형주 荊州歌 ······································ 378
104. 벽사기를 공연하면서 치자반을 연주하다
　　　設辟邪伎鼓吹雉子斑曲辭 ················· 380
105. 그대를 만나다 相逢行 ·························· 384
106. 예전부터 그리워하는 바가 있었다 古有所思 ····· 385
107. 오랜 이별 久別離 ······························· 387
108. 흰 머리 2수 제1수 白頭吟 二首 其一 ········ 391
109. 흰 머리 2수 제2수 白頭吟 二首 其二 ········ 398
110. 연밥을 따다 採蓮曲 ···························· 404
111. 임강왕의 절개 있는 선비 臨江王節士歌 ······ 406
112. 사마장군 司馬將軍歌 ··························· 409
113. 임금의 도리 君道曲 ···························· 414
114. 버선 끈을 매다 結襪子 ························· 417
115. 젊은이들이 모인 곳에서 협객과 교제를 맺다
　　　結客少年場行 ································ 419
116. 장간 마을 2수 제1수 長干行二首 其一 ······· 424
117. 장간 마을 2수 제2수 長干行二首 其二 ······· 429
118. 옛날의 밝은 달 古朗月行 ······················ 433
119. 임금님이 회중궁으로 행차하시다 上之回 ····· 437

120. 홀로 만나지 못하다 獨不見 ················································ 441
121. 하얀 모시 춤 3수 제1수 白紵辭 三首 其一 ················ 444
122. 하얀 모시 춤 3수 제2수 白紵辭 三首 其二 ················ 447
123. 하얀 모시 춤 3수 제3수 白紵辭 三首 其三 ················ 450
124. 우는 기러기 鳴雁行 ·············································· 452
125. 여인의 박복한 운명 妾薄命 ·································· 456

## • 2권

머리말 ···································································································· v

126. 오랑캐 말을 탄 유주의 협객 幽州胡馬客歌 ················ 1
127. 문 밖에 수레를 탄 손님이 있다 門有車馬客行 ············ 5
128. 군자가 그리워하는 바가 있다 君子有所思行 ············· 9
129. 동해의 용감한 부인 東海有勇婦 ································ 13
130. 누런 칡 黃葛篇 ······················································ 20
131. 흰 말 白馬篇 ··························································· 23
132. 봉황의 소리를 내는 생 鳳笙篇 ································· 27
133. 원망의 노래 怨歌行 ·················································· 30
134. 변새 아래에서 6수 제1수 塞下曲 六首 其一 ················ 34
135. 변새 아래에서 6수 제2수 塞下曲 六首 其二 ················ 36
136. 변새 아래에서 6수 제3수 塞下曲 六首 其三 ················ 38
137. 변새 아래에서 6수 제4수 塞下曲 六首 其四 ················ 40
138. 변새 아래에서 6수 제5수 塞下曲 六首 其五 ················ 42
139. 변새 아래에서 6수 제6수 塞下曲 六首 其六 ················ 44
140. 지난날엔 많이 힘들었다 來日大難 ···························· 46
141. 변새 위에서 塞上曲 ··················································· 50

142. 옥 계단에서 원망하다 玉階怨 ································ 53
143. 양양 4수 제1수 襄陽曲 四首 其一 ······················ 55
144. 양양 4수 제2수 襄陽曲 四首 其二 ······················ 57
145. 양양 4수 제3수 襄陽曲 四首 其三 ······················ 59
146. 양양 4수 제4수 襄陽曲 四首 其四 ······················ 61
147. 대제 大堤曲 ································································ 62
148. 궁중의 즐거움 8수 제1수 宮中行樂詞 八首 其一 ······ 64
149. 궁중의 즐거움 8수 제2수 宮中行樂詞 八首 其二 ······ 66
150. 궁중의 즐거움 8수 제3수 宮中行樂詞 八首 其三 ······ 68
151. 궁중의 즐거움 8수 제4수 宮中行樂詞 八首 其四 ······ 70
152. 궁중의 즐거움 8수 제5수 宮中行樂詞 八首 其五 ······ 72
153. 궁중의 즐거움 8수 제6수 宮中行樂詞 八首 其六 ······ 74
154. 궁중의 즐거움 8수 제7수 宮中行樂詞 八首 其七 ······ 76
155. 궁중의 즐거움 8수 제8수 宮中行樂詞 八首 其八 ······ 78
156. 청평조사 3수 제1수 清平調詞三首 其一 ················ 80
157. 청평조사 3수 제2수 清平調詞三首 其二 ················ 82
158. 청평조사 3수 제3수 清平調詞三首 其三 ················ 84
159. 음악을 울리며 조회에 들어가다 鼓吹入朝曲 ·········· 86
160. 진여휴 秦女休行 ························································ 89
161. 진나라 여인이 천자의 옷을 말아 개다 秦女卷衣 ···· 93
162. 동무 東武吟 ································································ 96
163. 한단의 궁녀가 시집가서 허드렛일 하는 부역인의
     부인이 되다 邯鄲才人嫁爲廝養卒婦 ···················· 102
164. 계주 북문을 나서다 出自薊北門行 ························ 105
165. 낙양의 길 洛陽陌 ···················································· 109
166. 북쪽으로 가다 北上行 ············································ 110
167. 짧은 노래 短歌行 ···················································· 114
168. 빈 성의 참새 空城雀 ·············································· 117
169. 보살만 菩薩蠻 ·························································· 120

170. 억진아 憶秦娥 ································································ 123
171. 백마진을 출발하다 發白馬 ··············································· 126
172. 밭두둑의 뽕나무 陌上桑 ·················································· 130
173. 말라죽은 물고기가 황하를 건너며 눈물을 흘리다
    枯魚過河泣 ········································································ 134
174. 정 도호 丁都護歌 ······························································ 137
175. 서로 만나다 相逢行 ·························································· 140
176. 천 리의 그리움 千里思 ····················································· 144
177. 숲 속의 풀 樹中草 ···························································· 146
178. 그대의 말이 누렇다 君馬黃 ············································· 148
179. 옛 시를 본뜨다 擬古 ························································ 151
180. 버들을 꺾다 折楊柳 ·························································· 153
181. 젊은이 少年子 ··································································· 155
182. 자류마 紫騮馬 ··································································· 157
183. 젊은이 2수 제1수 少年行二首 其一 ······························· 159
184. 젊은이 2수 제2수 少年行二首 其二 ······························· 162
185. 하얀 코의 말 白鼻䯄 ························································ 164
186. 예장 豫章行 ······································································· 166
187. 목욕하는 사람 沐浴子 ······················································ 170
188. 고구려 高句驪 ··································································· 172
189. 고요한 밤의 그리움 靜夜思 ············································· 174
190. 맑은 물 淥水曲 ································································· 175
191. 봉황 鳳凰曲 ······································································· 177
192. 봉대 鳳臺曲 ······································································· 179
193. 종군 從軍行 ······································································· 181
194. 가을 상념 秋思 ································································· 183
195. 봄 상념 春思 ····································································· 185
196. 가을 상념 秋思 ································································· 187
197. 자야의 노래 4수 제1수 子夜吳歌四首 其一 ················· 189

198. 자야의 노래 4수 제2수 子夜吳歌四首 其二 ········· 191
199. 자야의 노래 4수 제3수 子夜吳歌四首 其三 ········· 193
200. 자야의 노래 4수 제4수 子夜吳歌四首 其四 ········· 195
201. 술을 마주하다 對酒行 ········································· 197
202. 떠돌이 상인 估客行 ············································ 200
203. 다듬이질 擣衣篇 ················································· 201
204. 젊은이 少年行 ···················································· 206
205. 긴 노래 長歌行 ·················································· 211
206. 오랜 그리움 長相思 ············································ 214
207. 사나운 호랑이 猛虎行 ········································· 217
208. 버림받은 여인 去婦詞 ········································· 225

# 3 가음 歌吟 ·························································· 233

209. 양양 襄陽歌 ························································ 235
210. 남도 南都行 ························································ 243
211. 강 위에서 江上吟 ··············································· 247
212. 의춘원에서 황제를 모시다가 황제의 명을 받들어
　　　용지의 버들빛이 막 푸를 때 새로 나온 꾀꼬리가
　　　사방에서 지저귀는 소리 듣는 것을 읊다
　　　侍從宜春苑, 奉詔, 賦龍池柳色初青聽新鶯百囀歌 ········· 251
213. 옥 타구 玉壺吟 ·················································· 255
214. 빈 땅의 노래를 읊어 형님인 이찬 신평장사께 올리다
　　　豳歌行上新平長史兄粲 ············································ 259
215. 화산의 운대봉을 노래하여 원단구를 전송하다
　　　西岳雲臺歌送丹丘子 ············································· 263
216. 원단구 元丹丘歌 ················································ 268
217. 부풍의 호걸 扶風豪士歌 ····································· 271

218. 문중 동생인 금성위 이숙경과 함께 벽에 그려진
　　　산수화를 촛불로 비춰보다 同族弟金城尉叔卿,
　　　燭照山水壁畵歌 ································· 277
219. 백호자 白毫子歌 ································· 280
220. 양원 梁園吟 ····································· 283
221. 명고산을 노래해 잠 징군을 보내다 鳴皐歌送岑徵君 ······ 289
222. 명고산을 노래해 문중 어르신인 이청께서 오애의
　　　산장으로 돌아가시는 것을 받들어 전별하다
　　　鳴皐歌奉餞從翁淸歸五崖山居 ····················· 300
223. 노로정 勞勞亭歌 ································· 304
224. 횡강 6수 제1수 橫江詞六首 其一 ··················· 307
225. 횡강 6수 제2수 橫江詞六首 其二 ··················· 309
226. 횡강 6수 제3수 橫江詞六首 其三 ··················· 310
227. 횡강 6수 제4수 橫江詞六首 其四 ··················· 312
228. 횡강 6수 제5수 橫江詞六首 其五 ··················· 314
229. 횡강 6수 제6수 橫江詞六首 其六 ··················· 315
230. 금릉성 서쪽 누대의 달 아래에서 읊다
　　　金陵城西樓月下吟 ······························· 317
231. 동산 東山吟 ····································· 319
232. 승가 대사 僧伽歌 ······························· 322
233. 흰 구름을 노래해 산으로 돌아가는 유씨를 보내다
　　　白雲歌送劉十六歸山 ····························· 326
234. 금릉을 노래하여 범선을 떠나보내다
　　　金陵歌送別范宣 ································· 328
235. 우스워서 노래하다 笑歌行 ························· 332
236. 슬퍼 노래하다 悲歌行 ··························· 338
237. 추포 17수 제1수 秋浦歌十七首 其一 ················ 344
238. 추포 17수 제2수 秋浦歌十七首 其二 ················ 346
239. 추포 17수 제3수 秋浦歌十七首 其三 ················ 348

240. 추포 17수 제4수 秋浦歌十七首 其四 ················· 349
241. 추포 17수 제5수 秋浦歌十七首 其五 ················· 350
242. 추포 17수 제6수 秋浦歌十七首 其六 ················· 351
243. 추포 17수 제7수 秋浦歌十七首 其七 ················· 352
244. 추포 17수 제8수 秋浦歌十七首 其八 ················· 354
245. 추포 17수 제9수 秋浦歌十七首 其九 ················· 356
246. 추포 17수 제10수 秋浦歌十七首 其十 ················ 358
247. 추포 17수 제11수 秋浦歌十七首 其十一 ·············· 360
248. 추포 17수 제12수 秋浦歌十七首 其十二 ·············· 361
249. 추포 17수 제13수 秋浦歌十七首 其十三 ·············· 362
250. 추포 17수 제14수 秋浦歌十七首 其十四 ·············· 363
251. 추포 17수 제15수 秋浦歌十七首 其十五 ·············· 365
252. 추포 17수 제16수 秋浦歌十七首 其十六 ·············· 366
253. 추포 17수 제17수 秋浦歌十七首 其十七 ·············· 367
254. 조염 당도현위의 산수벽화
　　　當塗趙炎少府粉圖山水歌 ························· 368
255. 영왕의 동쪽 순행 11수 제1수
　　　永王東巡歌十一首 其一 ························· 373
256. 영왕의 동쪽 순행 11수 제2수
　　　永王東巡歌十一首 其二 ························· 375
257. 영왕의 동쪽 순행 11수 제3수
　　　永王東巡歌十一首 其三 ························· 377
258. 영왕의 동쪽 순행 11수 제4수
　　　永王東巡歌十一首 其四 ························· 379
259. 영왕의 동쪽 순행 11수 제5수
　　　永王東巡歌十一首 其五 ························· 380
260. 영왕의 동쪽 순행 11수 제6수
　　　永王東巡歌十一首 其六 ························· 382
261. 영왕의 동쪽 순행 11수 제7수

　　　　　永王東巡歌十一首 其七 ················· 383
262. 영왕의 동쪽 순행 11수 제8수
　　　　　永王東巡歌十一首 其八 ················· 385
263. 영왕의 동쪽 순행 11수 제9수
　　　　　永王東巡歌十一首 其九 ················· 387
264. 영왕의 동쪽 순행 11수 제10수
　　　　　永王東巡歌十一首 其十 ················· 389
265. 영왕의 동쪽 순행 11수 제11수
　　　　　永王東巡歌十一首 其十一 ··············· 391
266. 현종의 서쪽 남경 순행 10수 제1수
　　　　　上皇西巡南京歌十首 其一 ··············· 393
267. 현종의 서쪽 남경 순행 10수 제2수
　　　　　上皇西巡南京歌十首 其二 ··············· 395
268. 현종의 서쪽 남경 순행 10수 제3수
　　　　　上皇西巡南京歌十首 其三 ··············· 396
269. 현종의 서쪽 남경 순행 10수 제4수
　　　　　上皇西巡南京歌十首 其四 ··············· 398
270. 현종의 서쪽 남경 순행 10수 제5수
　　　　　上皇西巡南京歌十首 其五 ··············· 399
271. 현종의 서쪽 남경 순행 10수 제6수
　　　　　上皇西巡南京歌十首 其六 ··············· 401
272. 현종의 서쪽 남경 순행 10수 제7수
　　　　　上皇西巡南京歌十首 其七 ··············· 403
273. 현종의 서쪽 남경 순행 10수 제8수
　　　　　上皇西巡南京歌十首 其八 ··············· 404
274. 현종의 서쪽 남경 순행 10수 제9수
　　　　　上皇西巡南京歌十首 其九 ··············· 406
275. 현종의 서쪽 남경 순행 10수 제10수
　　　　　上皇西巡南京歌十首 其十 ··············· 407

276. 아미산의 달 峨眉山月歌 ································· 409
277. 아미산의 달을 노래하여 장안으로 들어가는 촉 땅의
     스님 안을 보내다 峨眉山月歌送蜀僧晏入中京 ········ 411
278. 적벽을 노래하여 송별하다 赤壁歌送別 ················ 414
279. 강하 江夏行 ························································ 416
280. 신선을 그리워하다 懷仙歌 ································· 421
281. 여도사 옥진공주 玉眞仙人詞 ······························· 424
282. 청계 靑溪行 ························································ 426
283. 은좌명께서 오운구를 주신 것에 감사하다
     酬殷佐明見贈五雲裘歌 ······································ 428
284. 길을 떠나다 臨路歌 ············································· 434
285. 옛 뜻 古意 ·························································· 436
286. 산자고 山鷓鴣詞 ················································· 439
287. 역양의 장사 근사제 장군의 노래 및 서문
     歷陽壯士勤將軍名思齊歌 幷序 ························· 442
288. 초서를 노래하다 草書歌行 ································· 445
289. 노 시어의 〈통당곡〉에 화답하다 和盧侍御通塘曲 ········ 450

# • 3권

머리말 ············································································ v

## 4 기증 奇贈 ································································· 1

290. 맹호연께 드리다 贈孟浩然 ································· 3
291. 친척 형님인 이호 양양 현위께 드리다
     贈從兄襄陽少府皓 ············································· 6
292. 양주에서 눈을 마주하며 부애에게 주다

　　　　淮海對雪贈傅靄 ································ 11
293. 서 안의현령에게 주다 贈徐安宜 ················ 14
294. 노잠 임성주부에게 주다 贈任城盧主簿潛 ········ 18
295. 초가을에 배중감에게 주다 早秋贈裴十七仲堪 ····· 21
296. 범 금향현령께 드리다 2수 제1수 贈范金鄕二首 其一 ···· 26
297. 범 금향현령께 드리다 2수 제2수 贈范金鄕二首 其二 ···· 31
298. 왕 하구현위에게 주다 贈瑕丘王少府 ············· 34
299. 동로에서 적박통을 만나다 東魯見狄博通 ········ 38
300. 동양으로 옮겨가는 위 경조참군을 만나다 2수 제1수
　　　見京兆韋參軍量移東陽二首 其一 ············· 40
301. 동양으로 옮겨가는 위 경조참군을 만나다 2수 제2수
　　　見京兆韋參軍量移東陽二首 其二 ············· 42
302. 단양 횡망산의 처사 주유장에게 주다
　　　贈丹陽橫山周處士惟長 ······················ 44
303. 오래도록 비 내리는 옥진공주의 별관에서
　　　장 위위경께 드리다 2수 제1수
　　　玉眞公主別館苦雨, 贈衛尉張卿二首 其一 ······ 48
304. 오래도록 비 내리는 옥진공주의 별관에서
　　　장 위위경께 드리다 2수 제2수
　　　玉眞公主別館苦雨, 贈衛尉張卿二首 其二 ······ 52
305. 비서성의 위자춘께 드리다 贈韋秘書子春 ········ 58
306. 위황상 시어사에게 주다 2수 제1수
　　　贈韋侍御黃裳二首 其一 ······················ 64
307. 위황상 시어사에게 주다 2수 제2수
　　　贈韋侍御黃裳二首 其二 ······················ 67
308. 설 교서에게 주다 贈薛校書 ····················· 69
309. 하창호 판관에게 주다 贈何七判官昌浩 ··········· 72
310. 《제갈무후전》을 읽고 감회를 써서,
　　　최숙봉 장안현위 형제에게 주다

　　　　讀諸葛武侯傳書懷, 贈長安崔少府叔封昆季 ……… 75
311. 곽 장군에게 주다 贈郭將軍 …………………………… 80
312. 수레가 온천궁을 떠난 뒤 양 산인에게 주다
　　　　駕去溫泉宮後贈楊山人 ………………………………… 82
313. 온천궁에서 천자를 모시다가 돌아와서 친구를 만나다
　　　　溫泉侍從歸逢故人 ……………………………………… 86
314. 배씨에게 주다 贈裴十四 ……………………………… 88
315. 최성보 시어에게 주다 贈崔侍御 …………………… 91
316. 덕을 기술하고 아울러 마음을 술회하여 가서한
　　　　대부께 올리다 述德兼陳情上哥舒大夫 ……… 93
317. 참언을 해명하는 시를 지어 벗에게 주다
　　　　雪讒詩贈友人 ………………………………………… 96
318. 참료자에게 주다 贈參寥子 ………………………… 108
319. 장수 요양 사호참군에게 주다 贈饒陽張司戶燧 … 111
320. 조카인 이율 청장현령에게 주다 贈清漳明府姪聿 … 115
321. 동생인 이호 임명현령에게 주다 贈臨洺縣令皓弟 … 122
322. 곽계응에게 주다 贈郭季鷹 ………………………… 125
323. 고봉의 석문산 은거지로 들어오기를 권하기에
　　　　업중에서 왕씨에게 주다
　　　　鄴中贈王大, 勸入高鳳石門山幽居 ……………… 127
324. 왕 화주 사사참군사에게 주다 贈華州王司士 … 132
325. 노씨 징군 형제에게 주다 贈盧徵君昆弟 ……… 134
326. 신평의 젊은이에게 주다 贈新平少年 …………… 137
327. 최성보 시어에게 주다 贈崔侍御 ………………… 140
328. 급히 써서 독고명 부마도위께 드리다
　　　　走筆贈獨孤駙馬 ……………………………………… 145
329. 숭산의 초 연사에게 주다 및 서문
　　　　贈嵩山焦鍊師 并序 ………………………………… 148
330. 즉석에서 지어서 양 징군에게 주다 口號贈楊徵君 ……… 154

331. 이옹께 올리다 上李邕 ················································· 156
332. 장공주의 혁 처사에게 주다 贈張公洲革處士 ················ 158
333. 가을 연약원에서 흰 머리칼을 뽑다가 원임종 형에게
　　　주다 秋日鍊藥院鑷白髮, 贈元六兄林宗 ······················ 162
334. 심정을 써서 채웅 사인에게 주다 書情贈蔡舍人雄 ········ 167
335. 양양에서 예전에 노닐던 것을 기억하며 마거
　　　현위에게 주다 憶襄陽舊遊贈馬少府巨 ························ 175
336. 눈을 마주하고 친척 형님인 우성현령에게 바치다
　　　對雪獻從兄虞城宰 ··························································· 179
337. 안릉에서 도를 찾다가 개환을 만났는데, 그가 내게
　　　부록을 써주었기에 헤어지면서 드리다
　　　訪道安陵, 遇蓋寰, 爲余造眞籙, 臨別留贈 ··············· 181
338. 최종지 낭중에게 주다 贈崔郎中宗之 ···························· 187
339. 최 자의참군사께 드리다 贈崔諮議 ································ 191
340. 왕충신 승주자사께 드리다 贈昇州王使君忠臣 ············ 193
341. 종조카 고씨와 이별하며 주다 贈別從甥高五 ·············· 195
342. 배 사마에게 주다 贈裴司馬 ············································· 201
343. 옛일을 적어서 육조 강양현령에게 주다
　　　敘舊贈江陽宰陸調 ··························································· 204
344. 종손 이명 의흥현령에게 주다 贈從孫義興宰銘 ·········· 211
345. 처음으로 대환단을 단련했기에 유관적에게
　　　이 시를 주다 草創大還贈柳官迪 ································ 220
346. 사호참군사 최문 형제에게 주다 贈崔司戶文昆季 ······ 227
347. 송척 율양현위에게 주다 贈溧陽宋少府陟 ···················· 233
348. 정안 율양현령에게 장난삼아 주다 戲贈鄭溧陽 ·········· 237
349. 도애 스님에게 주다 贈僧崖公 ········································· 240
350. 율양 북호정을 노닐다가 와옥산을 바라보며 옛 일에
　　　느낀 바가 있어 함께 여행한 이에게 주다
　　　遊溧陽北湖亭, 望瓦屋山懷古, 贈同旅 ······················ 246

351. 취한 뒤 종조카 고진에게 주다 醉後贈從甥高鎭 ·············· 251
352. 유 추포현위에게 주다 贈秋浦柳少府 ························· 255
353. 최 추포현령에게 주다 3수 제1수
      贈崔秋浦三首 其一 ··································· 257
354. 최 추포현령에게 주다 3수 제2수
      贈崔秋浦三首 其二 ··································· 259
355. 최 추포현령에게 주다 3수 제3수
      贈崔秋浦三首 其三 ··································· 261
356. 구화산을 바라보며 위중감 청양현령에게 주다
      望九華山贈靑陽韋仲堪 ································ 263
357. 왕 판관에게 주다. 당시 나는 여산 병풍첩으로 돌아와
      은거하였다 贈王判官, 時余歸隱居廬山屛風疊 ······· 265
358. 수군의 연회에서 막부의 여러 시어에게 주다
      在水軍宴贈幕府諸侍御 ································ 270
359. 무악에게 주다 및 서문 贈武十七諤 並序 ················· 276
360. 여구 숙송현령에게 주다 贈閭丘宿松 ····················· 281
361. 옥중에서 최환 재상께 올리다 獄中上崔相渙 ············· 284
362. 어사중승 송공이 오 땅 병사 삼천을 거느리고 하남의
      군대로 가다가 심양에서 주둔하였는데 나를 감옥에서
      석방시키고 막부의 참모로 삼았기에 이 시를 지어서
      주다 中丞宋公以吳兵三千赴河南軍, 次尋陽,
      脫余之囚, 參謀府, 因贈之 ·························· 287
363. 야랑으로 유배 가며 신 판관에게 주다
      流夜郎贈辛判官 ······································ 292
364. 유 도사께 드리다 贈劉都使 ································ 296
365. 상 시어에게 주다 贈常侍御 ································ 300
366. 역 수재에게 주다 贈易秀才 ································ 303
367. 난리를 겪은 후 황제의 은택을 입어 야랑으로 유배
      갔었다. 옛날 노닐던 것을 기억하고 느낀 바를 적어

강하태수 위양재께 드리다 經亂離後天恩流夜郎,
憶舊遊書懷, 贈江夏韋太守良宰 ························ 306

368. 숙부이신 강하자사의 연회석상에서 사 낭중께 드리다
江夏使君叔席上贈史郎中 ····························· 333

369. 정 박평태수가 여산에서 천리 떨어진 나를 찾아 강하
북시문으로 들어와서 나를 방문하고는 무릉으로
돌아간다기에 말을 세우고서 이 시를 주어 헤어지다
博平鄭太守自廬山千里相尋, 入江夏北市門見訪,
卻之武陵, 立馬贈別 ·································· 337

370. 강가에서 두 장사에게 주다 江上贈竇長史 ············ 342
371. 왕 한양현령에게 주다 贈王漢陽 ······················· 345
372. 보익 한양 녹사에게 주다 2수 제1수
贈漢陽輔錄事二首 其一 ····························· 348
373. 보익 한양 녹사에게 주다 2수 제2수
贈漢陽輔錄事二首 其二 ····························· 351
374. 강하에서 위빙 남릉현령에게 주다 江夏贈韋南陵冰 ···· 353
375. 노 사호참군사에게 주다 贈盧司戶 ···················· 359
376. 친척 동생인 이지요 남평태수에게 주다 2수 제1수
贈從弟南平太守之遙二首 其一 ······················ 361
377. 친척 동생인 이지요 남평태수에게 주다 2수 제2수
贈從弟南平太守之遙二首 其二 ······················ 367
378. 반 시어에게 주며 전소양을 논하다
贈潘侍御論錢少陽 ································· 369
379. 유원에게 주다 贈柳圓 ································· 372
380. 야랑으로 유배가다가 도중에 은혜를 받아 석방되어
돌아오면서 아울러 나라를 수복한 아름다운 일을
기뻐하고 감회를 써서 식 수재에게 보이다
流夜郎半道承恩放還, 兼欣剋復之美, 書懷示息秀才 ····· 374
381. 장호 재상께 드리다 2수 제1수 贈張相鎬二首 其一 ······ 381

382. 장호 재상께 드리다 2수 제2수 贈張相鎬二首 其二 ········ 390
383. 사양아가 〈사나운 호랑이(猛虎詞)〉를 부르는 것을
   듣고 이 시를 주다 聞謝楊兒吟猛虎詞因此有贈 ·········· 396
384. 청계의 주인집에 묵다 宿青溪主人 ················· 397
385. 심양에 묶여 최환 재상께 올리다 3수 제1수
   繫尋陽上崔相渙三首 其一 ························· 399
386. 심양에 묶여 최환 재상께 올리다 3수 제2수
   繫尋陽上崔相渙三首 其二 ························· 401
387. 심양에 묶여 최환 재상께 올리다 3수 제3수
   繫尋陽上崔相渙三首 其三 ························· 403
388. 파릉에서 가지 중서사인에게 주다 巴陵贈賈舍人 ····· 405
389. 강남으로 가는 동생 이대경 사인에게 주어 작별하다
   贈別舍人弟臺卿之江南 ···························· 407
390. 술 취한 뒤 왕 역양현령에게 주다 醉後贈王歷陽 ········· 411
391. 저 역양사마에게 주다. 당시 이 분이 어린아이의
   춤을 추기에 이 시를 지었다 贈歷陽褚司馬,
   時此公爲稚子舞, 故作是詩也 ····················· 413
392. 눈을 대하고 취한 후 왕 역양현령에게 주다
   對雪醉後贈王歷陽 ······························· 415
393. 우문 선성태수께 드리며 아울러 최 시어에게 주다
   贈宣城宇文太守兼呈崔侍御 ························ 418
394. 조열 선성태수께 드리다 贈宣城趙太守悅 ··········· 432
395. 친척 동생인 이소 선주장사에게 주다
   贈從弟宣州長史昭 ······························· 441
396. 오송산에서 상 남릉현승에게 주다
   於五松山贈南陵常贊府 ···························· 445
397. 양원으로부터 경정산에 이르러 회공을 만났는데,
   능양의 산수에 대해 말하고 아울러 함께 노닐 것을
   기약하였기에 이 시를 지어 주다 自梁園至敬亭山,

見會公, 談陵陽山水, 兼期同遊, 因有此贈 ················ 449
398. 벗에게 주다 3수 제1수 贈友人三首 其一 ················ 455
399. 벗에게 주다 3수 제2수 贈友人三首 其二 ················ 457
400. 벗에게 주다 3수 제3수 贈友人三首 其三 ················ 460
401. 심정을 이야기하여 벗에게 주다 陳情贈友人 ················ 465

# • 4권

머리말 ················································································ v

402. 친척 동생인 이열에게 주다 贈從弟冽 ························ 1
403. 여구 처사에게 주다 贈閭丘處士 ································ 6
404. 징군 전소양에게 주다 贈錢徵君少陽 ······················· 9
405. 선주 영원사의 중준 스님에게 주다
    贈宣州靈源寺仲濬公 ···················································· 11
406. 조미 스님에게 주다 贈僧朝美 ································· 14
407. 행융 스님에게 주다 贈僧行融 ································· 17
408. 황산의 호공에게 시를 지어주고 백한을 구하다 및 서문
    贈黃山胡公求白鷴 并序 ··············································· 20
409. 경정산에 올라 남쪽을 바라보며 옛일을 생각하고
    두 주부에게 주다 登敬亭山南望懷古, 贈竇主簿 ········· 23
410. 난리를 겪은 후 섬중으로 은거하고자 하여 최흠
    선성현령에게 남겨주다
    經亂後將避地剡中, 留贈崔宣城 ································· 27
411. 친척 숙부인 이양빙 당도현령께 바치다
    獻從叔當塗宰陽氷 ························································ 34
412. 감회를 써서 상 남릉현승에게 주다 書懷贈南陵常贊府 ········· 43
413. 왕윤에게 주다 贈汪倫 ··············································· 50

414. 안륙 백조산 도화암에서 유관 시어사에게 부치다
 安陸白兆山桃花巖寄劉侍御綰 ·················· 52
415. 회남에서 병으로 누웠다가 감회를 써서 촉에 있는 조유
 징군에게 부치다 淮南臥病書懷, 寄蜀中趙徵君蕤 ········ 56
416. 농월계의 오 산인에게 부치다 寄弄月溪吳山人 ········ 60
417. 가을 산에서 장 위위경과 왕 징군에게 부치다
 秋山寄衛尉張卿及王徵君 ···················· 63
418. 종남산을 바라보며 자각봉의 은자에게 부치다
 望終南山寄紫閣隱者 ······················ 66
419. 저녁에 날이 개자 두릉의 누대에 올라 위요에게 부치다
 夕霽杜陵登樓寄韋繇 ······················ 68
420. 가을밤 용문 향산사에 머물며 왕 방성현령 어르신,
 봉국사 영 스님, 친척 동생인 이유성과 이영문에게
 받들어 부치다 秋夜宿龍門香山寺, 奉寄王方城十七丈,
 奉國瑩上人, 從弟幼成令問 ··················· 72
421. 봄날 홀로 앉아 정 율양현령에게 부치다
 春日獨坐寄鄭明府 ······················· 76
422. 회남의 벗에게 부치다 寄淮南友人 ··············· 78
423. 사구성 아래서 두보에게 부치다 沙丘城下寄杜甫 ······· 80
424. 원단구가 성 북쪽의 산에 석문의 거처를 지었는데,
 그곳에 고봉의 유적이 있다는 이야기를 들었다.
 내가 무리와 헤어져 멀리서 그리워하고 또 은둔하고자
 하는 뜻이 있어서, 이에 옛 일을 적어서 부치다.
 聞丹丘子於城北山營石門幽居, 中有高鳳遺跡,
 僕離群遠懷, 亦有棲遁之志, 因敍舊以寄之 ··········· 82
425. 회음에서 느낀 바를 적어 왕 송성현령에게 부치다
 淮陰書懷寄王宋城 ······················· 88
426. 왕창령이 용표현위로 좌천되었다는 소식을 듣고 멀리서
 이 시를 부치다 聞王昌齡左遷龍標, 遙有此寄 ········· 93

427. 왕옥산인 맹대융에게 부치다 寄王屋山人孟大融 ……………… 95
428. 지난날 노닐던 것을 기억하고서, 원 초군참군사에게
 부치다 憶舊遊, 寄譙郡元參軍 ……………………………… 98
429. 달밤에 강을 다니다 최종지 원외랑에게 부치다
 月夜江行寄崔員外宗之 ……………………………………… 107
430. 백로주에 묵으며 양이물 강녕현령에게 부치다
 宿白鷺洲寄楊江寧 …………………………………………… 110
431. 신림포에서 바람에 막혀 벗에게 부치다
 新林浦阻風寄友人 …………………………………………… 113
432. 위빙 남릉현령에게 부치다. 내가 강가에서 흥이 나서
 그를 방문하러가다가 안 상서를 찾아가는 그를
 만났기에 웃으며 이 시를 주었다 寄韋南陵冰,
 余江上乘興訪之, 遇尋顔尙書, 笑有此贈 ……………… 116
433. 정이 깊은 나무에 관해 써서 상공에게 부치다
 題情深樹寄象公 ……………………………………………… 120
434. 북산에서 홀로 술을 마시며 위씨에게 부치다
 北山獨酌寄韋六 ……………………………………………… 121
435. 조염 당도현위에게 부치다 寄當塗趙少府炎 …………… 125
436. 동로의 두 아이에게 부치다 寄東魯二稚子 ……………… 127
437. 청계 강조석 위에서 홀로 술을 마시다가 권소이에게
 부치다 獨酌淸溪江石上寄權昭夷 ………………………… 131
438. 선방에서 친구 잠윤을 그리워하다 禪房懷友人岑倫 …… 133
439. 여산을 노래하여 노허주 시어사에게 부치다
 廬山謠寄盧侍御虛舟 ………………………………………… 138
440. 심양성을 떠나 팽려호에서 배를 띄우며 황 판관에게
 부치다 下尋陽城, 泛彭蠡, 寄黃判官 …………………… 143
441. 심정을 써서 종제인 이소 빈주장사에게 부치다
 書情寄從弟邠州長史昭 ……………………………………… 145
442. 왕 한양현령에게 부치다 寄王漢陽 ………………………… 148

443. 봄날 산으로 돌아와 맹호연에게 부치다
　　　春日歸山寄孟浩然 ·············································· 150
444. 야랑으로 유배 가다가 영화사에서 심양의 여러
　　　관리들에게 부치다 流夜郞, 永華寺寄尋陽群官 ········ 153
445. 야랑으로 유배 가다가 서새역에 도착해 배은에게
　　　부치다 流夜郞, 至西塞驛寄裴隱 ······························· 155
446. 한양에서 술에 몹시 취해 돌아와 왕 한양현령에게
　　　부치다 自漢陽病酒歸, 寄王明府 ································ 158
447. 한양의 버들 빛을 바라보며 왕 한양현령에게 부치다
　　　望漢陽柳色寄王宰 ·············································· 161
448. 강하에서 보익 한양 녹사에게 부치다
　　　江夏寄漢陽輔錄事 ·············································· 163
449. 이른 봄에 왕 한양현령에게 부치다 早春寄王漢陽 ······· 167
450. 강가에서 파동에 있는 친구에게 부치다
　　　江上寄巴東故人 ·················································· 169
451. 강가에서 원임종에게 부치다 江上寄元六林宗 ··········· 171
452. 종제인 이소 선주장사에게 부치다
　　　寄從弟宣州長史昭 ·············································· 174
453. 경계의 동정에서 정악 현위에게 부치다
　　　涇溪東亭寄鄭少府諤 ··········································· 176
454. 선성에서 중양절에 최성보 시어가 우문 선성태수와 함께
　　　경정산에 놀러갔다고 들었는데 나는 그때 향산을
　　　올랐기 때문에 그 감상을 함께 하지 못하였다. 이에
　　　취한 뒤에 최성보 시어에게 부치다 2수 제1수
　　　宣城九日, 聞崔四侍御與宇文太守遊敬亭, 余時登響山,
　　　不同此賞, 醉後寄崔侍御二首 其一 ·························· 178
455. 선성에서 중양절에 최성보 시어가 우문 선성태수와 함께
　　　경정산에 놀러갔다고 들었는데 나는 그때 향산을
　　　올랐기 때문에 그 감상을 함께 하지 못하였다.

이에 취한 뒤에 최성보 시어에게 부치다 2수 제2수
宣城九日, 聞崔四侍御與宇文太守遊敬亭, 余時登響山,
不同此賞, 醉後寄崔侍御二首 其二 ················· 183

456. 최성보 시어에게 부치다 寄崔侍御 ··················· 186
457. 경계 남쪽 남산 아래에 낙성담이 있는데 집터를 정할
만하여 내가 바위에 배를 대고 하창호 판관에게
부치다 涇溪南藍山下有落星潭, 可以卜築,
余泊舟石上, 寄何判官昌浩 ························· 189
458. 아침 일찍 칠림도를 지나며 만거에게 부치다
早過漆林渡寄萬巨 ····································· 192
459. 경정산을 노닐며 최성보 시어에게 부치다
遊敬亭寄崔侍御 ········································ 195
460. 삼산에서 금릉을 바라보며 은숙에게 부치다
三山望金陵寄殷淑 ····································· 199
461. 금릉에서 배를 타고 거슬러 올라가 백벽산을 지나며 달을
감상하고 천문산에 이르러 왕 구용주부에게 부치다
自金陵泝流過白璧山翫月達天門, 寄句容王主簿 ········ 202
462. 오왕께 부쳐 올리다 3수 제1수 寄上吳王三首 其一 ········ 205
463. 오왕께 부쳐 올리다 3수 제2수 寄上吳王三首 其二 ········ 208
464. 오왕께 부쳐 올리다 3수 제3수 寄上吳王三首 其三 ········ 210

5 송별 送別 ························································· 213

465. 가을날 노군의 요임금 사당의 정자에서 연회를 열어
두 보궐 및 범 시어와 헤어지다
秋日魯郡堯祠亭上宴別杜補闕范侍御 ················· 215
466. 노송과 헤어지다 別魯頌 ································· 218
467. 형님이신 중도현령과 헤어지다 別中都明府兄 ········· 221

468. 꿈에 천모산을 노닌 것을 읊고서 떠나다
　　　夢遊天姥吟留別 ·················································· 223
469. 조남의 여러 관리들을 떠나 강남으로 가다
　　　留別曹南群官之江南 ············································ 229
470. 변방을 노닐기 위해 형님인 우적과 배씨를 떠나다
　　　留別于十一兄逖裴十三遊塞垣 ······························ 237
471. 왕 사마를 떠나다 留別王司馬嵩 ······························ 242
472. 맹산으로 돌아가며 금문의 친구들을 떠나다
　　　還山留別金門知己 ················································ 246
473. 밤에 장씨와 헤어지다 夜別張五 ······························ 252
474. 위군에서 소인 현령과 헤어지고 북쪽으로 가다
　　　魏郡別蘇明府因北遊 ············································ 254
475. 유 서하현위를 떠나다 留別西河劉少府 ·················· 258
476. 영양에서 원단구와 헤어지고 회양으로 가다
　　　潁陽別元丹丘之淮陽 ············································ 262
477. 광릉의 여러 공을 떠나다 留別廣陵諸公 ················ 266
478. 광릉에서 헤어지며 주다 廣陵贈別 ························ 271
479. 시국에 감개하며 종형인 서왕 이연년과 종제인
　　　이연릉을 떠나다 感時留別從兄徐王延年從弟延陵 ········ 273
480. 저옹과 헤어지고 섬중으로 가다 別儲邕之剡中 ····· 285
481. 금릉의 여러 공을 떠나다 留別金陵諸公 ················ 287
482. 즉석에서 짓다 口號 ················································ 291
483. 금릉 주점에서 떠나다 金陵酒肆留別 ····················· 292
484. 금릉 백하정에서 떠나가다 金陵白下亭留別 ········· 294
485. 동림사의 스님과 헤어지다 別東林寺僧 ················· 296
486. 야랑으로 유배 가며 오강에서 종경을 떠나다
　　　竄夜郎, 於烏江留別宗十六璟 ······························· 298
487. 공 처사를 떠나다 留別龔處士 ································ 304
488. 정 판관에게 주고 헤어지다 贈別鄭判官 ··············· 306

489. 황학루에서 광릉으로 가는 맹호연을 보내다
 黃鶴樓送孟浩然之廣陵 ·············· 308
490. 형산을 노닐러 가는 길에 한양 쌍송정에 들렀다가
 문중 동생인 담호스님을 떠나다
 將遊衡岳, 過漢陽雙松亭, 留別族弟浮屠談皓 ········ 310
491. 가지 사인을 떠나다 2수 제1수
 留別賈舍人至二首 其一 ·············· 314
492. 가지 사인을 떠나다 2수 제2수
 留別賈舍人至二首 其二 ·············· 317
493. 형문을 건너서 송별하다 渡荊門送別 ··········· 319
494. 이광필 태위가 진의 백만 병사를 일으켜 남동쪽으로
 출정했다는 소식을 듣고, 나약한 사내가 적장을 잡으려
 끈을 요청하여 작은 능력이나마 펼 수 있기를 바랐지만,
 중도에 병이 나서 돌아오게 되어, 금릉의 최 시어를
 떠나며 19운을 짓다 聞李太尉大擧秦兵百萬出征東南,
 懦夫請纓, 冀申一割之用, 半道病還,
 留別金陵崔侍御十九韻 ·············· 321
495. 위 현위와 헤어지다 別韋少府 ············· 328
496. 남릉에서 아이들과 이별하고 장안으로 들어가다
 南陵別兒童入京 ················· 331
497. 산승과 헤어지다 別山僧 ··············· 333
498. 포산으로 돌아가는 왕 산인에게 주고 헤어지다
 贈別王山人歸布山 ················ 335
499. 강하에서 송지제와 헤어지다 江夏別宋之悌 ······· 338
500. 남양에서 손님을 보내다 南陽送客 ·········· 340
501. 강동으로 가는 장 사인을 보내다 送張舍人之江東 ···· 342
502. 왕옥산으로 돌아가는 왕옥산인 위만을 보내다 및 서문
 送王屋山人魏萬還王屋 並序 ············ 344
부록. 왕옥산인 위만의 작품

금릉에서 한림공봉인 적선에게 답하다
　　金陵酬翰林謫仙子 ·············································· 362
503. 장로로 가는 조염 당도현위를 보내다
　　送當塗趙少府赴長蘆 ········································· 367
504. 월 땅의 산수를 찾아가는 벗을 보내다
　　送友人尋越中山水 ············································· 370
505. 최씨 집에 구혼하러 저주로 가는 문중 동생 이응을
　　보내다 送族弟凝之滁求婚崔氏 ························· 373
506. 매호로 놀러 가는 벗을 보내다 送友人遊梅湖 ·············· 376
507. 천축사로 놀러가는 최씨를 보내다
　　送崔十二遊天竺寺 ············································· 378
508. 천태산으로 돌아가는 양 산인을 보내다
　　送楊山人歸天台 ················································· 380
509. 황산 백아봉의 옛 집으로 돌아가는 온 처사를 보내다
　　送溫處士歸黃山白鵝峰舊居 ······························ 383
510. 동평으로 가는 조 방사를 보내다
　　送方士趙叟之東平 ············································· 387
511. 산으로 돌아가는 한준, 배정, 공소보를 보내다
　　送韓準裴政孔巢父還山 ····································· 389
512. 이부 선발시험을 보러 가는 양 현위를 보내다
　　送楊少府赴選 ····················································· 393
513. 임기를 마치고 장안으로 돌아가시는 임성현령이신
　　여섯 번째 숙부님을 눈을 마주하며 받들어 전별하다
　　對雪奉餞任城六父秩滿歸京 ······························ 398
514. 노군 요임금 사당에서 낭야로 가는 오씨를 보내다
　　魯郡堯祠送吳五之琅琊 ····································· 403
515. 노군 요임금 사당에서 장안으로 돌아가는 두박화
　　현령을 보내다 魯郡堯祠送竇明府薄華還西京 ·········· 405
516. 금향에서 장안으로 가는 위씨를 보내다

　　　　　金鄕送韋八之西京 ································· 412
517. 모함을 당해 노 땅을 떠나는 설씨를 보내다
　　　　　送薛九被讒去魯 ··································· 414
518. 선보현의 동쪽 누각에서 가을밤에 진 땅으로 가는 문중
　　　　동생 이침을 보내다 單父東樓秋夜送族弟沈之秦 ······· 421
519. 문중 동생인 이응을 보내려 안고에 도착하다
　　　　　送族弟凝至晏堌 ·································· 426
520. 노성 북쪽 성곽에 있는 줄기가 굽은 뽕나무 아래에서
　　　　숭산 남쪽으로 돌아가는 장씨를 보내다
　　　　　魯城北郭曲腰桑下送張子還嵩陽 ················· 428
521. 홍농장사로 옮겨가는 유 노군장사를 보내다
　　　　　送魯郡劉長史遷弘農長史 ······················· 430
522. 송성주부직을 대리하러 가는 문중 동생인 선보주부
　　　　이응을 보내기 위해 성곽 남쪽 월교에 이르렀다가
　　　　서하산으로 되돌아와 머물며 술을 마시고 이 시를 주다
　　　　　送族弟單父主簿凝攝宋城主簿, 至郭南月橋,
　　　　　卻回棲霞山, 留飮贈之 ··························· 435
523. 노군 동쪽 석문에서 두보를 보내다
　　　　　魯郡東石門送杜二甫 ···························· 437
524. 노군 요임금 사당에서 하북으로 가는 장씨를 보내다
　　　　　魯郡堯祠送張十四遊河北 ······················· 439
525. 항주에서 여주장사로 부임해가는 배택을 보내다
　　　　　杭州送裴大澤赴廬州長史 ······················· 441
526. 파릉을 노래하여 송별하다 灞陵行送別 ················ 444
527. 사명산으로 돌아가는 하지장 비서감을 보내며 황제의
　　　　명을 받들어 짓다 送賀監歸四明應制 ··············· 446
528. 의춘으로 폄적되어 가는 두 사마를 보내다
　　　　　送竇司馬貶宜春 ································· 448
529. 도 우림장군을 보내다 送羽林陶將軍 ················· 451

530. 안서막부로 가는 정·유 두 시어와 독고 판관을 보내다
　　送程劉二侍御兼獨孤判官赴安西幕府 ················· 453
531. 조카 이량이 두 기녀를 데리고 회계로 부임해 가는
　　것을 보내며 장난삼아 이 시를 지어서 주다
　　送姪良攜二妓赴會稽戲有此贈 ···················· 456
532. 월 땅으로 돌아가는 하지장을 보내다 送賀賓客歸越 ······· 458
533. 수양 막부로 가는 장요를 보내다 送張遙之壽陽幕府 ······ 460
534. 숭산으로 돌아가는 배도남을 보내다 2수 제1수
　　送裴十八圖南歸嵩山 二首 其一 ··················· 463
535. 숭산으로 돌아가는 배도남을 보내다 2수 제2수
　　送裴十八圖南歸嵩山 二首 其二 ··················· 465
536. 계양으로 돌아가는 문중 동생 이양을 왕창령과 함께
　　보내다 2수 제1수
　　同王昌齡送族弟襄歸桂陽 二首 其一 ················ 467
537. 계양으로 돌아가는 문중 동생 이양을 왕창령과 함께
　　보내다 2수 제2수
　　同王昌齡送族弟襄歸桂陽 二首 其二 ················ 470

## • 5권

머리말 ······················································· v

538. 종군하는 조카 정관을 보내다 3수 제1수
　　送外甥鄭灌從軍三首 其一 ························· 1
539. 종군하는 조카 정관을 보내다 3수 제2수
　　送外甥鄭灌從軍三首 其二 ························· 3
540. 종군하는 조카 정관을 보내다 3수 제3수
　　送外甥鄭灌從軍三首 其三 ························· 5

541. 도교과거에 응시했다가 낙방하고 숭산으로 돌아가는
　　　우씨를 보내다 送于十八應四子擧落第還嵩山 ·············· 7
542. 떠나가는 이를 보내다 送別 ······························· 11
543. 안서로 종군 가는 문중 동생 이관을 보내다
　　　　送族弟綰從軍安西 ····································· 13
544. 신안왕의 북쪽 정벌을 따라가는 양창을 보내다
　　　　送梁公昌從信安王北征 ································· 15
545. 동 금오장군의 서쪽 정벌을 따라가는 백리를 보내다
　　　　送白利從金吾董將軍西征 ······························· 18
546. 종군가는 장 수재를 보내다 送張秀才從軍 ············· 20
547. 오 땅으로 돌아가는 최도를 보내다. 그는 친구 최국보
　　　예부원외랑의 아들이다
　　　　送崔度還吳, 度故人禮部員外國輔之子 ··············· 23
548. 강동으로 가는 축씨를 보내며 완사석을 읊다
　　　　送祝八之江東, 賦得浣紗石 ···························· 26
549. 후씨를 보내다 送侯十一 ···································· 28
550. 노 땅에서 장안으로 과거시험 보러 가는 두 친척
　　　동생을 보내다 魯中送二從弟赴擧之西京 ············· 31
551. 도록을 다 전하고 북해로 돌아가시는 고존사
　　　여귀도사를 받들어 전별하다
　　　　奉餞高尊師如貴道士傳道籙畢歸北海 ················· 34
552. 다시 동오 지역을 유람하러 떠나는 장씨를 금릉에서
　　　보내다 金陵送張十一再遊東吳 ························· 36
553. 월 땅으로 노닐러 가는 기 수재를 보내다
　　　　送紀秀才遊越 ········································· 39
554. 진 장사태수를 보내다 2수 제1수
　　　　送長沙陳太守二首 其一 ······························· 42
555. 진 장사태수님을 보내다 2수 제2수
　　　　送長沙陳太守二首 其二 ······························· 44

556. 동로로 가는 양연을 보내다 送楊燕之東魯 ················· 46
557. 채 산인을 보내다 送蔡山人 ································ 49
558. 노 땅으로 가는 소씨를 보내며, 겸해서 내 자식
     백금의 안부를 묻다
     送蕭三十一之魯中, 兼問稚子伯禽 ················ 52
559. 숭산으로 돌아가는 양 산인을 보내다
     送楊山人歸嵩山 ······································ 55
560. 은숙을 보내다 3수 제1수 送殷淑 三首 其一 ········ 57
561. 은숙을 보내다 3수 제2수 送殷淑 三首 其二 ········ 59
562. 은숙을 보내다 3수 제3수 送殷淑 三首 其三 ········ 61
563. 명고산으로 돌아가는 잠 징군을 보내다
     送岑徵君歸鳴皐山 ···································· 62
564. 태산으로 돌아가는 범 산인을 보내다
     送范山人歸太山 ······································ 68
565. 광덕으로 가는 한운경 시어를 보내다
     送韓侍御之廣德 ······································ 70
566. 흰 구름을 노래하며 벗을 보내다 白雲歌送友人 ······ 72
567. 남릉 은정사로 돌아가는 통 선사를 보내다
     送通禪師還南陵隱靜寺 ······························ 74
568. 벗을 보내다 送友人 ········································ 76
569. 떠나는 이를 보내다 送別 ································· 78
570. 강가에서 형산으로 가는 여도사 저삼청을 보내다
     江上送女道士褚三清遊南嶽 ······················· 80
571. 촉 땅으로 들어가는 벗을 보내다 送友人入蜀 ········ 82
572. 조운경을 보내다 送趙雲卿 ······························· 84
573. 화양천으로 돌아가는 이청을 보내다 送李青歸華陽川 ····· 86
574. 집안 동생을 보내다 送舍弟 ······························ 88
575. 떠나가는 이를 보내다 送別 ······························ 90
576. 국 현위를 보내다 送鞠十少府 ·························· 92

577. 고적 중승께 알현하러 가는 장맹웅 수재를
 보내다 및 서문 送張秀才謁高中丞 並序 ·········· 94
578. 심양에서 동생 이창동 파양사마를 보내며 짓다
 尋陽送弟昌峒鄱陽司馬作 ························· 100
579. 숙부 이운 교서를 전별하다 餞校書叔雲 ············ 104
580. 부모님을 뵈러 가는 왕 효렴을 보내다
 送王孝廉覲省 ····································· 106
581. 과거보러 장안으로 가는 두수지를 오왕과
 함께 보내다 同吳王送杜秀芝擧入京 ············· 108
582. 동정호에서 취한 뒤, 예주로 유배되어 가는 여고
 강주자사를 보내다
 洞庭醉後, 送絳州呂使君杲流澧州 ··············· 110
583. 형양으로 돌아가는 진 낭장을 여러 공들과 함께
 보내다 및 서문 與諸公送陳郎將歸衡陽 並序 ···· 113
584. 숙부인 검부중승의 막부로 가는 조 판관을 보내다
 送趙判官赴黔府中丞叔幕 ························ 118
585. 비파협으로 가는 육 판관을 보내다
 送陸判官往琵琶峽 ································ 123
586. 동평으로 돌아가는 양씨를 보내다 送梁四歸東平 ···· 124
587. 강하에서 벗을 보내다 江夏送友人 ·················· 126
588. 파 땅으로 폄적 가는 치앙을 보내다 送郄昻謫巴中 ···· 128
589. 강하에서 장조 감승을 보내다 江夏送張丞 ··········· 130
590. 흰 해오라기를 읊어 삼협으로 들어가는
 송 현위를 보내다 賦得白鷺鷥送宋少府入三峽 ···· 132
591. 강동으로 가는 두 동생을 보내다 送二季之江東 ····· 133
592. 강서에서 나부산으로 가는 벗을 보내다
 江西送友人之羅浮 ································ 136
593. 선주 사조루에서 숙부 이운 교서를 전별하다
 宣州謝朓樓餞別校書叔雲 ························ 139

594. 선성에서 진 땅으로 들어가는 유 부사를 보내다
    宣城送劉副使入秦 ························· 142
595. 경천에서 문중 동생인 이순을 보내다
    涇川送族弟錞 ································ 149
596. 오송산에서 은숙을 보내다 五松山送殷淑 ······· 154
597. 금릉으로 가는 최씨 형제를 보내다
    送崔氏昆季之金陵 ························· 157
598. 황산 능효대에 올라 문중 동생인 율양현위 이제가
    수운 일을 맡아 화음으로 가는 것을 보내다
    登黃山凌歊臺送族弟溧陽尉濟充汎舟赴華陰 ······ 160
599. 무창으로 가는 저옹을 보내다 送儲邕之武昌 ······ 165

# 6 수답 酬答 ························································· 167

600. 담 현위에게 답하다 酬談少府 ················· 169
601. 우문 현위가 도지죽 서통을 준 것에 답하다
    酬宇文少府見贈桃竹書筒 ··················· 172
602. 오월 동로를 노래하여 문수 가의 늙은이에게
    답하다 五月東魯行答汶上翁 ················· 174
603. 이른 가을 선보현 남루에서 두공형에게 답하다
    早秋單父南樓酬竇公衡 ····················· 178
604. 산속에서 묻고 답하다 山中問答 ··············· 181
605. 벗이 오사모를 준 것에 답하다 答友人贈烏紗帽 ··· 183
606. 장 사마가 먹을 준 것에 답하다 酬張司馬贈墨 ··· 185
607. 가섭 호주사마가 내가 어떤 사람이냐고 묻는
    질문에 답하다 答湖州迦葉司馬問白是何人 ······ 188
608. 최숙봉 장안현위가 종남산 취미사와 태종황제의
    금사천을 노닐다가 내게 부친 편지에 답하다

　　　　答長安崔少府叔封遊終南翠微寺太宗皇帝金沙泉見寄 ······ 190
609. 최종지 낭중에게 답하다 酬崔五郎中 ·················· 195
부록. 이백에게 주는 최종지의 시
　　　　이백에게 주다 贈李十二 ························· 201
610. 시로 편지를 대신하여 원단구에게 답하다
　　　　以詩代書答元丹丘 ······························· 204
611. 금마문에서 소 수재에게 답하다 金門答蘇秀才 ·········· 207
612. 왕숭 방주사마가 염 정자와 눈을 마주보며 시를 지어
　　　내게 준 것에 답하다
　　　　酬坊州王司馬與閻正字對雪見贈 ····················· 215
613. 중도의 작은 관리가 여관에서 술 한 말과 생선
　　　두 마리를 내게 준 것에 답하다
　　　　酬中都小吏攜斗酒雙魚於逆旅見贈 ··················· 219
614. 장 경이 밤에 남릉에서 묵으며 내게 준 시에 답하다
　　　　酬張卿夜宿南陵見贈 ····························· 221
615. 잠훈이 나를 찾아오다가 원단구를 만나 술을 앞에 두고
　　　나를 기다리며 시를 써 나를 초대한 것에 답하다
　　　　酬岑勛見尋, 就元丹丘對酒相待, 以詩見招 ··········· 227
616. 친척 동생인 이유성이 서쪽 정원에 들러 내게
　　　준 시에 답하다 答從弟幼成過西園見贈 ··············· 231
617. 왕익 보궐과 송체 혜장태자묘승이 헤어지면서
　　　준 시에 답하다 酬王補闕惠翼莊廟宋丞泚贈別 ········· 234
618. 배 시어가 비를 마주하고 시절에 느낀 바를 적어
　　　내게 보낸 시에 답하다 酬裴侍御對雨感時見贈 ········ 238
619. 최성보 시어의 시에 답하다 酬崔侍御 ················· 243
부록. 최성보가 이백에게 준 시
　　　　이백에게 주다 贈李十二 ························· 245
620. 금릉성 서쪽에 있는 손초주루에서 달을 구경하다
　　　새벽이 되고, 노래하고 음악을 연주하다가 해가 지자,

술김에 자줏빛 비단 갖옷과 오사건을 갖추고 술친구
여러 명과 함께 뱃노래 부르며 진회에서 석두성으로
가 최성보 시어를 방문하다
翫月金陵城西孫楚酒樓達曙歌吹日晩,
乘醉著紫綺裘烏紗巾與酒客數人棹歌,
秦淮往石頭訪崔四侍御 ························· 246

621. 장강 가에서 최흠 선성현령에게 답하다
江上答崔宣城 ··························· 250

622. 문중 조카인 중부 스님이 옥천사의 선인장차를
준 것에 답하다 및 서문
答族姪僧中孚贈玉泉仙人掌茶 並序 ········· 254

623. 배 시어가 수 스님을 머무르게 하고 금을 연주하며 지어
내게 부친 시에 답하다 酬裴侍御留岫師彈琴見寄 ······ 259

624. 장호 재상께서 궁을 나와 형주를 지키다가 곧 태자첨사에
제수되셨다. 나는 당시 야랑으로 유배 가다가 강하에
도착하여 장공과는 천 리나 떨어져 있었는데, 공께서
수레를 타고 사신으로 가는 왕석 태부시승을 통해
비단옷 두 가지와 단오절에 내게 주는 시를 보내셨기에
내가 이 시를 지어서 답하다 張相公出鎮荊州,
尋除太子詹事, 余時流夜郎行至江夏, 與張公相去千里,
公因太府丞王昔使車寄羅衣二事及 五月五日贈余詩,
余答以此詩 ···························· 261

625. 정씨가 황학루를 때려 부수겠다는 나를 시로써
나무라기에 취한 후 답하다
醉後答丁十八以詩譏予搥碎黃鶴樓 ············ 264

626. 배 시어가 먼저 석두역에 도착하여, 편지를 보내 나를
초대하면서 보름달이 떴을 때 동정호에 배 띄우고
놀자고 한 것에 답하다 答裴侍御先行至石頭驛,
以書見招, 期月滿泛洞庭 ···················· 267

627. 고 산인에게 답하면서 아울러 권씨와 고씨에게 주다
　　　答高山人兼呈權顧二侯 ················· 270
628. 두 수재가 오송산에서 내게 준 시에 답하다
　　　答杜秀才五松山見贈 ······················ 277
629. 능양산에 도착해서 천주석에 올라, 황산에 은거하자고
　　　나를 초대한 한운경 시어에 답하다
　　　至陵陽山登天柱石, 酬韓侍御見招隱黃山 ······ 285
630. 최씨가 나를 초대한 것에 답하다 酬崔十五見招 ······ 291
631. 왕씨가 차가운 밤에 홀로 술을 마시다 생각한 바를
　　　쓴 시에 답하다 答王十二寒夜獨酌有懷 ············ 293


## 7 유연 遊宴 ························································ 305

632. 남양 백수를 노닐다가 석격에 올라서 짓다
　　　遊南陽白水登石激作 ························· 307
633. 남양 청냉천을 노닐다 遊南陽淸冷泉 ················ 309
634. 노성 북쪽의 범 거사를 찾아 가다가 길을 잃고 도꼬마리
　　　속을 헤매다 범 거사가 술을 놓고 도꼬마리를 따고
　　　있는 것을 보고 짓다 尋魯城北范居士, 失道落蒼耳中,
　　　見范置酒摘蒼耳作 ································· 311
635. 노성의 동문에서 배를 띄우다 2수 제1수
　　　東魯門汎舟二首 其一 ························· 316
636. 노성의 동문에서 배를 띄우다 2수 제2수
　　　東魯門汎舟二首 其二 ························· 318
637. 가을에 맹저택에서 사냥하고 밤에 돌아와서 선보현
　　　동쪽 누각에서 술을 차려 놓고 기녀들을 바라보다
　　　秋獵孟諸夜歸, 置酒單父東樓觀妓 ················ 320
638. 태산을 노닐다 6수 제1수 遊泰山 六首 其一 ······ 324

639. 태산을 노닐다 6수 제2수 遊泰山 六首 其二 ················ 328
640. 태산을 노닐다 6수 제3수 遊泰山 六首 其三 ················ 330
641. 태산을 노닐다 6수 제4수 遊泰山 六首 其四 ················ 333
642. 태산을 노닐다 6수 제5수 遊泰山 六首 其五 ················ 335
643. 태산을 노닐다 6수 제6수 遊泰山 六首 其六 ················ 337
644. 가을밤에 유 탕산현령과 함께 연희정 연못에
　　　배를 띄우다 秋夜與劉碭山泛宴喜亭池 ················ 340
645. 기녀를 데리고 양왕 서하산의 맹씨 복숭아 정원에
　　　오르다 攜妓登梁王棲霞山孟氏桃園中 ················ 342
646. 친척 조카인 이량 항주자사와 함께 천축사를 노닐다
　　　與從姪杭州刺史良遊天竺寺 ························ 344
647. 벗과 함께 배를 타고 가다 同友人舟行 ················ 347
648. 종남산을 내려와 곡사 산인의 집에 들러 묵으면서
　　　술을 앞에 두다 下終南山過斛斯山人宿置酒 ········ 351
649. 조회를 마치고 노 낭중에게 들러 옛날 노닐던
　　　일을 쓰다 朝下過盧郎中敘舊遊 ················ 354
650. 천자님을 모시고 온천궁을 노닐고 묵으며 짓다
　　　侍從遊宿溫泉宮作 ························ 356
651. 한단 남쪽 정자에서 기녀들을 보다 邯鄲南亭觀妓 ········ 358
652. 봄날 나부담을 노닐다 春日遊羅敷潭 ················ 361
653. 봄에 배 상주자사를 모시고 석아계를 노닐다
　　　春陪商州裴使君遊石娥溪 ························ 363
654. 당숙이신 제남 태수를 모시고 작산호에 배를 띄우다
　　　3수 제1수 陪從祖濟南太守泛鵲山湖 三首 其一 ········ 368
655. 당숙이신 제남태수를 모시고 작산호에 배를 띄우다
　　　3수 제2수 陪從祖濟南太守泛鵲山湖 三首 其二 ········ 370
656. 당숙이신 제남태수를 모시고 작산호에 배를 띄우다
　　　3수 제3수 陪從祖濟南太守泛鵲山湖 三首 其三 ········ 372
657. 봄날 양이물 강녕현령과 여러 관리들을 모시고 북쪽에

있는 현무호의 연회에서 옛 일을 느끼며 짓다
春日陪楊江寧及諸官, 宴北湖感古作 ················· 373
658. 정 참군의 산 속 연못에서 연회를 열다
宴鄭參卿山池 ················································· 378
659. 사씨산정을 노닐다 遊謝氏山亭 ························ 380
660. 술잔을 쥐고 달에게 물어보다 把酒問月 ············· 383
661. 문중 조카인 이암 평사와 함께 창 스님의 산 못을
노닐다 2수 제1수
同族姪評事黯遊昌禪師山池 二首 其一 ············· 386
662. 문중 조카인 이암 평사와 함께 창 스님의 산 못을
노닐다 2수 제2수
同族姪評事黯遊昌禪師山池 二首 其二 ············· 388
663. 금릉 봉황대에 술을 차려놓다 金陵鳳凰臺置酒 ······ 390
664. 추포의 청계에서 눈 내린 밤에 술을 마주하고 있는데
나그네 중에 〈산자고〉를 노래하는 자가 있었다
秋浦靑溪雪夜對酒, 客有唱鷓鴣者 ···················· 393
665. 주강과 함께 청계 옥경담에서 연회를 열어 이별하다
與周剛靑溪玉鏡潭宴別 ·································· 395
666. 추포 백가피를 노닐다 2수 제1수
遊秋浦白笴陂 二首 其一 ································ 399
667. 추포 백가피를 노닐다 2수 제2수
遊秋浦白笴陂 二首 其二 ································ 401
668. 도씨 집의 정자에서 연회를 열다 宴陶家亭子 ········ 403
669. 수군의 연회가 열린 위 사마의 누선에서 기녀들을
바라보다 在水軍宴韋司馬樓船觀妓 ··················· 405
670. 야랑으로 유배가다 강하에 도착하여 숙부인 이 장사와
설 현령을 모시고 흥덕사 남쪽 누각에서 연회를 열다
流夜郎至江夏, 陪長史叔及薛明府, 宴興德寺南閣 ········ 407
671. 면주성 남쪽 낭관호에서 배를 띄우다 및 서문

泛沔州城南郎官湖 幷序 ·············· 409
672. 숙부이신 이엽 형부시랑을 모시고 동정호를 노닐다가
취한 후에 쓰다 3수 제1수
陪侍郎叔遊洞庭醉後 三首 其一 ·············· 413
673. 숙부이신 이엽 형부시랑을 모시고 동정호를 노닐다가
취한 후에 쓰다 3수 제2수
陪侍郎叔遊洞庭醉後 三首 其二 ·············· 415
674. 숙부이신 이엽 형부시랑을 모시고 동정호를 노닐다가
취한 후에 쓰다 3수 제3수
陪侍郎叔遊洞庭醉後 三首 其三 ·············· 416
675. 밤에 동정호에 배를 띄워 배 시어를 찾아가 술을
마시다 夜泛洞庭尋裴侍御淸酌 ·············· 418
676. 숙부이신 이엽 형부시랑과 가지 중서사인을 모시고
동정호를 노닐다 5수 제1수
陪族叔刑部侍郎曄及中書賈舍人至 遊洞庭 五首 其一 ··· 421
677. 숙부이신 이엽 형부시랑과 가지 중서사인을 모시고
동정호를 노닐다 5수 제2수
陪族叔刑部侍郎曄及中書賈舍人至 遊洞庭 五首 其二 ··· 423
678. 숙부이신 이엽 형부시랑과 가지 중서사인을 모시고
동정호를 노닐다 5수 제3수
陪族叔刑部侍郎曄及中書賈舍人至 遊洞庭 五首 其三 ··· 424
679. 숙부이신 이엽 형부시랑과 가지 중서사인을 모시고
동정호를 노닐다 5수 제4수
陪族叔刑部侍郎曄及中書賈舍人至 遊洞庭 五首 其四 ··· 426
680. 숙부이신 이엽 형부시랑과 가지 중서사인을 모시고
동정호를 노닐다 5수 제5수
陪族叔刑部侍郎曄及中書賈舍人至 遊洞庭 五首 其五 ··· 427
681. 초강 황룡기 남쪽 양 집극의 관청 누대에서 연회를
열다 楚江黃龍磯南宴楊執戟治樓 ·············· 429

682. 동관산에서 취한 후 절구를 짓다 銅官山醉後絶句 ……… 431
683. 상 남릉현승과 함께 오송산을 노닐다
　　　與南陵常贊府遊五松山 …………………………… 433
684. 선성의 청계 宣城青溪 ………………………………… 437
685. 사양보와 경천 능암사를 노닐다
　　　與謝良輔遊涇川陵巖寺 ……………………………… 439
686. 수서산을 노닐다가 정안 율양현령에게 편지를 보내다
　　　遊水西簡鄭明府 ……………………………………… 441
687. 중양절에 산에 오르다 九日登山 ……………………… 444
688. 중양절 九日 …………………………………………… 450
689. 중양절 용산에서 술을 마시다 九日龍山飮 ………… 452
690. 9월 10일에 일을 적다 九月十日卽事 ………………… 454
691. 숙부이신 이명화 당도현령을 모시고 화성사 승공의
　　　청풍정에서 노닐다
　　　陪族叔當塗宰遊化城寺升公淸風亭 …………………… 455

# • 6권

머리말 …………………………………………………………… v

## 8 등람 登覽 ……………………………………………… 1

692. 금성 산화루에 오르다 登錦城散花樓 ………………… 3
693. 아미산에 오르다 登峨眉山 …………………………… 5
694. 대정고 大庭庫 …………………………………………… 8
695. 도 선보현위의 반월대에 오르다 登單父陶少府半月臺 … 11
696. 천태산에서 새벽에 바라보다 天台曉望 ……………… 13
697. 아침에 바다 노을을 바라보다 早望海霞邊 ………… 16

698. 초산에서 송료산을 바라보다 焦山望松寥山 ················· 18
699. 두릉 절구 杜陵絶句 ······································· 20
700. 태백봉에 오르다 登太白峰 ································· 22
701. 한단 홍파대에 올라 술을 차려놓고 출병하는
　　　것을 보다 登邯鄲洪波臺置酒觀發兵 ················ 24
702. 신평의 누대에 오르다 登新平樓 ························· 27
703. 노자의 사당에 배알하다 謁老君廟 ····················· 29
704. 가을날 양주 서령사의 탑에 오르다
　　　秋日登揚州西靈塔 ··································· 31
705. 금릉 야성 북서쪽 사안의 돈대에 오르다
　　　登金陵冶城西北謝安墩 ··························· 34
706. 와관각에 오르다 登瓦官閣 ····························· 41
707. 매강에 올라 금릉을 바라보며 문중 조카인 고좌사의
　　　중부 스님에게 주다
　　　登梅崗望金陵, 贈族姪高座寺僧中孚 ········ 45
708. 금릉 봉황대에 오르다 登金陵鳳凰臺 ················· 50
709. 여산 폭포를 바라보다 2수 제1수
　　　望廬山瀑布 二首 其一 ··························· 52
710. 여산 폭포를 바라보다 2수 제2수
　　　望廬山瀑布 二首 其二 ··························· 56
711. 여산 오로봉에 오르다 登廬山五老峰 ················· 57
712. 강가에서 환공산을 바라보다 江上望皖公山 ········ 59
713. 황학산을 바라보다 望黃鶴山 ··························· 61
714. 앵무주 鸚鵡洲 ············································· 64
715. 중양절 파릉에 올라 술을 차려놓고 동정호의 수군을
　　　바라보다 九日登巴陵置酒, 望洞庭水軍 ········ 66
716. 가을에 파릉산에 올라 동정호를 바라보다
　　　秋登巴陵望洞庭 ··································· 70
717. 하씨와 함께 악양루에 오르다 與夏十二登岳陽樓 ········ 74

718. 파릉 개원사 서쪽 누각에 올라 형산의 방외 스님에게
　　　주다 登巴陵開元寺西閣, 贈衡岳僧方外 ………………… 76
719. 가지 사인과 함께 용흥사에서 오동나무 가지를
　　　치고 옹호를 바라보다
　　　與賈至舍人於龍興寺剪落梧桐枝望滬湖 ……………………… 79
720. 배를 띄워 강위에서 달뜨기를 기다리다 감회가
　　　생기다 挂席江上待月有懷 ……………………………………… 81
721. 금릉에서 한강을 바라보다 金陵望漢江 …………………… 83
722. 가을에 선성 사조의 북루에 오르다
　　　秋登宣城謝朓北樓 ………………………………………………… 86
723. 천문산을 바라보다 望天門山 ……………………………… 88
724. 모과산을 바라보다 望木瓜山 ……………………………… 90
725. 경정산 북쪽 이소산을 올랐는데, 나는 당시 나그네
　　　신세로 최성보 시어를 만나 함께 이곳을 올랐다
　　　登敬亭北二小山, 余時客逢崔侍御, 並登此地 …………… 91
726. 최씨 어른의 물가 정자를 들르다 過崔八丈水亭 ……… 93
727. 광무산의 옛 전쟁터에 올라 옛일을 회상하다
　　　登廣武古戰場懷古 ……………………………………………… 95

# 9  행역 行役 ……………………………………………………… 101

728. 안주 응성 옥녀탕에서 짓다 安州應城玉女湯作 ………… 103
729. 광릉으로 가다가 상씨의 남곽 거처에 묵다
　　　之廣陵宿常二南郭幽居 ………………………………………… 108
730. 밤에 정로정에 머물다 夜下征虜亭 ………………………… 110
731. 길을 내려가 석문의 옛집으로 돌아가다
　　　下途歸石門舊居 ………………………………………………… 111
732. 나그네 길에서 짓다 客中作 ………………………………… 119

733. 태원의 이른 가을 太原早秋 ································· 121
734. 도망가는 도중에 쓴 5수 제1수 奔亡道中五首 其一 ········ 123
735. 도망가는 도중에 쓴 5수 제2수 奔亡道中五首 其二 ········ 125
736. 도망가는 도중에 쓴 5수 제3수 奔亡道中五首 其三 ········ 127
737. 도망가는 도중에 쓴 5수 제4수 奔亡道中五首 其四 ········ 129
738. 도망가는 도중에 쓴 5수 제5수 奔亡道中五首 其五 ········ 131
739. 영문에서 가을날 감회를 쓰다 郢門秋懷 ················· 133
740. 압란역에 이르러 백마기에 올라 배 시어에게 주다
       至鴨欄驛上白馬磯贈裴侍御 ······················· 137
741. 형문산에서 배를 띄우고 촉강을 바라보다
       荊門浮舟望蜀江 ································· 139
742. 삼협을 거슬러 올라가다 上三峽 ······················ 142
743. 맹파동에서 배를 타고 구당협을 지나다가 무산
     최고봉에 오르고 저녁에 돌아오며 벽에 쓰다
       自巴東舟行經瞿唐峽, 登巫山最高峰晚還題壁 ······ 144
744. 아침에 백제성을 떠나다 早發白帝城 ················· 149
745. 가을에 형문을 내려가다 秋下荊門 ··················· 151
746. 강을 가면서 멀리 부치다 江行寄遠 ·················· 153
747. 오송산 아래 순씨 할머니의 집에서 묵다
       宿五松山下荀媼家 ······························· 155
748. 경현 능양계를 타고 내려가 삽탄에 이르다
       下涇縣陵陽溪至澁灘 ···························· 157
749. 능양산을 내려와 고계의 삼문산 육자탄을 따라가다
       下陵陽沿高溪三門六剌灘 ························ 159
750. 밤에 황산에서 머물다 은씨가 부르는 오 땅의
     노래를 듣다 夜泊黃山聞殷十四吳吟 ············· 161
751. 하호에 묵다 宿鰕湖 ································ 163

# 10 회고 懷古 ········································· 167

752. 서시 西施 ··········································· 169
753. 왕희지 王右軍 ······································ 172
754. 상원부인 上元夫人 ································ 174
755. 고소대에서 옛 유적을 둘러보다 蘇臺覽古 ······ 176
756. 월중에서 옛 유적을 둘러보다 越中覽古 ········ 178
757. 상산사호 商山四皓 ································ 179
758. 상산사호의 묘에 들르다 過四皓墓 ·············· 183
759. 현산에서 옛 일을 생각하다 峴山懷古 ·········· 186
760. 소무 蘇武 ··········································· 188
761. 하비의 이교를 지나면서 장자방을 생각하다
　　　經下邳圯橋懷張子房 ························· 191
762. 금릉 3수 제1수 金陵三首 其一 ················ 194
763. 금릉 3수 제2수 金陵三首 其二 ················ 196
764. 금릉 3수 제3수 金陵三首 其三 ················ 198
765. 가을밤 판교포에서 배 띄워 달구경하며 혼자 술
　　　마시다가 사조를 생각하다
　　　秋夜板橋浦泛月獨酌懷謝朓 ··················· 200
766. 팽려호를 지나다 過彭蠡湖 ······················· 202
767. 팽려호로 들어가 송문산을 지나다가 석경을 보고
　　　사영운이 그리워서 시를 지어 유람하는 뜻을 적다
　　　入彭蠡經松門觀石鏡, 緬懷謝康樂題詩書遊覽之志 ··· 205
768. 여강의 주인집 부인 廬江主人婦 ················ 209
769. 송약사 중승을 모시고 무창에서 밤에 술을 마시다가
　　　옛 일을 회상하다 陪宋中丞武昌夜飮懷古 ··· 211
770. 앵무주를 바라보며 예형을 생각하다 望鸚鵡洲懷禰衡 ··· 213
771. 무산 아래에서 머물다 宿巫山下 ················ 217
772. 금릉 백양로의 십자 골목 金陵白楊十字巷 ··· 220

773. 사공정 謝公亭 ································································ 222
774. 남릉의 일을 적어 오송산에 쓰다 紀南陵題五松山 ········· 224
775. 밤에 우저에서 머물며 옛 일을 생각하다
     夜泊牛渚懷古 ·························································· 229
776. 고숙의 열 가지 경치를 읊다 - 고숙계
     姑孰十詠 姑孰溪 ····················································· 231
777. 고숙의 열 가지 경치를 읊다 - 단양호
     姑孰十詠 丹陽湖 ····················································· 233
778. 고숙의 열 가지 경치를 읊다 - 사공택
     姑孰十詠 謝公宅 ····················································· 235
779. 고숙의 열 가지 경치를 읊다 - 능효대
     姑孰十詠 凌歊臺 ····················································· 237
780. 고숙의 열 가지 경치를 읊다 - 환공정
     姑孰十詠 桓公井 ····················································· 239
781. 고숙의 열 가지 경치를 읊다 - 자모죽
     姑孰十詠 慈姥竹 ····················································· 241
782. 고숙의 열 가지 경치를 읊다 - 망부산
     姑孰十詠 望夫山 ····················································· 243
783. 고숙의 열 가지 경치를 읊다 - 우저기
     姑孰十詠 牛渚磯 ····················································· 245
784. 고숙의 열 가지 경치를 읊다 - 영허산
     姑孰十詠 靈墟山 ····················································· 247
785. 고숙의 열 가지 경치를 읊다 - 천문산
     姑孰十詠 天門山 ····················································· 249

**11 한적 閑適** ································································ 251

786. 원단구와 함께 방성사에서 현담하며 짓다

　　　　　與元丹丘方城寺談玄作 ················ 253
787. 고봉이 은거했던 석문산의 원단구를 찾아가다
　　　　　尋高鳳石門山中元丹丘 ················ 257
788. 안주 반야사의 물가 전각에서 더위를 피하다가
　　　설예 원외랑과 만난 것을 기뻐하다
　　　　　安州般若寺水閣納涼, 喜遇薛員外乂 ······ 260
789. 노 땅 중도의 동쪽 누각에서 취했다가 일어나 짓다
　　　　　魯中都東樓醉起作 ··················· 263
790. 술을 마시다 취해서 굴돌 건창현령의 관청에 쓰다
　　　　　對酒醉題屈突明府廳 ················· 265
791. 달 아래서 홀로 술을 마시다 4수 제1수
　　　　　月下獨酌四首 其一 ··················· 267
792. 달 아래서 홀로 술을 마시다 4수 제2수
　　　　　月下獨酌四首 其二 ··················· 270
793. 달 아래서 홀로 술을 마시다 4수 제3수
　　　　　月下獨酌四首 其三 ··················· 272
794. 달 아래서 홀로 술을 마시다 4수 제4수
　　　　　月下獨酌四首 其四 ··················· 274
795. 봄에 종남산 송룡의 옛 은거지로 돌아오다
　　　　　春歸終南山松龍舊隱 ················· 277
796. 겨울 밤 취해서 용문에서 묵다가 깨어 일어나 뜻한
　　　바를 말하다 冬夜醉宿龍門覺起言志 ········ 279
797. 산의 스님을 찾아갔지만 만나지 못하고 짓다
　　　　　尋山僧不遇作 ······················· 283
798. 왕윤의 별장에 들르다 2수 제1수
　　　　　過汪氏別業二首 其一 ················· 285
799. 왕윤의 별장에 들르다 2수 제2수
　　　　　過汪氏別業二首 其二 ················· 288
800. 술을 기다리는 데 오지 않다 待酒不至 ········ 291

801. 홀로 술을 마시다 獨酌 ············································· 293
802. 벗과 모여서 묵다 友人會宿 ······································· 295
803. 봄날 홀로 술을 마시다 2수 제1수
　　　春日獨酌二首 其一 ············································· 297
804. 봄날 홀로 술을 마시다 2수 제2수
　　　春日獨酌二首 其二 ············································· 299
805. 금릉 강가에서 봉지의 은자를 만나다
　　　金陵江上遇蓬池隱者 ············································· 301
806. 달밤에 노자순이 금을 타는 것을 듣다
　　　月夜聽盧子順彈琴 ··············································· 304
807. 청계에서 한밤중에 피리소리를 듣다 青溪半夜聞笛 ······ 306
808. 해저물녘에 산에서 갑자기 생각이 나다
　　　日夕山中忽然有懷 ··············································· 308
809. 여름날 산 속에서 夏日山中 ······································· 311
810. 산에서 은자와 술을 마시다 山中與幽人對酌 ················ 312
811. 봄날 취했다가 일어나 뜻을 말하다 春日醉起言志 ········ 313
812. 여산 동림사에서 밤에 생각하다 廬山東林寺夜懷 ········· 315
813. 옹 존사의 은거지를 찾아가다 尋雍尊師隱居 ················ 317
814. 사흠 낭중과 함께 황학루 위에서 부는 피리소리를
　　　듣다 與史郎中欽聽黃鶴樓上吹笛 ······························· 319
815. 술을 마주하다 對酒 ················································· 321
816. 취하여 왕 한양현령의 청방청방에 쓰다
　　　醉題王漢陽廳 ····················································· 324
817. 왕 역양현령이 술을 마시려 하지 않기에
　　　조롱하다 嘲王歷陽不肯飲酒 ··································· 326
818. 경정산에 홀로 앉다 獨坐敬亭山 ································ 328
819. 스스로 위로하다 自遣 ············································· 329
820. 대천산의 도사를 방문했으나 만나지 못하다
　　　訪戴天山道士不遇 ··············································· 330

821. 가을날 장 현위와 함께 초성의 위공이 책을 보관했던
     높은 서재에서 짓다
     秋日與張少府楚城韋公藏書高齋作 ·············· 332

## 12 감회 感懷 ························································· 335

822. 가을밤에 홀로 앉아 옛 산을 생각하다
     秋夜獨坐懷故山 ············································· 337
823. 최종지 낭중이 남양을 노닐다가 나에게 공자금을 준
     것을 기억하고 그 금을 어루만지다 눈물을
     흘리며 옛 일에 감개하다
     憶崔郎中宗之遊南陽遺吾孔子琴, 撫之潸然感舊 ·········· 342
824. 동산을 그리워하다 2수 제1수 憶東山二首 其一 ············ 346
825. 동산을 그리워하다 2수 제2수 憶東山二首 其二 ············ 347
826. 달을 바라보다 감회가 생기다 望月有懷 ················· 348
827. 술을 대하고 하지장 비서감을 그리워하다 2수 및
     서문 제1수 對酒憶賀監二首 並序 其一 ············ 350
828. 술을 대하고 하지장 비서감을 그리워하다 2수 및
     서문 제2수 對酒憶賀監二首 並序 其二 ············ 352
829. 다시 그리워하다 1수 重憶一首 ······························ 354
830. 봄에 원강과 상강에 머물다가 산중을 그리워하다
     春滯沅湘有懷山中 ········································· 356
831. 해질녘에 산중을 그리워하다 落日憶山中 ············ 358
832. 예전에 추포에서 복숭아꽃을 보며 노닐던 일을 회상하다.
     이때 나는 야랑으로 유배 가고 있다
     憶秋浦桃花舊遊, 時竄夜郎 ···························· 360
833. 월 땅에서 가을에 생각하다 越中秋懷 ···················· 362
834. 고시를 본뜨다 2수 제1수 效古二首 其一 ············ 365

835. 고시를 본뜨다 2수 제2수 效古二首 其二 ·········· 369
836. 고시를 본뜨다 12수 제1수 擬古十二首 其一 ·········· 372
837. 고시를 본뜨다 12수 제2수 擬古十二首 其二 ·········· 375
838. 고시를 본뜨다 12수 제3수 擬古十二首 其三 ·········· 378
839. 고시를 본뜨다 12수 제4수 擬古十二首 其四 ·········· 380
840. 고시를 본뜨다 12수 제5수 擬古十二首 其五 ·········· 382
841. 고시를 본뜨다 12수 제6수 擬古十二首 其六 ·········· 385
842. 고시를 본뜨다 12수 제7수 擬古十二首 其七 ·········· 388
843. 고시를 본뜨다 12수 제8수 擬古十二首 其八 ·········· 390
844. 고시를 본뜨다 12수 제9수 擬古十二首 其九 ·········· 393
845. 고시를 본뜨다 12수 제10수 擬古十二首 其十 ·········· 395
846. 고시를 본뜨다 12수 제11수 擬古十二首 其十一 ·········· 398
847. 고시를 본뜨다 12수 제12수 擬古十二首 其十二 ·········· 400
848. 흥취를 느끼다 8수 제1수 感興八首 其一 ·········· 402
849. 흥취를 느끼다 8수 제2수 感興八首 其二 ·········· 405
850. 흥취를 느끼다 8수 제3수 感興八首 其三 ·········· 408
851. 흥취를 느끼다 8수 제4수 感興八首 其四 ·········· 410
852. 흥취를 느끼다 8수 제5수 感興八首 其五 ·········· 412
853. 흥취를 느끼다 8수 제6수 感興八首 其六 ·········· 414
854. 흥취를 느끼다 8수 제7수 感興八首 其七 ·········· 416
855. 흥취를 느끼다 8수 제8수 感興八首 其八 ·········· 419
856. 우언 3수 제1수 寓言三首 其一 ·········· 421
857. 우언 3수 제2수 寓言三首 其二 ·········· 425
858. 우언 3수 제3수 寓言三首 其三 ·········· 428
859. 가을밤 나그넷길에서 생각하다 秋夕旅懷 ·········· 430
860. 감우 4수 제1수 感遇四首 其一 ·········· 432
861. 감우 4수 제2수 感遇四首 其二 ·········· 434
862. 감우 4수 제3수 感遇四首 其三 ·········· 436
863. 감우 4수 제4수 感遇四首 其四 ·········· 438

864. 한림원에서 글을 읽다가 감회를 말하여 집현전의
　　　여러 학사에게 드리다
　　　　　　翰林讀書言懷, 呈集賢諸學士 ……………………………… 440
865. 심양 자극궁에서 가을에 느낀 바가 있어 짓다
　　　　　　尋陽紫極宮感秋作 ………………………………………… 444
866. 강가에서 가을에 생각하다 江上秋懷 ………………………… 448
867. 가을밤에 생각을 쓰다 秋夕書懷 ……………………………… 450
868. 사공원으로 난리를 피해 생각한 바를 말하다
　　　　　　避地司空原言懷 …………………………………………… 453
869. 최환 재상께 올리는 백가지 근심의 글
　　　　　　上崔相百憂章 ……………………………………………… 457
870. 만 가지 억울한 마음을 써서 위 낭중에게 보내다
　　　　　　萬憤詞投魏郎中 …………………………………………… 465
871. 형주에 도적이 난리를 일으켜 동정호 가에서 생각을
　　　읊어 짓다 荊州賊亂臨洞庭言懷作 …………………………… 471
872. 거울을 보다가 생각을 적다 覽鏡書懷 ………………………… 475
873. 전원에서 생각을 말하다 田園言懷 …………………………… 477
874. 강남에서 봄에 생각하다 江南春懷 …………………………… 479
875. 남쪽으로 도망가며 감회를 쓰다 南奔書懷 …………………… 481

• 7권

　머리말 ……………………………………………………………………… v

　13　영물 詠物 ……………………………………………………………… 1

　　876. 촉 땅 준 스님의 금 연주를 듣다 聽蜀僧濬彈琴 …………… 3
　　877. 노성의 동문에서 부들 베는 것을 보다 魯東門觀刈蒲 …… 5

878. 이웃 여인의 동쪽 창에 있는 해석류를 읊다
   詠鄰女東窓海石榴 ····································· 7
879. 남쪽 창가의 소나무 南軒松 ····················· 9
880. 나무 술잔을 읊다 2수 제1수 詠山樽二首 其一 ········· 11
881. 나무 술잔을 읊다 2수 제2수 詠山樽二首 其二 ········· 13
882. 금문을 막 나와서 왕 시어를 찾아갔지만 만나지
   못하고 벽 위에 그려진 앵무새를 읊다
   初出金門尋王侍御不遇詠壁上鸚鵡 ··············· 14
883. 자등나무 紫藤樹 ······································· 16
884. 흰 매를 날리는 것을 보다 2수 제1수
   觀放白鷹二首 其一 ·································· 17
885. 흰 매를 날리는 것을 보다 2수 제2수
   觀放白鷹二首 其二 ·································· 18
886. 왕지안 박평현위의 산수 벽화를 보다
   觀博平王志安少府山水粉圖 ······················· 20
887. 최 옹구현령의 단약 아궁이에 쓰다
   題雍丘崔明府丹竈 ·································· 22
888. 무산 병풍 앞에 앉은 원단구를 보다
   觀元丹丘坐巫山屛風 ······························· 25
889. 최 산인에게 백 길 절벽 폭포 그림을 구하다
   求崔山人百丈崖瀑布圖 ····························· 29
890. 들판의 풀 중에 백두옹이라는 것을 보다
   見野草中有名白頭翁者 ····························· 32
891. 야랑으로 유배 가다가 아욱 잎에 쓰다
   流夜郎題葵葉 ········································· 33
892. 영 스님의 방에서 〈산해도〉를 보다
   瑩禪師房觀山海圖 ·································· 35
893. 흰 해오라기 白鷺鷥 ································· 39
894. 무궁화를 읊다 2수 제1수 詠槿二首 其一 ········· 40

895. 무궁화를 읊다 2수 제2수 詠槿二首 其二 ·················· 42
896. 하얀 호두 白胡桃 ························································ 44
897. 무산을 그린 침장 巫山枕障 ········································ 45

## 14 제영 題詠 ·········································································· 47

898. 수주 자양 선생의 벽에 쓰다 題隨州紫陽先生壁 ·········· 49
899. 원단구의 산속 거처에 쓰다 題元丹丘山居 ················· 53
900. 영양에 있는 원단구의 산속 거처에 쓰다 및 서문
　　　題元丹丘潁陽山居 並序 ·········································· 55
901. 문중 아저씨인 이분 사인을 전별하며 과주 운하에
　　　쓰다 題瓜洲新河餞族叔舍人賁 ································ 59
902. 세각정 洗脚亭 ······························································ 63
903. 노로정 勞勞亭 ······························································ 65
904. 금릉 왕 처사의 물가 정자에 쓰다
　　　題金陵王處士水亭 ···················································· 66
905. 숭산의 은자 원단구의 산속 거처에 쓰다 및 서문
　　　題嵩山逸人元丹丘山居 並序 ···································· 69
906. 강하의 수정사에 쓰다 題江夏修靜寺 ························· 75
907. 구자산을 구화산으로 이름을 바꾼 뒤 지은 연구
　　　및 서문 改九子山爲九華山聯句 並序 ······················· 77
908. 완계의 객점에 쓰다 題宛溪館 ····································· 80
909. 동계공의 은거에 쓰다 題東溪公幽居 ························· 82

## 15 잡영 雜詠 ·········································································· 85

910. 노 땅의 유생을 조롱하다 嘲魯儒 ······························· 87

911. 참언을 두려워하다 懼讒 ································· 90
912. 사냥 구경 觀獵 ······································· 94
913. 호인이 피리 부는 것을 보다 觀胡人吹笛 ··········· 96
914. 군행 軍行 ············································ 98
915. 종군행 從軍行 ······································· 99
916. 평로장군의 처 平虜將軍妻 ························· 101
917. 봄날 밤에 낙양성에서 피리소리를 듣다
      春夜洛城聞笛 ········································ 103
918. 숭산에서 창포 캐는 이 嵩山採菖蒲者 ············· 104
919. 금릉에서 한운경 시어가 부는 피리소리를 듣다
      金陵聽韓侍御吹笛 ·································· 106
920. 야랑으로 유배 가다가 황제의 연회 하사 소식을
      들었으나 참여하지 못하다 流夜郎聞酺不預 ······ 108
921. 추방된 후에 은혜가 내려졌지만 혜택을 못 받다
      放後遇恩不霑 ······································· 110
922. 선성에서 진달래를 보다 宣城見杜鵑花 ··········· 113
923. 백전에서 말을 타고 가다 꾀꼬리 소리를 듣다
      白田馬上聞鶯 ······································· 115
924. 석 자 다섯 자 일곱 자의 시 三五七言 ············ 117
925. 잡시 雜詩 ············································ 119

# 16 규정 閨情 ············································ 121

926. 멀리 부치다 12수 제1수 寄遠十二首 其一 ······· 123
927. 멀리 부치다 12수 제2수 寄遠十二首 其二 ······· 126
928. 멀리 부치다 12수 제3수 寄遠十二首 其三 ······· 128
929. 멀리 부치다 12수 제4수 寄遠十二首 其四 ······· 130
930. 멀리 부치다 12수 제5수 寄遠十二首 其五 ······· 132

931. 멀리 부치다 12수 제6수 寄遠十二首 其六 ················ 134
932. 멀리 부치다 12수 제7수 寄遠十二首 其七 ················ 136
933. 멀리 부치다 12수 제8수 寄遠十二首 其八 ················ 138
934. 멀리 부치다 12수 제9수 寄遠十二首 其九 ················ 140
935. 멀리 부치다 12수 제10수 寄遠十二首 其十 ··············· 142
936. 멀리 부치다 12수 제11수 寄遠十二首 其十一 ············ 144
937. 멀리 부치다 12수 제12수 寄遠十二首 其十二 ············ 146
938. 장신궁 長信宮 ····································································· 149
939. 장문궁의 원망 2수 제1수 長門怨二首 其一 ················ 152
940. 장문궁의 원망 2수 제2수 長門怨二首 其二 ················ 154
941. 봄날의 원망 春怨 ······························································ 155
942. 대신하여 멀리 있는 이에게 주다 代贈遠 ···················· 156
943. 거리에서 미인에게 주다 陌上贈美人 ··························· 160
944. 규방의 정 閨情 ·································································· 162
945. 대신하여 연인과 이별하는 시를 쓰다 代別情人 ········ 165
946. 대신하여 가을의 감정을 읊다 代秋情 ························· 168
947. 술을 마주하다 對酒 ·························································· 170
948. 원망 怨情 ··········································································· 172
949. 호숫가의 연 따는 여인 湖邊採蓮婦 ····························· 174
950. 원망 怨情 ··········································································· 176
951. 대신하여 초사체로 정을 부치다 代寄情楚辭體 ········· 177
952. 변방을 그리워하는 옛 시를 본뜨다 學古思邊 ············ 181
953. 변방을 그리워하다 思邊 ················································· 184
954. 오왕의 미인이 반쯤 취한 것을 즉석에서 노래하다
　　　口號吳王美人半醉 ······················································· 185
955. 연꽃을 꺾어 주다 折荷有贈 ············································ 187
956. 미인을 대신하여 거울을 근심하다 2수 제1수
　　　代美人愁鏡二首 其一 ···················································· 189
957. 미인을 대신하여 거울을 근심하다 2수 제2수

|  | 代美人愁鏡二首 其二 ······································ 191 |
|---|---|
| 958. | 단씨 아가씨에게 주다 贈段七娘 ····································· 194 |
| 959. | 아내와 작별하고 초빙에 응해 가다 3수 제1수 |
|  | 別內赴徵三首 其一 ······································ 196 |
| 960. | 아내와 작별하고 초빙에 응해 가다 3수 제2수 |
|  | 別內赴徵三首 其二 ······································ 198 |
| 961. | 아내와 작별하고 초빙에 응해 가다 3수 제3수 |
|  | 別內赴徵三首 其三 ······································ 200 |
| 962. | 추포에서 아내에게 부치다 秋浦寄內 ····························· 201 |
| 963. | 아내를 대신하여 나에게 주다 自代內贈 ························ 204 |
| 964. | 추포에서 주인집의 돌아가는 제비를 보고 느낌이 |
|  | 일어 아내에게 부치다 秋浦感主人歸燕寄內 ············· 208 |
| 965. | 여산의 여도사 이등공을 찾아가는 아내를 보내다 |
|  | 2수 제1수 送內尋廬山女道士李騰空二首 其一 ········· 211 |
| 966. | 여산의 여도사 이등공을 찾아가는 부인을 보내다 |
|  | 2수 제2수 送內尋廬山女道士李騰空二首 其二 ········· 213 |
| 967. | 아내에게 주다 贈內 ·························································· 215 |
| 968. | 심양 감옥에서 아내에게 부치다 在尋陽非所寄內 ········· 217 |
| 969. | 남쪽 야랑으로 유배 가다가 아내에게 부치다 |
|  | 南流夜郎寄內 ················································· 220 |
| 970. | 월 땅의 여인 5수 제1수 越女詞五首 其一 ··················· 221 |
| 971. | 월 땅의 여인 5수 제2수 越女詞五首 其二 ··················· 222 |
| 972. | 월 땅의 여인 5수 제3수 越女詞五首 其三 ··················· 223 |
| 973. | 월 땅의 여인 5수 제4수 越女詞五首 其四 ··················· 224 |
| 974. | 월 땅의 여인 5수 제5수 越女詞五首 其五 ··················· 226 |
| 975. | 완사석의 여인 浣紗石上女 ············································ 227 |
| 976. | 금릉자에게 보여주다 示金陵子 ······································ 228 |
| 977. | 금릉자를 내보이고 노씨에게 주다 4수 제1수 |
|  | 出妓金陵子呈盧六 四首 其一 ································ 230 |

978. 금릉자를 내보이고 노씨에게 주다 4수 제2수
   出妓金陵子呈盧六 四首 其二 ·················· 232
979. 금릉자를 내보이고 노씨에게 주다 4수 제3수
   出妓金陵子呈盧六 四首 其三 ·················· 233
980. 금릉자를 내보이고 노씨에게 주다 4수 제4수
   出妓金陵子呈盧六 四首 其四 ·················· 235
981. 파 땅의 여인 巴女詞 ························· 236


## 17 애상 哀傷 ····················· 237

982. 조형을 곡하다 哭晁卿衡 ··················· 239
983. 율수의 길에서 왕염을 곡하다 3수 제1수
   自溧水道哭王炎三首 其一 ·················· 241
984. 율수의 길에서 왕염을 곡하다 3수 제2수
   自溧水道哭王炎三首 其二 ·················· 245
985. 율수의 길에서 왕염을 곡하다 3수 제3수
   自溧水道哭王炎三首 其三 ·················· 247
986. 선성의 술 잘 빚는 기 노인을 곡하다
   哭宣城善釀紀叟 ························· 249
987. 선성에서 징군 장화를 곡하다 宣城哭蔣徵君華 ······· 251


## 18 습유 拾遺 ····················· 255

988. 잡언으로 써서 단양의 친구에게 주고 겸하여
     선위판관께 드리다
   雜言用投丹陽知己兼奉宣慰判官 ··············· 257
989. 남릉 오송산에서 순씨와 헤어지다

南陵五松山別荀七 ······················································· 261
990. 관어담 觀魚潭 ······························································· 263
991. 광평에서 취한 기운에 말을 타고 육십 리를 가서
　　　한단에 도착해 성 누각에 올라 옛 사적을 둘러보고
　　　느낀 바를 적다 自廣平乘醉走馬六十里, 至邯鄲,
　　　登城樓, 覽古書懷 ························································ 265
992. 달밤 금릉에서 옛 일을 생각하다 月夜金陵懷古 ········· 273
993. 금릉의 신정 金陵新亭 ················································ 276
994. 정원 앞에 꽃이 늦게 피다 庭前晚開花 ······················· 278
995. 선주장사인 동생 이소가 내게 금계의 춤추는 한 쌍의
　　　학을 주기에 시로써 뜻을 보여주다
　　　宣州長史弟昭贈余琴溪中雙舞鶴, 詩以見志 ················ 280
996. 술을 데우다 暖酒 ························································ 282
997. 두보에게 장난삼아 주다 戲贈杜甫 ····························· 284
998. 가난한 여인의 노래 寒女吟 ········································ 286
999. 헤어지다 會別離 ·························································· 289
1000. 초승달 初月 ······························································· 292
1001. 비 갠 후 달을 바라보다 雨後望月 ···························· 294
1002. 비를 마주하다 對雨 ··················································· 296
1003. 새벽에 비가 개다 曉晴 ·············································· 298
1004. 망부석 望夫石 ···························································· 300
1005. 겨울날 옛 산으로 돌아오다 冬日歸舊山 ··················· 302
1006. 추연곡 鄒衍谷 ···························································· 305
1007. 청계로 들어가 산속을 가다 入清溪行山中 ··············· 307
1008. 태양이 남동쪽에서 떠오르다 日出東南隅行 ············· 309
1009. 미녀를 대신하여 옹참추 선배에게 부치다
　　　　代佳人寄翁參樞先輩 ················································ 311
1010. 오 땅으로 돌아가는 손님을 보내다 送客歸吳 ········· 313
1011. 협중에 놀러가는 벗을 보내다 送友生遊峽中 ··········· 315

1012. 장강으로 부임해 가는 원 현령을 보내다
　　　送袁明府任長江 ················································· 317
1013. 최환 재상의 막부로 가는 사 사마를 보내다
　　　送史司馬赴崔相公幕 ············································ 320
1014. 성 남쪽에서 전쟁하다 戰城南 ····································· 323
1015. 오랑캐 땅에 사람이 없어지다 胡無人行 ························ 325
1016. 곤궁의 노래 鞠歌行 ·················································· 327
1017. 허선평의 암자 벽에 쓰다 題許宣平庵壁 ······················ 332
1018. 봉정사에 쓰다 題峰頂寺 ············································ 335
1019. 폭포 瀑布 ································································ 336
1020. 단구 斷句 ································································ 338
1021. 단구 斷句 ································································ 339
1022. 따뜻한 봄 陽春曲 ····················································· 340
1023. 시리불 舍利佛 ························································· 341
1024. 마다루자 摩多樓子 ·················································· 343
1025. 봄의 애상 春感 ························································ 345
1026. 은씨가 율강연을 주다 殷十一贈栗岡硯 ······················· 347
1027. 보조사 普照寺 ························································· 349
1028. 조대 釣臺 ································································ 351
1029. 소도원 小桃源 ························································· 353
1030. 두천산에 쓰다 題竇圌山 ··········································· 355
1031. 강유 현위에게 주다 贈江油尉 ··································· 356
1032. 청평락령 2수 제1수 淸平樂令二首 其一 ····················· 358
1033. 청평락령 2수 제2수 淸平樂令二首 其二 ····················· 361
1034. 청평락 3수 제1수 淸平樂三首 其一 ··························· 363
1035. 청평락 3수 제2수 淸平樂三首 其二 ··························· 365
1036. 청평락 3수 제3수 淸平樂三首 其三 ··························· 367
1037. 계전추 桂殿秋 ························································· 369
1038. 연리지 2수 제1수 連理枝二首 其一 ··························· 372

1039. 연리지 2수 제2수 連理枝二首 其二 ················· 374

## 19 보유 補遺 ················· 377

1040. 상청의 보배로운 솥 제1수 上清寶鼎詩 其一 ············· 379
1041. 상청의 보배로운 솥 제2수 上清寶鼎詩 其二 ············· 382
1042. 상청의 보배로운 서적 上清寶典 ················· 386
1043. 이백이 미천했을 때 현의 작은 관리를 모집하기에
 현령의 내실로 들어가게 되었는데, 일찍이 소를
 몰고 당 아래를 지나가니 현령의 처가 노하여
 힐책하려 하기에 이백이 즉각 이 시를 지어
 사죄하며 말하였다. 李太白微時, 募縣小吏,
 入令臥內, 嘗驅牛經堂下, 令妻怒, 將加詰責,
 太白亟以詩謝云 ················· 388
1044. 단구 斷句 ················· 390
1045. 단구 斷句 ················· 391
1046. 단구 斷句 ················· 393
1047. 강하에서 한동으로 돌아가는 천공을 보내다 및 서문
 江夏送倩公歸漢東 幷序 ················· 394
1048. 무릉도원 2수 제1수 桃源二首 其一 ············· 399
1049. 무릉도원 2수 제2수 桃源二首 其二 ············· 401
1050. 제목 미상 闕題 ················· 402
1051. 단구 斷句 ················· 404
1052. 단구 斷句 ················· 405
1053. 단구 斷句 ················· 406
1054. 단구 斷句 ················· 408
1055. 단구 斷句 ················· 410
1056. 단구 斷句 ················· 411

1057. 학이 깊은 못에서 우네 鶴鳴九皐 ································ 412
1058. 서현사 棲賢寺 ································ 415
1059. 누산의 석순바위에 쓰다 題樓山石笋 ································ 417
1060. 보살만 菩薩蠻 ································ 418
1061. 광산을 떠나다 別匡山 ································ 421
1062. 태화관 太華觀 ································ 423
1063. 홀로 경정산에 앉다 獨坐敬亭山 ································ 425
1064. 수화정 秀華亭 ································ 426
1065. 연단정 煉丹井 ································ 428
1066. 무상사에 묵다 宿無相寺 ································ 430
1067. 방광사를 읊은 시 詠方廣詩 ································ 432
1068. 강 위에서 배 선주자사께 드리다 江上呈裵宣州 ································ 433
1069. 조 완구현위를 보내다 送宛句趙少府卿 ································ 435
1070. 석우를 읊다 詠石牛 ································ 437
1071. 남산사 南山寺 ································ 439
1072. 제목 미상 闕題 ································ 441

# 제목 찾아보기

【가】

駕去溫泉宮後贈楊山人・3-82
感時留別從兄徐王延年從弟延陵・4-273
感遇四首 其一・6-432
感遇四首 其二・6-434
感遇四首 其三・6-436
感遇四首 其四・6-438
感寓二首 其一 → 古風五十九首 其十六(寶劍雙蛟龍)・1-56
感寓二首 其二 → 古風五十九首 其八(咸陽二三月)・1-31
感興八首 其一・6-402
感興八首 其二・6-405
感興八首 其三・6-408
感興八首 其四・6-410
感興八首 其五・6-412
感興八首 其六・6-414
感興八首 其七・6-416
感興八首 其八・6-419
江南春懷・6-479
江上寄元六林宗・4-171

江上寄巴東故人・4-169
江上答崔宣城・5-250
江上望皖公山・6-59
江上送女道士褚三淸遊南嶽・5-80
江上遊 → 江上吟・2-247
江上吟・2-247
江上呈裵宣州・7-433
江上贈竇長史・3-342
江上秋懷・6-448
江西送友人之羅浮・5-136
江夏寄漢陽輔錄事・4-163
江夏別宋之悌・4-338
江夏使君叔席上贈史郎中・3-333
江夏送友人・5-126
江夏送張丞・5-130
江夏送倩公歸漢東 幷序・7-394
江夏贈韋南陵冰・3-353
江夏行・2-416
江行寄遠・6-153
改九子山爲九華山聯句 並序・7-77
客中作・6-119
去婦詞・2-225
見京兆韋參軍量移東陽二首 其一・3-40
見京兆韋參軍量移東陽二首 其二・3-42
見野草中有名白頭翁者・7-32
見人臂蒼鷹作 → 觀放白鷹二首・7-18

結客少年場行・1-419

結韈子・1-417

涇溪南藍山下有落星潭, 可以卜築, 余泊舟石上, 寄何判官昌浩
　　・4-189

涇溪東亭寄鄭少府諤・4-176

經亂離後天恩流夜郎, 憶舊遊書懷, 贈江夏韋太守良宰・3-306

經亂後將避地剡中, 留贈崔宣城・4-27

涇川送族弟錞・5-149

經下邳圯橋懷張子房・6-191

繫尋陽上崔相渙三首 其一・3-399

繫尋陽上崔相渙三首 其二・3-401

繫尋陽上崔相渙三首 其三・3-403

桂殿秋・7-369

估客樂 → 估客行・2-200

估客行・2-200

高句驪・2-172

古朗月行・1-433

姑孰十詠 姑孰溪・6-231

姑孰十詠 丹陽湖・6-233

姑孰十詠 靈墟山・6-247

姑孰十詠 凌歊臺・6-237

姑孰十詠 望夫山・6-243

姑孰十詠 謝公宅・6-235

姑孰十詠 牛渚磯・6-245

姑孰十詠 慈姥竹・6-241

姑孰十詠 天門山・6-249

姑孰十詠 桓公井・6-239
枯魚過河泣・2-134
古有所思・1-385
古意(君爲女蘿草)・2-436
古意(白酒新熟山中歸) → 南陵別兒童入京・4-331
鼓吹入朝曲・2-86
古風五十九首 其一(大雅久不作)・1-3
古風五十九首 其二(蟾蜍薄太淸)・1-9
古風五十九首 其三(秦王掃六合)・1-13
古風五十九首 其四(鳳飛九千仞)・1-18
古風五十九首 其五(太白何蒼蒼)・1-22
古風五十九首 其六(代馬不思越)・1-25
古風五十九首 其七(客有鶴上仙)・1-28
古風五十九首 其八(咸陽二三月)・1-31
古風五十九首 其九(莊周夢胡蝶)・1-34
古風五十九首 其十(齊有倜儻生)・1-37
古風五十九首 其十一(黃河走東溟)・1-40
古風五十九首 其十二(松柏本孤直)・1-42
古風五十九首 其十三(君平旣棄世)・1-45
古風五十九首 其十四(胡關饒風沙)・1-49
古風五十九首 其十五(燕昭延郭隗)・1-53
古風五十九首 其十六(寶劍雙蛟龍)・1-56
古風五十九首 其十七(金華牧羊兒)・1-59
古風五十九首 其十八(天津三月時)・1-61
古風五十九首 其十九(西上蓮花山)・1-66
古風五十九首 其二十(昔我遊齊都)・1-69

古風五十九首 其二十一(郢客吟白雪)・1-74
古風五十九首 其二十二(秦水別隴首)・1-76
古風五十九首 其二十三(秋露白如玉)・1-79
古風五十九首 其二十四(大車揚飛塵)・1-83
古風五十九首 其二十五(世道日交喪)・1-86
古風五十九首 其二十六(碧荷生幽泉)・1-89
古風五十九首 其二十七(燕趙有秀色)・1-91
古風五十九首 其二十八(容顏若飛電)・1-93
古風五十九首 其二十九(三季分戰國)・1-95
古風五十九首 其三十(玄風變太古)・1-98
古風五十九首 其三十一(鄭客西入關)・1-102
古風五十九首 其三十二(蓐收肅金氣)・1-105
古風五十九首 其三十三(北溟有巨魚)・1-107
古風五十九首 其三十四(羽檄如流星)・1-109
古風五十九首 其三十五(醜女來效顰)・1-114
古風五十九首 其三十六(抱玉入楚國)・1-118
古風五十九首 其三十七(燕臣昔慟哭)・1-121
古風五十九首 其三十八(孤蘭生幽園)・1-124
古風五十九首 其三十九(登高望四海)・1-126
古風五十九首 其四十(鳳飢不啄粟)・1-129
古風五十九首 其四十一(朝弄紫泥海)・1-132
古風五十九首 其四十二(搖裔雙白鷗)・1-135
古風五十九首 其四十三(周穆八荒意)・1-137
古風五十九首 其四十四(綠蘿紛葳蕤)・1-141
古風五十九首 其四十五(八荒馳驚飆)・1-144
古風五十九首 其四十六(一百四十年)・1-147

古風五十九首 其四十七(桃花開東園)·1-151
古風五十九首 其四十八(秦皇按寶劍)·1-153
古風五十九首 其四十九(美人出南國)·1-156
古風五十九首 其五十(宋國梧臺東)·1-158
古風五十九首 其五十一(殷后亂天紀)·1-160
古風五十九首 其五十二(青春流驚湍)·1-163
古風五十九首 其五十三(戰國何紛紛)·1-165
古風五十九首 其五十四(倚劍登高臺)·1-168
古風五十九首 其五十五(齊瑟彈東吟)·1-171
古風五十九首 其五十六(越客採明珠)·1-174
古風五十九首 其五十七(羽族稟萬化)·1-176
古風五十九首 其五十八(我行巫山渚)·1-178
古風五十九首 其五十九(惻惻泣路歧)·1-180
哭宣城善釀紀叟·7-249
哭晁卿衡·7-239
公無渡河·1-192
空城雀·2-117
箜篌謠·1-289
過四皓墓·6-183
過汪氏別業二首 其一·6-285
過汪氏別業二首 其二·6-288
過崔八丈水亭·6-93
過彭蠡湖·6-202
觀獵·7-94
觀博平王志安少府山水粉圖·7-20
觀放白鷹二首 其一·7-17

觀放白鷹二首 其二·7-18
關山月·1-331
觀魚潭·7-263
觀元丹丘坐巫山屛風·7-25
觀胡人吹笛·7-96
廣陵贈別·4-271
挂席江上待月有懷·6-81
久別離·1-387
九月十日卽事·5-455
九日·5-450
九日登山·5-444
九日登巴陵置酒, 望洞庭水軍·6-66
九日龍山飮·5-452
懼讒·7-90
求崔山人百丈崖瀑布圖·7-29
口號·4-291
口號吳王美人半醉·7-185
口號贈楊徵君·3-154
鞠歌行(玉不自言如桃李)·1-361
鞠歌行(麗莫似漢宮妃)·7-327
君道曲·1-414
君馬黃·2-148
君子有所思行·2-9
軍行·7-98
宮中行樂詞 八首 其一·2-64
宮中行樂詞 八首 其二·2-66

宮中行樂詞 八首 其三・2-68
宮中行樂詞 八首 其四・2-70
宮中行樂詞 八首 其五・2-72
宮中行樂詞 八首 其六・2-74
宮中行樂詞 八首 其七・2-76
宮中行樂詞 八首 其八・2-78
闕題(庭中繁樹乍含芳)・7-402
闕題(風情漸老見春羞)・7-441
閨情・7-162
金陵 三首 其一・6-194
金陵 三首 其二・6-196
金陵 三首 其三・6-198
金陵歌送別范宣・2-328
金陵江上遇蓬池隱者・6-301
金陵望漢江・6-83
金陵白楊十字巷・6-220
金陵白下亭留別・4-294
金陵鳳凰臺置酒・5-390
金陵城西樓月下吟・2-317
金陵送張十一再遊東吳・5-36
金陵新亭・7-276
金陵子詞 → 示金陵子・7-228
金陵阻風雪書懷寄楊江寧 → 新林浦阻風寄友人・4-113
金陵酒肆留別・4-292
金陵聽韓侍御吹笛・7-106
金門答蘇秀才・5-207

金鄉送韋八之西京·4-412
紀南陵題五松山·6-224
寄弄月溪吳山人·4-60
寄當塗趙少府炎·4-125
寄東魯二稚子·4-127
寄上吳王三首 其一·4-205
寄上吳王三首 其二·4-208
寄上吳王三首 其三·4-210
寄王屋山人孟大融·4-95
寄王漢陽·4-148
寄遠 → 代贈遠·7-156
寄遠十二首 其一·7-123
寄遠十二首 其二·7-126
寄遠十二首 其三·7-128
寄遠十二首 其四·7-130
寄遠十二首 其五·7-132
寄遠十二首 其六·7-134
寄遠十二首 其七·7-136
寄遠十二首 其八·7-138
寄遠十二首 其九·7-140
寄遠十二首 其十·7-142
寄遠十二首 其十一·7-144
寄遠十二首 其十二·7-146
寄韋南陵冰, 余江上乘興訪之, 遇尋顏尚書, 笑有此贈·4-116
寄從弟宣州長史昭·4-174
寄崔侍御·4-186

寄淮南友人・4-78

## 【나】

暖酒・7-282
南陵別兒童入京・4-331
南陵五松山感時贈別 → 紀南陵題五松山・6-224
南陵五松山別荀七・7-261
南都行・2-243
南流夜郎寄內・7-220
南奔書懷・6-481
南山寺・7-439
南陽送客・4-340
南軒松・7-9

## 【다】

短歌行・2-114
斷句・7-338, 7-339, 7-390, 7-391, 7-393, 7-404, 7-405, 7-406, 7-408, 7-410, 7-411
答高山人兼呈權顧二侯・5-270
答杜秀才五松山見贈・5-277
答裴侍御先行至石頭驛, 以書見招, 期月滿泛洞庭・5-267
答王十二寒夜獨酌有懷・5-293
答友人贈烏紗帽・5-183
答長安崔少府叔封遊終南翠微寺太宗皇帝金沙泉見寄・5-190

答族姪僧中孚贈玉泉仙人掌茶 並序・5-254
答從弟幼成過西園見贈・5-231
答湖州迦葉司馬問白是何人・5-188
當塗趙炎少府粉圖山水歌・2-368
代佳人寄翁參樞先輩・7-311
代寄情人楚辭體 → 代寄情楚辭體・7-177
代寄情楚辭體・7-177
代美人愁鏡二首 其一・7-189
代美人愁鏡二首 其二・7-191
代別情人・7-165
對雪奉餞任城六父秩滿歸京・4-398
對雪醉後贈王歷陽・3-415
對雪獻從兄虞城宰・3-179
對雨・7-296
大庭庫・6-8
大堤曲・2-62
對酒(勸君莫拒杯)・6-321
對酒(蒲萄酒)・7-170
待酒不至・6-291
對酒憶賀監二首 並序 其一・6-350
對酒憶賀監二首 並序 其二・6-352
對酒醉題屈突明府廳・6-265
對酒行・2-197
代贈遠・7-156
代秋情・7-168
桃源二首 其一・7-399

桃源二首 其二·7-401

擣衣篇·2-201

渡荊門送別·4-319

獨漉篇·1-334

獨不見(白馬誰家子)·1-441

獨不見(白馬黃金塞) → 塞下曲 六首 其四·2-40

獨酌·6-293

獨酌清溪江石上寄權昭夷·4-131

讀諸葛武侯傳書懷, 贈長安崔少府叔封昆季·3-75

獨坐敬亭山(眾鳥高飛盡)·6-328

獨坐敬亭山(合沓牽數峰)·7-425

銅官山醉後絕句·5-431

東魯門汎舟二首 其一·5-316

東魯門汎舟二首 其二·5-318

東魯見狄博通·3-38

東武吟·2-96

東山吟·2-319

冬夜醉宿龍門覺起言志·6-279

同吳王送杜秀芝舉入京·5-108

同王昌齡送族弟襄歸桂陽 二首 其一·4-467

同王昌齡送族弟襄歸桂陽 二首 其二·4-470

同王昌齡崔國輔送李舟歸郴州 → 同王昌齡送族弟襄歸桂陽 二首·4-467

同友人舟行·5-347

冬日歸舊山·7-302

洞庭醉後, 送絳州呂使君杲流澧州·5-110

同族弟金城尉叔卿, 燭照山水壁畵歌・2-277
同族姪評事黯遊昌禪師山池 二首 其一・5-386
同族姪評事黯遊昌禪師山池 二首 其二・5-388
東海有勇婦・2-13
杜陵絶句・6-20
登敬亭北二小山, 余時客逢崔侍御, 並登此地・6-91
登敬亭山南望懷古, 贈竇主簿・4-23
登高丘而望遠海・1-340
登古城望府中奉寄崔侍御 → 遊敬亭寄崔侍御・4-195
登廣武古戰場懷古・6-95
登金陵鳳凰臺・6-50
登金陵冶城西北謝安墩・6-34
登錦城散花樓・6-3
登廬山五老峰・6-57
登梅崗望金陵, 贈族姪高座寺僧中孚・6-45
登新平樓・6-27
登單父陶少府半月臺・6-11
登峨眉山・6-5
登瓦官閣・6-41
登太白峰・6-22
登巴陵開元寺西閣, 贈衡岳僧方外・6-76
登邯鄲洪波臺置酒觀發兵・6-24
登黃山凌歊臺送族弟溧陽尉濟充汎舟赴華陰・5-160

## 【라】

洛陽陌·2-109

落日憶山中·6-358

覽鏡書懷·6-475

來日大難·2-46

梁甫吟·1-206

梁園吟·2-283

梁苑醉時歌 → 梁園吟·2-283

梁苑醉酒歌 → 梁園吟·2-283

廬江主人婦·6-209

廬山東林寺夜懷·6-315

廬山謠寄盧侍御虛舟·4-138

歷陽壯士勤將軍名思齊歌 幷序·2-442

煉丹井·7-428

連理枝二首 其一·7-372

連理枝二首 其二·7-374

魯郡東石門送杜二甫·4-437

魯郡堯祠送竇明府薄華還西京·4-405

魯郡堯祠送吳五之琅琊·4-403

魯郡堯祠送張十四遊河北·4-439

魯東門觀刈蒲·7-5

勞勞亭·7-65

勞勞亭歌·2-304

魯城北郭曲腰桑下送張子還嵩陽·4-428

魯中都東樓醉起作·6-263

魯中送二從弟赴舉之西京 • 5-31

淥水曲 • 2-175

留別賈舍人至二首 其一 • 4-314

留別賈舍人至二首 其二 • 4-317

留別龔處士 • 4-304

留別廣陵諸公 • 4-266

留別金陵諸公(食出野田美) → 口號 • 4-291

留別金陵諸公(海水昔飛動) • 4-287

留別西河劉少府 • 4-258

留別于十一兄逖裴十三遊塞垣 • 4-237

留別王司馬嵩 • 4-242

留別曹南群官之江南 • 4-229

留別邯鄲故人 → 留別廣陵諸公 • 4-266

流夜郎聞酺不預 • 7-108

流夜郎半道承恩放還, 兼欣剋復之美, 書懷示息秀才 • 3-374

流夜郎永華寺寄尋陽群官 • 4-153

流夜郎題葵葉 • 7-33

流夜郎贈辛判官 • 3-292

流夜郎至江夏, 陪長史叔及薛明府, 宴興德寺南閣 • 5-407

流夜郎至西塞驛寄裴隱 • 4-155

李太白微時, 募縣小吏, 入令臥內, 嘗驅牛經堂下, 令妻怒, 將加詰責, 太白亟以詩謝云 • 7-388

臨江王節士歌 • 1-406

臨路歌 • 2-434

【마】

摩多樓子・7-343
萬憤詞投魏郞中・6-465
望九華山贈靑陽韋仲堪・3-263
望廬山瀑布 二首 其一・6-52
望廬山瀑布 二首 其二・6-56
望木瓜山・6-90
望夫石・7-300
望鸚鵡洲懷禰衡・6-213
望月有懷・6-348
望終南山寄紫閣隱者・4-66
望天門山・6-88
望漢陽柳色寄王宰・4-161
望黃鶴山・6-61
陌上桑・2-130
陌上贈美人・7-160
猛虎吟 → 猛虎行・2-217
猛虎行・2-217
鳴皐歌奉餞從翁淸歸五崖山居・2-300
鳴皐歌送岑徵君・2-289
鳴雁行・1-452
沐浴子・2-170
夢遊天姥吟留別・4-223
巫山枕障・7-45
聞丹丘子於城北山營石門幽居, 中有高鳳遺跡, 僕離群遠懷, 亦有

棲遁之志, 因敍舊以寄之 · 4-82
聞李太尉大擧秦兵百萬出征東南, 懦夫請纓, 冀申一割之用, 半道
　　病還, 留別金陵崔侍御十九韻 · 4-321
聞謝楊兒吟猛虎詞因此有贈 · 3-396
聞王昌齡左遷龍標, 遙有此寄 · 4-93
門有車馬客行 · 2-5


【바】

博平鄭太守自廬山千里相尋, 入江夏北市門見訪, 卻之武陵, 立馬
　　贈別 · 3-337
發白馬 · 2-126
訪戴天山道士不遇 · 6-330
訪道安陵, 遇蓋寰, 爲余造眞籙, 臨別留贈 · 3-181
訪賀監不遇 → 重憶一首 · 6-354
放後遇恩不霑 · 7-110
陪宋中丞武昌夜飮懷古 · 6-211
陪侍郎叔遊洞庭醉後 三首 其一 · 5-413
陪侍郎叔遊洞庭醉後 三首 其二 · 5-415
陪侍郎叔遊洞庭醉後 三首 其三 · 5-416
陪侍御叔華登樓 → 宣州謝朓樓餞別校書叔雲 · 5-139
陪族叔當塗宰遊化城寺升公清風亭 · 5-455
陪族叔刑部侍郎曄及中書賈舍人至遊洞庭 五首 其一 · 5-421
陪族叔刑部侍郎曄及中書賈舍人至遊洞庭 五首 其二 · 5-423
陪族叔刑部侍郎曄及中書賈舍人至遊洞庭 五首 其三 · 5-424
陪族叔刑部侍郎曄及中書賈舍人至遊洞庭 五首 其四 · 5-426

陪族叔刑部侍郎曄及中書賈舍人至遊洞庭 五首 其五・5-427
陪從祖濟南太守泛鵲山湖 三首 其一・5-368
陪從祖濟南太守泛鵲山湖 三首 其二・5-370
陪從祖濟南太守泛鵲山湖 三首 其三・5-373
白頭吟 二首 其一・1-391
白頭吟 二首 其二・1-398
白鷺鷥・7-39
白馬篇・2-23
白鼻騧・2-164
白雲歌送劉十六歸山・2-326
白雲歌送友人・5-72
白紵辭 三首 其一・1-444
白紵辭 三首 其二・1-447
白紵辭 三首 其三・1-450
白田馬上聞鶯・7-115
白胡桃・7-44
白毫子歌・2-280
泛沔州城南郎官湖 並序・5-409
別匡山・7-421
別內赴徵三首 其一・7-196
別內赴徵三首 其二・7-198
別內赴徵三首 其三・7-200
別東魯諸公 → 夢遊天姥吟留別・4-223
別東林寺僧・4-296
別魯頌・4-218
別山僧・4-333

別韋少府・4-328
別儲邕之剡中・4-285
別中都明府兄・4-221
菩薩蠻(平林漠漠烟如織)・2-120
菩薩蠻(舉頭忽見衡陽雁)・7-418
普照寺・7-349
鳳臺曲・2-179
鳳笙篇・2-27
奉餞高尊師如貴道士傳道籙畢歸北海・5-34
鳳凰曲・2-177
賦得白鷺鷥送宋少府入三峽・5-132
扶風豪士歌・2-271
北山獨酌寄韋六・4-121
北上行・2-110
北風行・1-322
奔亡道中五首 其一・6-123
奔亡道中五首 其二・6-125
奔亡道中五首 其三・6-127
奔亡道中五首 其四・6-129
奔亡道中五首 其五・6-131
悲歌行・2-338
飛龍引 二首 其一・1-233
飛龍引 二首 其二・1-236
豳歌行上新平長史兄粲・2-259

## 【사】

謝公亭・6-222

沙丘城下寄杜甫・4-80

舍利佛・7-341

司馬將軍歌・1-409

思邊・7-184

山人勸酒・1-354

山鷓鴣詞・2-439

山中答俗人 → 山中問答・5-181

山中問答・5-181

山中與幽人對酌・6-312

三山望金陵寄殷淑・4-199

三五七言・7-117

上留田行・1-267

上李邕・3-156

相逢行(相逢紅塵內)・1-384

相逢行(朝騎五花馬)・2-140

商山四皓・6-179

上三峽・6-142

上雲樂・1-296

上元夫人・6-174

上之回・1-437

上淸寶典・7-386

上淸寶鼎詩 → 上淸寶典・7-386

上淸寶鼎詩 其一・7-379

上淸寶鼎詩 其二・7-382
上崔相百憂章・6-457
上皇西巡南京歌十首 其一・2-393
上皇西巡南京歌十首 其二・2-395
上皇西巡南京歌十首 其三・2-396
上皇西巡南京歌十首 其四・2-398
上皇西巡南京歌十首 其五・2-399
上皇西巡南京歌十首 其六・2-401
上皇西巡南京歌十首 其七・2-403
上皇西巡南京歌十首 其八・2-404
上皇西巡南京歌十首 其九・2-406
上皇西巡南京歌十首 其十・2-407
塞上曲・2-50
塞下曲 六首 其一・2-34
塞下曲 六首 其二・2-36
塞下曲 六首 其三・2-38
塞下曲 六首 其四・2-40
塞下曲 六首 其五・2-42
塞下曲 六首 其六・2-44
敍舊贈江陽宰陸調・3-204
瑞雪 → 斷句・7-393
西施・6-169
西岳雲臺歌送丹丘子・2-263
書情寄從弟邠州長史昭・4-145
書情贈蔡舍人雄・3-167
棲賢寺・7-415

書懷重寄張相公 → 贈張相鎬二首 其二・3-390
書懷贈南陵常贊府・4-43
惜空樽酒 → 將進酒・1-225
夕霽杜陵登樓寄韋繇・4-68
禪房懷友人岑倫・4-133
單父東樓秋夜送族弟沈之秦・4-421
宣城見杜鵑花・7-113
宣城哭蔣徵君華・7-251
宣城九日, 聞崔四侍御與宇文太守遊敬亭, 余時登響山, 不同此賞, 醉後寄崔侍御二首 其一・4-178
宣城九日, 聞崔四侍御與宇文太守遊敬亭, 余時登響山, 不同此賞, 醉後寄崔侍御二首 其二・4-183
宣城送劉副使入秦・5-142
宣城青溪・5-437
宣州謝朓樓餞別校書叔雲・5-139
宣州長史弟昭贈余琴溪中雙舞鶴, 詩以見志・7-280
設辟邪伎鼓吹雉子斑曲辭・1-380
雪讒詩贈友人・3-96
洗脚亭・7-63
笑歌行・2-332
少年子・2-155
少年行・2-206
少年行二首 其一・2-159
少年行二首 其二・2-162
蘇臺覽古・6-176
小桃源・7-353

蘇武・6-188

小放歌行(駿馬驕行踏落花) → 陌上贈美人・7-160

小放歌行(五陵年少金市東) → 少年行二首 其二・2-162

送客歸吳・7-313

送鞠十少府・5-92

送紀秀才遊越・5-39

送內尋廬山女道士李騰空二首 其一・7-211

送內尋廬山女道士李騰空二首 其二・7-213

送當塗趙少府赴長蘆・4-367

送竇司馬貶宜春・4-448

送梁公昌從信安王北征・5-15

送梁四歸東平・5-124

送魯郡劉長史遷弘農長史・4-430

送陸判官往琵琶峽・5-123

送李青歸華陽川・5-86

送方士趙叟之東平・4-387

送裴十八圖南歸嵩山 二首 其一・4-463

送裴十八圖南歸嵩山 二首 其二・4-465

送白利從金吾董將軍西征・5-18

送范山人歸太山・5-68

送別(尋陽五溪水)・5-11

送別(斗酒渭城邊)・5-78

送別(水色南天遠)・5-90

送別得書字 → 送別(水色南天遠)・5-90

送史司馬赴崔相公幕・7-320

送舍弟・5-88

送薛九被讒去魯・4-414
送蕭三十一之魯中, 兼問稚子伯禽・5-52
送楊山人歸嵩山・5-55
送楊山人歸天台・4-380
送楊少府赴選・4-393
送楊燕之東魯・5-46
送溫處士歸黃山白鵝峰舊居・4-383
送宛句趙少府卿・7-435
送王屋山人魏萬還王屋 並序・4-344
送王孝廉覲省・5-106
送外甥鄭灌從軍三首 其一・5-1
送外甥鄭灌從軍三首 其二・5-3
送外甥鄭灌從軍三首 其三・5-5
送羽林陶將軍・4-451
送友生遊峽中・7-315
送于十八應四子舉落第還嵩山・5-7
送友人・5-76
送友人尋越中山水・4-370
送友人遊梅湖・4-376
送友人入蜀・5-82
送袁明府任長江・7-317
送殷淑 三首 其一・5-57
送殷淑 三首 其二・5-59
送殷淑 三首 其三・5-61
送二季之江東・5-133
送岑徵君歸鳴皋山・5-62

送張舍人之江東・4-342
送長沙陳太守二首 其一・5-42
送長沙陳太守二首 其二・5-44
送張秀才謁高中丞 並序・5-94
送張秀才從軍・5-20
送張遙之壽陽幕府・4-460
送儲邕之武昌・5-165
送程劉二侍御兼獨孤判官赴安西幕府・4-453
送趙雲卿・5-84
送趙判官赴黔府中丞叔幕・5-118
送族弟綰從軍安西・5-13
送族弟單父主簿凝攝宋城主簿, 至郭南月橋, 卻回棲霞山, 留飲贈之・4-435
送族弟凝至晏堌・4-426
送族弟凝之滁求婚崔氏・4-373
送姪良攜二妓赴會稽戲有此贈・4-456
送蔡山人・5-49
送崔度還吳, 度故人禮部員外國輔之子・5-23
送崔十二遊天竺寺・4-378
送崔氏昆季之金陵・5-157
送祝八之江東, 賦得浣紗石・5-26
送郗昂謫巴中・5-128
送通禪師還南陵隱靜寺・5-74
送賀監歸四明應制・4-446
送賀賓客歸越・4-458
送韓侍御之廣德・5-70

送韓準裴政孔巢父還山・4-389
送侯十一・5-28
酬談少府・5-169
酬坊州王司馬與閻正字對雪見贈・5-215
酬裴侍御對雨感時見贈・5-238
酬裴侍御留岫師彈琴見寄・5-259
酬王補闕惠翼莊廟宋丞沚贈別・5-234
酬宇文少府見贈桃竹書筒・5-172
酬殷佐明見贈五雲裘歌・2-428
酬岑勛見尋, 就元丹丘對酒相待, 以詩見招・5-227
酬張卿夜宿南陵見贈・5-221
酬張司馬贈墨・5-185
酬中都小吏攜斗酒雙魚於逆旅見贈・5-219
樹中草・2-146
酬崔侍御・5-243
酬崔十五見招・5-291
酬崔五郎中・5-195
秀華亭・7-426
宿巫山下・6-217
宿無相寺・7-430
宿白鷺洲寄楊江寧・4-110
宿五松山下荀媼家・6-155
宿青溪主人・3-397
宿青溪贈主人 → 宿青溪主人・3-397
宿鰕湖・6-163
述德兼陳情上哥舒大夫・3-93

嵩山採菖蒲者・7-104

僧伽歌・2-322

示金陵子・7-228

侍從遊宿溫泉宮作・5-356

侍從宜春苑, 奉詔, 賦龍池柳色初青聽新鶯百囀歌・2-251

新林浦阻風寄友人・4-113

尋高鳳石門山中元丹丘・6-257

尋魯城北范居士, 失道落蒼耳中, 見范置酒摘蒼耳作・5-311

尋山僧不遇作・6-283

尋陽送弟昌峒鄱陽司馬作・5-100

尋陽紫極宮感秋作・6-444

尋雍尊師隱居・6-317

雙燕離・1-351


【아】

峨眉山月歌・2-409

峨眉山月歌送蜀僧晏入中京・2-411

安陸白兆山桃花巖寄劉侍御綰・4-52

安州般若寺水閣納涼, 喜遇薛員外乂・6-260

安州應城玉女湯作・6-103

謁老君廟・6-29

鸚鵡洲・6-64

夜泊牛渚懷古・6-229

夜泊黃山聞殷十四吳吟・6-161

夜泛洞庭尋裴侍御清酌・5-418

夜別張五・4-252
野田黃雀行・1-286
夜坐吟・1-283
夜下征虜亭・6-110
楊叛兒・1-348
襄陽歌・2-235
襄陽曲 四首 其一・2-55
襄陽曲 四首 其二・2-57
襄陽曲 四首 其三・2-59
襄陽曲 四首 其四・2-61
陽春歌・1-345
陽春曲・7-340
於五松山贈南陵常贊府・3-445
憶舊遊, 寄譙郡元參軍・4-98
憶東山二首 其一・6-346
憶東山二首 其二・6-347
憶襄陽舊遊贈馬少府巨・3-175
憶秦娥 憶秦娥・2-123
憶崔郞中宗之遊南陽遺吾孔子琴, 撫之潸然感舊・6-342
憶秋浦桃花舊遊, 時竄夜郞・6-360
鄴中贈王大, 勸入高鳳石門山幽居・3-127
與賈至舍人於龍興寺剪落梧桐枝望灉湖・6-79
與南陵常贊府遊五松山・5-433
與史郞中欽聽黃鶴樓上吹笛・6-319
與謝良輔遊涇川陵巖寺・5-439
與元丹丘方城寺談玄作・6-253

與諸公送陳郎將歸衡陽 並序·5-113
與從姪杭州刺史良遊天竺寺·5-344
與周剛青溪玉鏡潭宴別·5-395
與夏十二登岳陽樓·6-74
宴陶家亭子·5-403
宴鄭參卿山池·5-378
詠桂 → 詠槿二首 其二·7-42
詠槿二首 其一·7-40
詠槿二首 其二·7-42
詠柳少府山癭木樽 → 詠山樽二首 其一·7-11
詠鄰女東窗海石榴·7-7
郢門秋懷·6-133
詠方廣詩·7-432
詠山樽二首 其一·7-11
詠山樽二首 其二·7-13
詠石牛·7-437
瑩禪師房觀山海圖·7-35
潁陽別元丹丘之淮陽·4-262
永王東巡歌十一首 其一·2-373
永王東巡歌十一首 其二·2-375
永王東巡歌十一首 其三·2-377
永王東巡歌十一首 其四·2-379
永王東巡歌十一首 其五·2-380
永王東巡歌十一首 其六·2-382
永王東巡歌十一首 其七·2-383
永王東巡歌十一首 其八·2-385

永王東巡歌十一首 其九・2-387
永王東巡歌十一首 其十・2-389
永王東巡歌十一首 其十一・2-391
詠懷 → 古風五十九首 其九(莊周夢胡蝶)・1-34
豫章行・2-166
烏棲曲・1-219
五松山送殷淑・5-154
烏夜啼・1-217
五月東魯行答汶上翁・5-174
玉階怨・2-53
獄中上崔相渙・3-284
玉眞公主別館苦雨, 贈衛尉張卿二首 其一・3-48
玉眞公主別館苦雨, 贈衛尉張卿二首 其二・3-52
玉眞仙人詞・2-424
玉壺吟・2-255
溫泉侍從歸逢故人・3-86
浣紗石上女・7-227
翫月金陵城西孫楚酒樓達曙歌吹日晚, 乘醉著紫綺裘烏紗巾與酒客數人棹歌, 秦淮往石頭訪崔四侍御・5-246
王昭君 二首 其一・1-371
王昭君 二首 其二・1-374
王右軍・6-172
寓言三首 其一・6-421
寓言三首 其二・6-425
寓言三首 其三・6-428
友人會宿・6-295

于闐採花・1-358

雨後望月・7-294

怨歌行・2-30

元丹丘歌・2-268

遠別離・1-187

怨情(新人如花雖可寵)・7-172

怨情(美人卷珠簾)・7-176

越女詞五首 其一・7-221

越女詞五首 其二・7-222

越女詞五首 其三・7-223

越女詞五首 其四・7-224

越女詞五首 其五・7-226

月夜江行寄崔員外宗之・4-107

月夜金陵懷古・7-273

月夜聽盧子順彈琴・6-304

越中覽古・6-178

越中秋懷・6-362

月下獨酌四首 其一・6-267

月下獨酌四首 其二・6-270

月下獨酌四首 其三・6-272

月下獨酌四首 其四・6-274

魏郡別蘇明府因北遊・4-254

幽澗泉・1-367

遊敬亭寄崔侍御・4-195

遊南陽白水登石激作・5-307

遊南陽淸冷泉・5-309

遊溧陽北湖亭, 望瓦屋山懷古, 贈同旅・3-246
遊謝氏山亭・5-380
遊水西簡鄭明府・5-441
幽州胡馬客歌・2-1
有贈 → 相逢行(朝騎五花馬)・2-140
遊秋浦白笴陂 二首 其一・5-399
遊秋浦白笴陂 二首 其二・5-401
遊泰山 六首 其一・5-324
遊泰山 六首 其二・5-328
遊泰山 六首 其三・5-330
遊泰山 六首 其四・5-333
遊泰山 六首 其五・5-335
遊泰山 六首 其六・5-337
殷十一贈栗岡硯・7-347
擬古・2-151
擬古十二首 其一・6-372
擬古十二首 其二・6-375
擬古十二首 其三・6-378
擬古十二首 其四・6-380
擬古十二首 其五・6-382
擬古十二首 其六・6-385
擬古十二首 其七・6-388
擬古十二首 其八・6-390
擬古十二首 其九・6-393
擬古十二首 其十・6-395
擬古十二首 其十一・6-398

擬古十二首 其十二・6-400
以詩代書答元丹丘・5-204
夷則格上白鳩拂舞辭・1-307
日夕山中忽然有懷・6-308
日出東南隅行・7-309
日出入行・1-312
入朝曲 → 鼓吹入朝曲・2-86
入靑溪山 → 宣城靑溪・5-437
入清溪行山中・7-307
入彭蠡經松門觀石鏡, 緬懷謝康樂題詩書遊覽之志・6-205

## 【자】

自遣・6-329
自廣平乘醉走馬六十里, 至邯鄲, 登城樓, 覽古書懷・7-265
自金陵泝流過白壁山翫月達天門, 寄句容王主簿・4-202
自丹陽南奔道中作 → 南奔書懷・6-481
自代內贈・7-204
紫藤樹・7-16
自梁園至敬亭山, 見會公, 談陵陽山水, 兼期同遊, 因有此贈・3-449
紫騮馬・2-157
自溧水道哭王炎三首 其一・7-241
自溧水道哭王炎三首 其二・7-245
自溧水道哭王炎三首 其三・7-247
子夜四時歌四首 → 子夜吳歌四首・2-189
子夜吳歌四首 其一・2-189

子夜吳歌四首 其二・2-191

子夜吳歌四首 其三・2-193

子夜吳歌四首 其四・2-195

自巴東舟行經瞿唐峽, 登巫山最高峰晚還題壁・6-144

自漢陽病酒歸, 寄王明府・4-158

雜詩・7-119

雜言用投丹陽知己兼奉宣慰判官・7-257

長歌行・2-211

長干行二首 其一・1-424

長干行二首 其二・1-429

長門怨二首 其一・7-152

長門怨二首 其二・7-154

張相公出鎭荊州, 尋除太子詹事, 余時流夜郎行至江夏, 與張公相
　　去千里, 公因太府丞王昔使車寄羅衣二事及 五月五日贈余詩,
　　余答以此詩・5-261

長相思(長相思)・1-264

長相思(日色欲盡花含煙)・2-214

長相思(美人在時花滿堂) → 寄遠十二首 其十一・7-144

長信宮・7-149

長信怨 → 長信宮・7-149

將遊衡岳, 過漢陽雙松亭, 留別族弟浮屠談皓・4-310

將進酒・1-225

在水軍宴韋司馬樓船觀妓・5-405

在水軍宴贈幕府諸侍御・3-270

在尋陽非所寄內・7-217

赤壁歌送別・2-414

餞校書叔雲・5-104
戰城南(去年戰桑乾源)・1-222
戰城南(戰地何昏昏)・7-323
田園言懷・6-477
前有樽酒行 二首 其一・1-278
前有樽酒行 二首 其二・1-281
折楊柳・2-153
折荷有贈・7-187
丁都護歌・2-137
丁督護歌 → 丁都護歌・2-137
靜夜思・2-174
庭前晚開花・7-278
題江夏修靜寺・7-75
題瓜洲新河餞族叔舍人賁・7-59
題金陵王處士水亭・7-66
題戴老酒店 → 哭宣城善釀紀叟・7-249
題東溪公幽居・7-82
題寶圖山・7-355
題樓山石笋・7-417
題峰頂寺・7-335
題隨州紫陽先生壁・7-49
題嵩山逸人元丹丘山居 並序・7-69
題雍丘崔明府丹竈・7-22
題宛溪館・7-80
題元丹丘山居・7-53
題元丹丘潁陽山居 並序・7-55

題情深樹寄象公・4-120

題許宣平庵壁・7-332

早過漆林渡寄萬巨・4-192

釣臺・7-351

嘲魯儒・7-87

早望海霞邊・6-16

早發白帝城・6-149

嘲王歷陽不肯飲酒・6-326

早秋單父南樓酬竇公衡・5-178

早秋贈裴十七仲堪・3-21

早春寄王漢陽・4-167

朝下過盧郎中敘舊遊・5-354

從駕溫泉宮醉後贈楊山人 → 駕去溫泉宮後贈楊山人・3-82

從軍行(從軍玉門道)・2-181

從軍行(百戰沙場碎鐵衣)・7-99

走筆贈獨孤駙馬・3-145

中山孺子妾歌・1-375

中丞宋公以吳兵三千赴河南軍, 次尋陽, 脫余之囚, 參謀府, 因贈之・3-287

重憶一首・6-354

贈江油尉・7-356

贈郭季鷹・3-125

贈郭將軍・3-80

贈內・7-215

贈丹陽橫山周處士惟長・3-44

贈段七娘・7-194

贈閭丘宿松 · 3-281

贈閭丘處士 · 4-6

贈歷陽褚司馬, 時此公爲稚子舞, 故作是詩也 · 3-413

贈劉都使 · 3-296

贈柳圓 · 3-372

贈溧陽宋少府陟 · 3-233

贈盧司戶 · 3-359

贈盧徵君昆弟 · 3-134

贈臨洺縣令皓弟 · 3-122

贈孟浩然 · 3-3

贈武十七諤 並序 · 3-276

贈潘侍御論錢少陽 · 3-369

贈裴司馬 · 3-201

贈裴十四 · 3-88

贈范金鄕二首 其一 · 3-26

贈范金鄕二首 其二 · 3-31

贈別舍人弟臺卿之江南 · 3-407

贈別王山人歸布山 · 4-335

贈別鄭判官 · 4-306

贈別從甥高五 · 3-195

贈常侍御 · 3-300

贈徐安宜 · 3-14

贈宣城宇文太守兼呈崔侍御 · 3-418

贈宣城趙太守悅 · 3-432

贈宣州靈源寺仲濬公 · 4-11

贈薛校書 · 3-69

贈嵩山焦鍊師 幷序・3-148
贈僧崖公・3-240
贈僧朝美・4-14
贈昇州王使君忠臣・3-193
贈僧行融・4-17
贈新平少年・3-137
贈易秀才・3-303
贈汪倫・4-50
贈王判官, 時余歸隱居廬山屏風疊・3-265
贈王漢陽・3-345
贈饒陽張司戶燧・3-111
贈友人三首 其一・3-455
贈友人三首 其二・3-457
贈友人三首 其三・3-460
贈遠 → 寄遠十二首 其十一・7-144
贈韋秘書子春・3-58
贈韋侍御黃裳二首 其一・3-64
贈韋侍御黃裳二首 其二・3-67
贈任城盧主簿潛・3-18
贈張公洲革處士・3-158
贈張相鎬二首 其一・3-381
贈張相鎬二首 其二・3-390
贈錢徵君少陽・4-9
贈趙四 → 贈友人三首 其二・3-457
贈從孫義興宰銘・3-211
贈從弟南平太守之遙二首 其一・3-361

贈從弟南平太守之遙二首 其二・3-367

贈從弟冽・4-1

贈從弟宣州長史昭・3-441

贈從兄襄陽少府皓・3-6

贈參寥子・3-108

贈淸漳明府姪聿・3-115

贈崔郎中宗之・3-187

贈崔司戶文昆季・3-227

贈崔侍御(黃河三尺鯉)・3-91

贈崔侍御(長劍一杯酒)・3-140

贈崔諮議・3-191

贈崔秋浦三首 其一・3-257

贈崔秋浦三首 其二・3-259

贈崔秋浦三首 其三・3-261

贈秋浦柳少府・3-255

贈瑕丘王少府・3-34

贈何七判官昌浩・3-72

贈漢陽輔錄事二首 其一・3-348

贈漢陽輔錄事二首 其二・3-351

贈華州王司士・3-132

贈黃山胡公求白鷳 幷序・4-20

之廣陵宿常二南郭幽居・6-108

至陵陽山登天柱石, 酬韓侍御見招隱黃山・5-285

至鴨欄驛上白馬磯贈裴侍御・6-137

秦女卷衣・2-93

秦女休行・2-89

陳情贈友人・3-465

### 【차】

竄夜郎, 於烏江留別宗十六璟・4-298
採蓮曲・1-404
千里思・2-144
天馬歌・1-240
天寶元年四月從故御道上泰山 → 遊泰山 六首・5-324
天台曉望・6-13
妾薄命・1-456
青溪半夜聞笛・6-306
青溪行・2-426
聽蜀僧濬彈琴・7-3
清平樂 三首 其一・7-363
清平樂 三首 其二・7-365
清平樂 三首 其三・7-367
清平樂令 二首 其一・7-358
清平樂令 二首 其二・7-361
清平調詞 三首 其一・2-80
清平調詞 三首 其二・2-82
清平調詞 三首 其三・2-84
楚江黃龍磯南宴楊執戟治樓・5-429
焦山望松寥山・6-18
草書歌行・2-445
初月・7-292

草創大還贈柳官迪・3-220
初出金門尋王侍御不遇詠壁上鸚鵡・7-14
蜀道難・1-197
秋登宣城謝朓北樓・6-86
秋登巴陵望洞庭・6-70
秋獵孟諸夜歸, 置酒單父東樓觀妓・5-320
秋思(春陽如昨日)・2-183
秋思(燕支黃葉落)・2-187
秋山寄衛尉張卿及王徵君・4-63
秋夕旅懷・6-430
秋夕書懷・6-450
秋夜獨坐懷故山・6-337
秋夜宿龍門香山寺, 奉寄王方城十七丈, 奉國瑩上人, 從弟幼成令問・4-72
秋夜與劉碭山泛宴喜亭池・5-340
秋夜崔八丈水亭送崔二 → 送崔氏昆季之金陵・5-157
秋夜板橋浦泛月獨酌懷謝朓・6-200
鄒衍谷・7-305
秋日南遊書懷 → 秋夕書懷・6-450
秋日登揚州西靈塔・6-31
秋日鍊藥院鑷白髮, 贈元六兄林宗・3-162
秋日魯郡堯祠亭上宴別杜補闕范侍御・4-215
秋日與張少府楚城韋公藏書高齋作・6-332
秋浦歌十七首 其一・2-344
秋浦歌十七首 其二・2-346
秋浦歌十七首 其三・2-348

秋浦歌十七首 其四・2-349
秋浦歌十七首 其五・2-350
秋浦歌十七首 其六・2-351
秋浦歌十七首 其七・2-352
秋浦歌十七首 其八・2-354
秋浦歌十七首 其九・2-356
秋浦歌十七首 其十・2-358
秋浦歌十七首 其十一・2-360
秋浦歌十七首 其十二・2-361
秋浦歌十七首 其十三・2-362
秋浦歌十七首 其十四・2-363
秋浦歌十七首 其十五・2-365
秋浦歌十七首 其十六・2-366
秋浦歌十七首 其十七・2-367
秋浦感主人歸燕寄內・7-208
秋浦寄內・7-201
秋浦靑溪雪夜對酒, 客有唱鷓鴣者・5-393
秋下荊門・6-151
春感・7-345
春歸桃花巖貽許侍御 → 安陸白兆山桃花巖寄劉侍御綰・4-52
春歸終南山松龍舊隱・6-277
春陪商州裴使君遊石娥溪・5-363
春思・2-185
春夜洛城聞笛・7-103
春怨(白馬金羈遼海東)・7-155
春怨(去年何時君別妾) → 思邊・7-184

春日歸山寄孟浩然・4-150

春日獨酌二首 其一・6-297

春日獨酌二首 其二・6-299

春日獨坐寄鄭明府・4-76

春日陪楊江寧及諸官, 宴北湖感古作・5-373

春日遊羅敷潭・5-361

春日醉起言志・6-313

春日行・1-273

春滯沅湘有懷山中・6-356

出金門後書懷留別翰林諸公 → 東武吟・2-96, 還山留別金門知己・4-246

出妓金陵子呈盧六 四首 其一・7-230

出妓金陵子呈盧六 四首 其二・7-232

出妓金陵子呈盧六 四首 其三・7-233

出妓金陵子呈盧六 四首 其四・7-235

出自薊北門行・2-105

醉過謝安東山 → 東山吟・2-319

醉題王漢陽廳・6-324

醉後答丁十八以詩譏予搥碎黃鶴樓・5-264

醉後贈王歷陽・3-411

醉後贈從甥高鎭・3-251

雉朝飛・1-293

敕放歸山留別陸侍御不遇詠鸚鵡 → 初出金門尋王侍御不遇詠壁上鸚鵡・7-14

## 【타】

太原早秋 · 6-121
太華觀 · 7-423


## 【파】

巴女詞 · 7-236
巴陵贈賈舍人 · 3-405
灞陵行送別 · 4-444
把酒問月 · 5-383
平虜將軍妻 · 7-101
瀑布 · 7-336
瀑布水 → 望廬山瀑布 二首 其一 · 6-52
避地司空原言懷 · 6-453


## 【하】

下涇縣陵陽溪至澀灘 · 6-157
下途歸石門舊居 · 6-111
下陵陽沿高溪三門六刺灘 · 6-159
下尋陽城, 泛彭蠡, 寄黃判官 · 4-143
夏日山中 · 6-311
下終南山過斛斯山人宿置酒 · 5-351
學古思邊 · 7-181
鶴鳴九皋 · 7-412

寒女吟・7-286
邯鄲南亭觀妓・5-358
邯鄲才人嫁爲厮養卒婦・2-102
翰林讀書言懷, 呈集賢諸學士・6-440
杭州送裴大澤赴廬州長史・4-441
行軍 → 軍行・7-98
行路難 三首 其一・1-250
行路難 三首 其二・1-254
行路難 三首 其三・1-259
行行且遊獵篇・1-230
獻從叔當塗宰陽氷・4-34
峴山懷古・6-186
俠客行・1-326
荊門浮舟望蜀江・6-139
荊州歌・1-378
荊州賊亂臨洞庭言懷作・6-471
胡無人・1-317
胡無人行・7-325
湖邊採蓮婦・7-174
和盧侍御通塘曲・2-450
還山留別金門知己・4-246
黃葛篇・2-20
黃鶴樓送孟浩然之廣陵・4-308
淮南寄友 → 寄淮南友人・4-78
淮南對雪贈孟浩然 → 淮海對雪贈傅靄・3-11
淮南臥病書懷, 寄蜀中趙徵君蕤・4-56

會別離·7-289
懷仙歌·2-421
淮陰書懷寄王宋城·4-88
淮海對雪贈傅靄·3-11
橫江詞六首 其一·2-307
橫江詞六首 其二·2-309
橫江詞六首 其三·2-310
橫江詞六首 其四·2-312
橫江詞六首 其五·2-314
橫江詞六首 其六·2-315
效古二首 其一·6-365
效古二首 其二·6-369
曉晴·7-298
攜妓登梁王棲霞山孟氏桃園中·5-342
戲贈杜甫·7-284
戲贈鄭溧陽·3-237

# 구절 찾아보기

**【가】**

家家屛障書題徧 · 2-445
家家盡歡喜 · 2-225
歌酣易水動 · 7-266
可見羊何共和之 · 3-361
佳境宜緩棹 · 4-189
佳境千萬曲 · 5-149
歌鼓燕趙兒 · 5-358
歌鼓川上亭 · 4-215
歌曲動寒川 · 2-363
歌曲上雲霄 · 4-148
嘉穀隱豐草 · 6-419
歌曲自繞行雲飛 · 4-100
佳期大堤下 · 2-62
佳期蘭渚東 · 1-429
佳期益相思 · 4-113
佳期綵雲重 · 6-398
可能銀漢勝重泉 · 7-411
家僮丹砂學鳳鳴 · 7-235

歌動白紵山 · 4-43
歌動郢中兒 · 5-340
可得見 · 2-280
嫁得燕山胡雁壻 · 2-439
可憐浮丘公 · 6-432
可憐飛燕倚新妝 · 2-82
可憐漁父重來訪 · 7-401
假令風歇時下來 · 3-156
可望不可攀 · 3-450
歌舞白銅鞮 · 2-55
歌舞淹留玳瑁筵 · 3-292
歌白鳩 · 1-307
家本紫雲山 · 7-69
家貧衣復單 · 7-289
賈生西望憶京華 · 3-405
可惜凌波步羅韈 · 7-146
歌聲送落日 · 5-378
歌聲逐流水 · 6-233
歌笑矜朱顔 · 5-104

歌笑宛溪湄・5-142
假我青雲翼・5-215
可與古人比・4-60
可與爾同調・4-131
嫁與長干人・1-429
歌筵聞早鴻・5-31
柯葉自綿羃・7-9
歌咏徐安宜・3-14
佳遊不可得・6-45
歌有聲妾有情・1-283
家有圯橋書・5-221
家唯坐臥歸・7-313
歌吟淥水動三湘・4-158
賈誼三年謫・6-477
可貽幗與巾・3-381
可以窮歡宴・3-345
可以鍊精魄・1-59
可以保吾生・6-450
可以奉巡幸・6-103
可以躡清芬・1-118, 6-416
可以絕囂喧・5-395
可以持君身・4-262
可以摧妖氛・6-66
可以橫絕峨眉巓・1-197
佳人當窗弄白日・1-273
佳人微醉玉顏酡・7-410

佳人與我違・4-169
佳人綵雲裏・7-187
柯條布中州・3-115
歌鐘但相催・5-390
歌鐘樂未休・2-9
歌鐘不盡意・3-307
歌鐘昔追攀・6-24
歌鐘清夜闌・4-448
家住洞湖水・4-60
價重銅龍樓・5-215
價重千黃金・3-465
歌且謠意方遠・2-283
架天作長橋・6-18
佳趣滿吳洲・5-344
佳趣尚未歇・6-144
歌吹孫楚樓・5-246
可嘆東籬菊・6-434
假合作容貌・6-253
呵嚇來煎熬・3-204
駕鴻凌紫冥・1-66
角巾東出商山道・5-277
角巾微服堯祠南・4-405
卻顧女几峰・3-58
卻顧北山斷・7-55
卻顧所來徑・5-351
卻顧失丹壑・6-144

却顧海客揚雲帆・2-277
卻寄大雷書・7-201
閣道步行月・1-437
卻到棲霞山・4-435
卻棹酒船回・6-354
卻登郡樓望・4-178
卻登山路遠・5-190
覺來盼庭前・6-313
覺來相思生白髮・7-146
覺來欲往心悠然・4-470
卻來應是無長風・3-38
卻來請謁爲交歡・3-361
卻戀峨眉去・4-230
卻望長安道・7-96
各勉黃金軀・4-14
各拔五色毛・4-35
卻放夜郎迴・3-309
卻放黃鶴江南歸・5-264
卻似文皇欲渡遼・2-387
卻似送人來・5-372
卻思惡溪去・4-346
各散洞庭流・3-265
卻羨雙溪解北流・4-186
卻笑高陽池・5-311
卻笑嚴湍上・7-80
各守麋鹿志・1-354

卻是巨鰲簪・5-39
覺時枕席非碧山・2-300
卻哂趙王璧・1-158
卻尋溪中水・6-277
卻憶淚沾巾・6-350
卻憶蓬池阮公詠・2-283
卻憶青山上・7-345
卻掩我之妍・3-418
卻掩二賢名・3-281
卻掩青雲關・5-328
卻繞剡溪回・3-265
卻欲棲蓬瀛・3-307
卻欲還東山・5-118
各有千金裘・2-148
卻入邯鄲宮・4-310
各自有枯榮・2-146
各在青山崖・2-436
卻坐青雲叫・4-27
卻走東南隅・3-191
卻奏仙歌響綠雲・2-27
卻秦不受賞・3-6
卻秦振英聲・1-37
脚著謝公屐・4-223
卻斬美人首・4-414
卻惆悵而懷憂・7-177
各稱希代寶・4-362

| | |
|---|---|
| 覺罷攬明鏡・3-407 | 渴飲月窟水・6-188 |
| 覺罷天星稀・6-430 | 酣歌激壯士・6-66 |
| 卻下水精簾・2-53 | 酣歌一夜送泉明・5-70 |
| 卻話山海事・5-354 | 酣歌出平原・5-395 |
| 覺後思白帝・4-169 | 感激慕淸風・3-181 |
| 各希存令名・3-127 | 感激無時閒・6-24 |
| 澗澗白猿吟・2-358 | 感激仰空名・7-266 |
| 澗谷隨縈迴・5-324 | 感激一然諾・5-142 |
| 間關早得春風情・2-251 | 感激平生意・3-303 |
| 看君潁上去・5-78 | 感激黃石老・5-94 |
| 艱難此爲別・5-92 | 嵌空成酒樽・7-13 |
| 肝膽不楚越・3-196 | 感君貴義輕黃金・4-99 |
| 諫獵短書成・6-337 | 感君恩重許君命・1-417 |
| 姦臣欲竊位・1-165 | 敢闕河梁詩・5-149 |
| 看雲客倚啼猿樹・7-421 | 戡難光殊勳・5-95 |
| 肝腸日憂煎・4-127 | 酣來上馬去・5-311 |
| 間宰江陽邑・3-204 | 酣來自作靑海舞・2-319 |
| 揀珠去沙礫・3-445 | 感物動我心・1-76 |
| 看朱成碧顏始紅・1-281 | 感物憂不歇・1-105 |
| 看取富貴眼前者・2-206 | 感別空長嘆・1-129 |
| 看花東陌上・2-109 | 感別但開襟・4-393 |
| 看花上酒船・2-361 | 敢拂黃金牀・2-93 |
| 看花又別離・7-315 | 甘心爲轉蓬・5-174 |
| 看花飲美酒・5-104 | 感我涕沾衣・1-9 |
| 渴飲丹砂井・4-383 | 甘與秋草同・3-6 |
| 渴飲易水波・7-156 | 感悟遂晚・3-96 |

感遇明主恩・6-482
紺殿橫江上・5-407
感之欲嘆息・6-313
敢進興亡言・3-167
感此勸一觴・5-373
感此三嘆息・5-328
感此傷妾心・1-424
感此瀟湘客・6-450
感嘆發秋興・6-186
敢獻繞朝策・3-419
堪畫不堪書・7-351
匣裏金刀血未乾・7-98
甲第連靑山・2-243
匣中盤劍裝鱔魚・3-251
強歌心已摧・5-342
強看秋浦花・2-351
慷慨動顏魄・1-171
慷慨淚沾纓・3-306
慷慨未可量・3-52
慷慨扶風詞・5-142
江客聽猿幾歲聞・7-25
江南楊梅鮮・3-204
江帶峨眉雪・3-309
江東風光不借人・3-251
康樂上官去・5-395
江路與天連・7-433

康老胡雛・1-296
崗隴多屈伏・6-163
江陵識遙火・6-139
江望江自流・6-81
強扶愁疾向何處・4-405
江北荷花開・3-204
江濆遇同聲・3-240
江沙皓明月・3-11
江沙橫獵騎・7-94
江山雖道阻・7-201
江山猶鬱盤・2-442
江上相逢借問君・4-116
江上送行無白璧・5-114
江上旌旗拂紫煙・4-451
江上洲傳鸚鵡名・6-64
江上候歸軒・5-118
江色綠且明・6-139
江城如畫裏・6-86
江城五月落梅花・6-319
江城回淥水・2-55
強笑惜日晚・6-301
江水九道來・6-45
江水東流猿夜聲・2-236
江水流或卷・3-195
強垂煙態拂人頭・7-441
強食不成味・4-23

구절 찾아보기 - 가 111

| | |
|---|---|
| 江外老華髮 · 6-479 | 開關掃白雲 · 6-347 |
| 江猿嘯晚風 · 4-338 | 開國何茫然 · 1-197 |
| 江月隱鄉樓 · 4-78 | 開襟攬群雄 · 3-374 |
| 江月照還空 · 6-52 | 開堂振白拂 · 3-449 |
| 羌戎事未息 · 4-1 | 皆道揚雄才可觀 · 5-277 |
| 江入大荒流 · 4-319 | 開簾當翠微 · 3-255 |
| 羌笛梅花引 · 6-306 | 開流蕩無垠 · 1-3 |
| 羌笛橫吹阿嚲迴 · 1-409 | 開門納凶渠 · 3-308 |
| 江亭有孤嶼 · 5-395 | 開門對玉蓮 · 5-46 |
| 江祖一片石 · 2-356 | 開門列華茵 · 3-227 |
| 江祖出魚梁 · 2-360 | 開門臨城隅 · 3-44 |
| 江中白浪如銀屋 · 1-409 | 皆美太守賢 · 3-419 |
| 江天涵清虛 · 5-307 | 開帆散長風 · 5-160 |
| 江草不知愁 · 6-243 | 開帆入天鏡 · 4-143 |
| 江村秋雨歇 · 7-313 | 開心寫意君所知 · 2-272 |
| 江鮑堪動色 · 3-309 | 開顏睹天光 · 2-110 |
| 江夏黃鶴樓 · 4-163 | 開顏酌美酒 · 5-227 |
| 降鶴舞海雪 · 6-45 | 開魚得錦字 · 7-201 |
| 江漢翻為雁鶩池 · 2-373 | 開筵列壺觴 · 3-307 |
| 江寒早啼猿 · 6-144 | 開筵引祖帳 · 3-306 |
| 強項聞至尊 · 3-432 | 開營紫塞旁 · 2-105 |
| 江行幾千里 · 6-144 | 開吳食東溟 · 3-204 |
| 江行復茫然 · 4-127 | 開元掃氛翳 · 5-270 |
| 江湖發秀色 · 5-149 | 皆為黃泉土 · 7-265 |
| 江火似流螢 · 6-110 | 開酌盼庭柯 · 5-7 |
| 強歡歌與酒 · 2-211 | 皆在金張門 · 7-42 |

| | |
|---|---|
| 開池漲寒流・6-285 | 客遇王子喬・3-407 |
| 開窓碧幛滿・3-175 | 客有桂陽至・5-393 |
| 開緘淚相續・7-142 | 客有思天台・4-380 |
| 開緘方一笑・5-204 | 客有哀時失職而聽者・1-367 |
| 開緘使人嗟・1-387 | 客有鶴上仙・1-28 |
| 開緘識遠意・5-267 | 客自長安來・4-412 |
| 開軒聊直望・6-279 | 客從崑崙來・7-257 |
| 開戶半蟾生・7-294 | 客中相見客中憐・3-251 |
| 開花已滿枝・4-113 | 客曾與天通・4-210 |
| 開花向誰笑・7-204 | 客醉幾重春・5-130 |
| 客居烟波寄湘吳・1-452 | 客土植危根・2-146 |
| 客多樂酣秉燭遊・3-415 | 客行無歌時・5-149 |
| 客到但知留一醉・7-82 | 客行悲清秋・4-171 |
| 客到花間迷・5-361 | 更憐花月夜・2-74 |
| 客來花雨際・5-388 | 鏗鳴鐘・1-307 |
| 客無所託・1-334 | 更問洛陽才・7-110 |
| 客舍問何如・3-333 | 更報長相思・2-140 |
| 客似秋葉飛・6-372 | 更似發雲陽・7-241 |
| 客散青天月・6-222 | 更憶陸平原・7-66 |
| 客星動太微・5-221 | 更與李膺同・4-428 |
| 客愁頓向杯中失・6-161 | 更與步兵鄰・4-398 |
| 客愁不可度・2-344 | 更欲凌崑墟・3-91 |
| 客愁不可道・6-390 | 更遊龍潭去・6-288 |
| 客心不自得・5-311 | 更有一珠歸・7-395 |
| 客心洗流水・7-3 | 更有歡娛處・7-149 |
| 客心自酸楚・6-90 | 更有攜手人・2-177 |

| | |
|---|---|
| 更長幾千尺・4-131 | 去年別我向何處・3-38 |
| 更盡聞呼鳥・7-430 | 去年戰桑乾源・1-222 |
| 更進手中杯・5-59 | 去年何時君別妾・7-184 |
| 更嗟別調流纖指・2-27 | 去年下揚州・2-416 |
| 更聽猿夜啼・6-245 | 擧棹揚珠輝・6-137 |
| 更逐西南去・4-362 | 擧動搖白日・1-147 |
| 更取金陵作小山・2-389 | 擧頭望山月・2-174 |
| 更被銀臺紅蠟燭・7-365 | 擧頭忽見衡陽雁・7-418 |
| 更喜賢王遠道來・2-380 | 去來悲如何・1-429 |
| 詎假劍如霜・7-90 | 巨靈咆哮擘兩山・2-263 |
| 去去桃花源・3-337 | 車輪摧高崗・2-110 |
| 去去淚滿襟・6-279 | 擧目山河異・7-276 |
| 去去陵陽東・4-383 | 擧目與君同・4-143 |
| 去去復去去・6-400 | 去無雲中跡・5-335 |
| 去去不足觀・1-433 | 車旁側挂一壺酒・2-236 |
| 去去乘白駒・1-144 | 擧杯消愁愁更愁・5-139 |
| 去去何時還・1-69 | 擧杯邀明月・6-267 |
| 去去何足道・3-196 | 擧杯向天笑・4-131 |
| 去國客行遠・3-407 | 擧觴醉巢由・1-354 |
| 去國難爲別・5-36 | 擧觴醉堯堯可聞・4-406 |
| 去國登茲樓・6-27 | 詎惜飛光沉・1-171 |
| 擧國莫能和・6-438 | 擧聲梁甫吟・6-279 |
| 去國傷懷抱・6-471 | 擧世未見之・5-255 |
| 去國愁夜郎・3-374 | 擧世誰爲傳・1-74 |
| 去國長如不繫舟・4-186 | 去歲左遷夜郎道・4-158 |
| 去年寄書報陽臺・1-387 | 擧素手・1-297 |

攀手可近月 • 6-22
攀手開雲關 • 5-330
攀手來相招 • 6-18
攀手弄淸淺 • 5-337
攀袖露條脫 • 7-338
攀首望仙眞 • 1-18
攀手捫星辰 • 7-335
攀手白日間 • 6-432
攀手捧爾足 • 5-23
攀手謝東海 • 3-69
攀手謝天地 • 3-181
攀首遠望之 • 1-28
攀手指飛鴻 • 4-463
攀手何所待 • 6-16
去時無一物 • 4-208
去時應過嵩少間 • 2-300
攀身憩蓬壺 • 5-195
據鞍空䥯鑠 • 3-418
去若浮雲沒 • 5-347
去若朝雲沒 • 2-102
去影忽不見 • 1-28, 5-23
巨鰲莫載三山去 • 2-421
巨鼇未斬海水動 • 2-217
巨源咄石生 • 5-118
去爲紫陽賓 • 4-262
去有日 • 7-191

攀邑樹桃李 • 3-115
攀邑罕遺老 • 3-211
居人若薙草 • 4-35
去入無窮門 • 1-86
攀跡倚松石 • 7-55
去鳥向日邊 • 6-70
攀足踏紫微 • 1-297
攀足迴看萬嶺低 • 4-333
攀酒挑朔雪 • 3-411
攀酒太息 • 6-458
詎知南山松 • 1-151
詎知凌寒松 • 6-410
去之無時還 • 7-119
去天三百里 • 1-22
去秋忽乘興 • 4-362
去逐萬里遊 • 3-187
攀鞭力不堪 • 4-405
攀鞭訪前塗 • 5-174
去割慈親戀 • 4-441
去合到三淸 • 7-302
巨海納百川 • 5-207
巨海一邊靜 • 3-193
去後桃花春水深 • 5-278
去後悔遮莫 • 7-286
建功及良辰 • 3-381
建功及春榮 • 3-127

搴菊泛寒榮・5-450
搴窺臨衆芳・6-260
寒驢得志鳴春風・5-294
建業龍盤處・4-362
寒余未相知・5-227
寒予訪前跡・5-347
寒予羨攀躋・6-61
褰帷對雲峰・5-363
褰帷碧嶂開・4-183
巾征軒兮歷阻折・2-290
桀犬尙吠堯・3-310
朅來遊閩荒・7-69
朅來遊嵩峰・4-345
朅來浩然津・5-234
朅來已永久・4-133
朅來荆山客・6-416
傑出聖代英・4-34
劍歌易水湄・2-159
劍歌行路難・1-126
劍閣崢嶸而崔嵬・1-198
劍閣重關蜀北門・2-407
劍決浮雲氣・5-18
劍戟森詞鋒・4-254
劍履若雲行・2-86
劍舞轉頹陽・6-66
劍壁門高五千尺・2-393

劍非萬人敵・3-306
劍璽傳無窮・3-375
劍是一夫用・2-338
劍花秋蓮光出匣・1-317
劫石乃成灰・5-455
怯卒非戰士・1-109
揭涉滄洲畔・7-35
激賞搖天筆・3-86
隔岫窺紅蘂・5-208
激昂風雲氣・4-34
擊晉寧爲功・3-6
激楚結風醉忘歸・1-450
擊筑落高月・6-24
擊筑飮美酒・2-159
擊筑向北燕・4-439
見客但傾酒・3-259
見客棹歌回・7-223
見君萬里心・6-76
見君乘驄馬・3-67
見機苦遲・6-457
見說蠶叢路・5-82
見少別離多・1-429
見我傳秘訣・5-285
見余大言皆冷笑・3-156
見疑古所聞・1-118
見爾復幾朝・5-149

牽引條上兒・2-350　　結髮受長生・3-306
見底何如此・2-426　　結髮日未幾・2-225
見此令人思・4-63　　結實苦遲爲人笑・7-278
見此令人嗟・6-358　　結心寄靑松・6-61
見此彌將鐘鼎疎・5-294　　結罝映深竹・2-366
見此不記人・7-156　　結託幷州兒・2-159
見此踟躕空斷腸・1-404　　結荷見水宿・7-201
見蒼梧之深山・1-188　　結荷水邊沐・6-163
犬吠水聲中・6-330　　兼得窮江源・6-202, 6-205
見畫巫山宛相似・7-25　　兼得養玄牝・4-121
結客洛門東・1-419　　謙莫似黃家女・7-327
結桂空佇立・4-68　　兼知五兵權・3-418
結交魯朱家・3-21　　兼之紫瓊琴・6-395
結交樓煩將・5-142　　傾柯拂羽儀・3-372
結交鳳與麟・4-17　　傾家事金鼎・6-453
結交爲弟兄・3-75　　耿賈摧檛槍・4-34
結交趙與燕・4-266　　耿耿金波裏・6-81
結交靑雲端・1-129　　耿耿對金陵・6-200
結交黃金盡・5-118　　耿耿憶瓊樹・4-199
結根君王池・3-455　　耿耿意不暢・5-201
結根未得所・1-89　　景公一何愚・1-79
結蘿宿溪煙・5-190　　經過燕太子・2-159
結樓靑雲端・6-414　　經過倉海君・5-94
結茅鍊金液・4-189　　京國會纓簪・4-393
結髮未識事・3-6　　驚濤洶湧向何處・2-368
結髮生別離・7-289　　驚動洛陽人・2-109

京洛事遊遨・3-204
輕輦夜相過・2-70
瓊杯綺食青玉案・4-100
驚沙亂海日・1-25
傾城獨立世所稀・1-450
竟歲無人來・6-408
莖疏葉且微・6-434
傾巢有歸禽・3-211
瓊樹詎解渴・4-171
徑須沽取對君酌・1-225
瓊樹有芳枝・5-136
涇水浩浩揚湍波・2-259
輕我土與灰・5-221
傾崖向東摧・5-324
輕言託朋友・1-289
輕如松花落金粉・2-428
瓊筵寶幄連枝錦・2-201
經燕復歷秦・3-457
鯨鯢唐突留餘跡・2-414
鯨鯢立可誅・3-287
鯨鯢未翦滅・3-374
輕雲拂素月・6-405
驚雲辭沙朔・3-187
驚猿相叫聒・4-171
耕作五原多・2-126
輕齎涉淮源・3-277

傾情倒意無所惜・4-98
敬亭埋玉樹・7-251
敬亭白雲氣・4-11
敬亭一迴首・4-23
敬亭愜素尚・3-449
輕條不自引・2-436
耕種滿郊岐・3-14
耕種漢水濱・3-158
輕舟去何疾・7-307
輕舟泛月尋溪轉・5-316
更奏遠清朝・3-411
輕舟已過萬重山・6-149
輕塵集嵩岳・5-270
更著老萊衣・3-413
驚川無活鱗・3-211
涇川三百里・5-149
瓊草隱深谷・1-168
徑出梅花橋・4-346
傾側駭奔鯨・4-287
驚波一起三山動・2-315
驚颷摧秀木・3-432
驚風西北吹・3-233
景風從南來・6-288
傾海流惡・3-97
鏡湖流水漾清波・4-458
傾壺事幽酌・4-121

| | |
|---|---|
| 鏡湖三百里・2-191 | 桂水分五嶺・5-136 |
| 鏡湖水如月・7-226 | 桂樹山之幽・4-133 |
| 傾花向我開・6-321 | 稽首再拜之・5-324 |
| 傾暉速短炬・5-320 | 溪水正南奔・5-395 |
| 驚喜茫如墮烟霧・3-353 | 桂樹青雲端・3-108 |
| 雞群思忽勞・7-412 | 桂樹何團團・1-433 |
| 溪當大樓南・5-395 | 桂水橫煙不可涉・4-470 |
| 桂蠹花不實・1-9 | 谿深古雪在・6-257 |
| 戒得長天秋月明・2-322 | 雞與雞並食・3-445 |
| 溪流琴高水・4-23 | 季葉輕風雅・3-300 |
| 溪裏言彌靜・7-307 | 溪午不聞鐘・6-330 |
| 繫馬垂楊下・4-271 | 溪雲入古廳・7-356 |
| 雞鳴發黃山・6-163 | 溪月湛芳樽・4-83 |
| 雞鳴復相招・5-247 | 桂子落秋月・4-378 |
| 鷄鳴刷燕晡秣越・1-240 | 繫作裾間璫・7-382 |
| 雞鳴遭亂離・5-142 | 桂殿長愁不記春・7-154 |
| 鷄鳴趨四關・1-98 | 階前虎士羅干將・3-369 |
| 雞鳴海色動・1-61 | 溪卽鏡中迴・4-183 |
| 雞鶩輕賤君・5-23 | 桂枝攀不盡・5-429 |
| 溪旁饒名花・5-363 | 繫之衣裳上・5-247 |
| 季父擁鳴琴・5-455 | 桂枝日已綠・3-162 |
| 季父有英風・4-398 | 桂枝坐蕭瑟・4-72 |
| 稽山無賀老・6-354 | 雞聚族以爭食・2-290 |
| 雞棲何嘈嘈・5-373 | 啓閉八窗牖・3-240 |
| 稽首祈上皇・1-132 | 季布折公卿・4-34 |
| 溪水桃花流・3-196 | 階軒日苔蘚・4-273 |

溪湖千萬重・7-174
溪花笑日何年發・7-25
高價傾宇宙・4-14
高駕空跼躅・2-130
高價動殊鄰・3-227
高歌賦還邛・4-254
高歌羨鴻冥・4-258
高價掩山東・3-181
高歌在巖戶・4-389
高歌振林木・4-34
高歌取醉欲自慰・4-331
鼓角徒悲鳴・4-163
叩角行歌背負薪・2-332
高閣橫秀氣・6-93
賈客忘早發・4-202
估客發大樓・7-204
高攀凌紫霞・1-95
孤劍託知音・4-242
孤潔勵秋蟬・4-266
枯槁驚常倫・3-382
孤高繡衣人・5-238
高高至天門・5-68
高公鎭淮海・5-95
高冠佩雄劍・3-175
高冠何絶赫・2-148
故交竟誰在・4-178

故交不過門・4-43
苦口焦唇・2-46
高丘懷宋玉・6-217
高捲簾櫳看佳瑞・7-367
鼓琴亂白雪・5-259
古今相續流・1-61
古琴藏虛匣・4-56
告急淸憲臺・3-204
高談滿四座・3-296
高談百戰術・5-15
高談出有無・4-11
高堂明鏡悲白髮・1-225
高堂粉壁圖蓬瀛・2-277
高堂月落燭已微・1-450
高堂倚門望伯魚・5-52
古道連綿走西京・4-444
鼓棹漁歌趣非一・2-450
古道攜琴去・7-317
孤燈不明思欲絶・1-264
孤蘭生幽園・1-124
考朗鼓・1-307
古來共歎息・1-121
古來幾許浪得名・2-445
古來得意不相負・1-391, 1-399
古來登高人・5-444
古來萬事貴天生・2-445

古來萬事東流水・4-224
古來相接眼中稀・2-317
古來聖賢皆寂寞・1-225
古來惟見白骨黃沙田・1-222
古來有棄婦・2-225
古來賢聖人・1-93
古老向予言・1-267
高論橫青雲・3-449
高樓對紫陌・2-243
高樓當此夜・1-331
高樓入青天・6-375
孤眠愁錦衾・2-140
高名動京師・3-58
孤鳴託繡衣・7-14
古貌成枯桑・3-407
古木翔氣多・6-8
古木盡入蒼梧雲・2-283
刳木出吳楚・6-153
古舞嬌吳歈・5-373
顧無紫宮寵・2-93
顧無蒼生望・6-337
顧無馨香美・3-455
高門大士家・5-403
孤舫鳥聯翩・7-433
古栢幾千年・7-439
孤帆遠影碧山盡・4-308

孤帆一片日邊來・6-88
孤蓬萬里征・5-76
孤鳳向西海・4-322
孤負滄洲言・4-467
高墳五六墩・3-246
孤墳何崢嶸・1-267
高飛仰冥鴻・3-375
孤飛如墜霜・7-39
孤飛一雁秦雲秋・4-421
孤飛一片雪・7-17
高飛向蓬瀛・5-333
高士何處來・5-270
高山安可仰・3-3
故山有松月・5-49
故山定有酒・5-221
翺翔鳴素秋・3-187
翺翔紫雲霓・5-160
翺翔還崑丘・4-314
高棲瓊樹枝・7-320
孤嶼前嶢兀・4-346
鼓聲隴底聞・2-44
鼓聲鳴海上・2-181
姑蘇臺上見吳王・7-185
姑蘇臺上烏棲時・1-219
姑蘇成蔓草・3-69
苦笑我夸誕・3-265

구절 찾아보기-가 · 121

姑蘇在日邊・5-106
枯松倒挂倚絕壁・1-198
高松來好月・6-257
敲松擬素貞・7-302
古樹倒江橫・7-302
孤穗將安歸・6-419
古岫藏雲靐・7-296
高僧拂玉柄・5-388
高僧頂殘雪・7-349
苦辛長苦辛・3-353
苦心不得申長句・3-353
顧我莫相違・3-201
顧我如有情・7-280
顧我忽而哂・6-257
枯楊枯楊爾生稊・1-293
高陽小飲眞瑣瑣・4-406
高陽酒徒起草中・1-206
顧余不及仕・5-174
顧余乏尺土・4-1
顧影還獨盡・4-121
高臥沙丘城・4-80
高臥披道帙・3-115
故友不相恤・3-137
苦雨思白日・3-52
孤雲獨去閑・6-328
孤雲還空山・6-297

故園恣閒逸・4-83
孤猿坐啼墳上月・2-338
孤月滄浪河漢清・5-294
顧謂戚夫人・1-354
古有皇英之二女・1-187
高揖九州伯・5-62
高揖衛叔卿・1-66
高揖二千石・4-362
高揖黃金鞭・1-384
高義炳丹臒・7-70
故人建昌宰・6-265
故人契嵩潁・7-70
古人今人若流水・5-383
故人難可見・4-163
故人東海客・3-91
高人屢解陳蕃榻・4-186
故人萬化盡・7-241
故人不可見・4-56
古人不可攀・5-347
古人不唾井・7-101
故人似玉猶來重・7-172
古人常有・3-96
故人棲東山・7-53
故人西辭黃鶴樓・4-308
故人昔新今尚故・7-172
古人誰可徵・6-200

故人宿茅宇・6-108
故人深相勖・5-204
故人楊執戟・5-429
故人在咫尺・4-202
古人傳道留其間・1-236
故人贈我我不違・2-428
古人知爾封公侯・2-332
古人知爾死道邊・2-332
固將棄天地而遺身・2-291
菰蔣生綠池・4-113
高張清心・1-367
高才列華堂・3-204
高才捭天庭・4-34
苦戰竟不侯・3-390
苦戰功不賞・1-25
古殿吳花草・6-198
高殿坐幽人・7-75
高節不可奪・6-414
古情不盡東流水・2-304
高情出人間・5-433
鼓噪丹陽岸・6-481
高蹤邈難追・4-60
鼓鐘出朱邸・4-273
沽酒來何遲・6-291
孤舟無端倪・5-418
沽酒與何人・7-249

孤舟一去迷歸年・2-368
酤酒提盤飯霜栗・6-161
苦竹南枝鷓鴣飛・2-439
苦竹嶺頭秋月輝・2-439
孤竹延陵・1-267
苦竹寒聲動秋月・2-304
枯枝無醜葉・2-211
古之傷心人・6-356
古之帝宮苑・5-373
高咫尺・7-25
鼓震叢臺傾・7-266
顧慚禰處士・3-308
顧慚西子妍・5-255
顧慙青雲器・4-34
孤妾長自憐・2-225
高枕碧霞裏・7-53
藁砧一別若箭弦・7-191
顧兎半藏身・1-296
高標絶人喧・6-34
高風起遐曠・4-83
高風緬邈・1-267
高風摧秀木・3-140
顧乏七寶鞭・6-481
鼓行而西破犬戎・5-13
故鄉不可見・5-401
顧向平原笑・1-37

구절 찾아보기 - 가  123

高乎視低・6-466
顧侯達語黙・5-271
高後海心明・7-294
谷口鄭子眞・3-58
曲度神飆吹・4-215
曲度繞雲漢・5-373
曲度入紫雲・7-204
曲度紫鴛鴦・7-165
梏於軒冕兮・2-291
曲腰向君君不知・2-332
曲在身不返・2-179
谷鳥吟晴日・4-338
曲終却從仙官去・7-369
曲盡已忘情・6-313
曲盡長松聲・5-309
曲盡情未終・2-96, 4-246
曲盡酒亦傾・5-418
曲盡河星稀・5-351
曲罷心斷絶・3-11
哭何苦而救楚・2-291
谷寒雲不行・7-302
曲巷幽人宅・5-403
哭向茅山雖未摧・7-245
鯤鯨噴蕩・6-457
哀冕彈鳴琴・4-393
崑山採瓊蕊・1-59

困獸當猛虎・1-109
骨青髓綠長美好・1-354
空歌望雲月・5-309
空歌白石爛・6-481
空歌懷友生・5-450
共看明月皆如此・5-383
公卿奴犬羊・3-308
恐驚天上人・7-335
空谷無白駒・4-393
空谷宜清秋・6-257
共工赫怒・6-457
公果溺死流海湄・1-193
恐君不見察・7-156
空談帝王略・2-5
功略蓋天地・3-390
空簾閉幽情・1-45
空老聖明代・3-441
空留錦字表心素・7-138
空霾鄒魯煙・6-8
空名動京師・4-298
功名富貴若長在・2-247
功名不早著・2-211
功名事迹隨東流・2-328
空名束壯士・4-266
功名安所存・3-195
功名若雲浮・3-175

空名適自誤 · 3-308
空濛三川夕 · 6-205
空濛生畫寒 · 4-346
公無渡河苦渡之 · 1-192
公無渡河歸去來 · 2-315
攻文繼前烈 · 4-218
恭聞士有調相如 · 7-257
空聞紫金經 · 1-69
恭聞黃竹篇 · 5-207
恭陪竹林宴 · 5-407
共泛沔城隅 · 5-410
空負頭上巾 · 6-326
公賦鷗鵁詩 · 6-421
共拂元規塵 · 5-62
空悲斷腸猿 · 3-276
空悲遠遊子 · 2-426
空悲蕙草摧 · 2-187
空思羊叔子 · 3-175
空山詠塲藿 · 1-144
恐傷中園葵 · 5-142
空生唐年草 · 6-220
功成去五湖 · 3-58
功成名遂身自退 · 2-338
功成無所用 · 1-114
功成復瀟灑 · 3-300
功成拂衣去 · 3-52, 6-35

功成不退皆殞身 · 1-259
功成謝人間 · 6-440
功成身不居 · 6-179
功成身不退 · 1-61
孔聖猶聞傷鳳麟 · 5-294
功成衣錦還 · 4-460
功成追魯連 · 3-270
功成獻凱見明主 · 1-409
功成畫麟閣 · 2-38
功成還舊林 · 4-242
空手無壯士 · 5-160
公輸造雲梯 · 4-1
恭承鳳凰詔 · 2-96, 4-246
共乘雙飛鸞 · 1-91, 6-414
共謁蒼梧帝 · 5-271
空謁蒼梧帝 · 6-133
空愛紫芝榮 · 6-337
共語一執手 · 6-301
空憶武昌城 · 5-165
空憶謝將軍 · 6-229
空言不成歡 · 6-301
空掩紫羅袂 · 7-168
功業莫從就 · 4-56
功業若夢裏 · 3-21
功業猶未成 · 5-195
功業嗟落日 · 3-111

空餘賈生淚・5-36
空餘桂樹愁殺人・2-280
空餘湛盧劍・5-28
空餘隴頭水・7-325
空餘弄玉名・2-179
空餘汴水東流海・2-283
空餘封禪文・7-251
空餘松柏林・6-29
空餘弔屈悲・3-348
空餘秋草洞庭間・5-427
空餘後湖月・6-196
空烟迷雨色・3-48
共營西山藥・5-207
空鬱釣鼇心・3-69
公爲柱下史・3-432
空有荷花生・6-352
空吟白石爛・2-352
空吟謝朓詩・4-113
空吟招隱詩・4-63
空入周與秦・1-18
龔子棲閑地・4-304
孔雀東飛何處棲・6-209
共作遊冶盤・2-148
空長滅征鳥・4-133
供帳遙相望・3-307
空將澤畔吟・4-155

空傳一書札・6-188
空庭無玉樹・7-75
共井爲比鄰・3-465
公庭人吏稀・3-255
空庭織碎煙・7-296
空中亂澲射・6-52
空中聞天雞・4-223
空持舊物還・2-226
空持寶劍遊・4-78
空持釣鼇心・5-347
空此仰清芬・3-34
空天交相宜・5-340
空瞻鳲鵲樓・6-81
空摧芳桂色・3-303
共妒青蛾眉・1-156
共解丹霞裳・6-260
空許東溟臣・3-460
空懸帝王州・7-273
公乎公乎挂胃於其間・1-193
共話今古情・5-201
空懷戀主情・7-96
孔侯復秀出・4-389
箜篌所悲竟不還・1-193
戈甲如雲屯・6-34
過江誓流水・6-482
過客難登謝朓樓・4-186

| | |
|---|---|
| 過客覽行謠・3-116 | 觀濤憩樟樓・5-344 |
| 科斗生古池・5-358 | 觀濤難稱心・5-39 |
| 果得錦囊術・6-5 | 觀濤壯天險・6-362 |
| 果得參寥子・3-108 | 關路紫煙沉・6-29 |
| 科馬鬣今已平・1-267 | 關吏相邀遮・2-89 |
| 寡識冒天刑・6-213 | 觀變窮太易・1-45 |
| 戈鋋若羅星・3-307 | 觀兵洪波臺・6-24 |
| 果然田成子・1-165 | 觀書散遺帙・6-440 |
| 過紫皇・1-236 | 關西楊伯起・5-46 |
| 誇作天下珍・1-158 | 觀心同水月・4-11 |
| 誇才才故多・5-7 | 觀魚碧潭上・7-263 |
| 摐鐘考鼓宮殿傾・1-273 | 館娃日落歌吹深・1-447 |
| 過此無一事・3-419 | 管蔡寧相容・1-289 |
| 過此一壺外・6-293 | 管蔡扇蒼蠅・6-421 |
| 跨海斬長鯨・1-406 | 關天豈由身・1-375 |
| 果愜麻姑言・3-345 | 官燭未曾燃・4-380 |
| 誇胡新賦作・6-337 | 管鮑久已死・1-289 |
| 誇胡羽獵歸・3-86 | 觀風歷上國・3-465 |
| 戈揮日迴・6-457 | 關河望已絶・6-471 |
| 冠蓋散爲煙霧盡・2-328 | 關河紛錯重・4-68 |
| 冠蓋隨風還・2-243 | 觀化遊江濆・3-240 |
| 冠蓋何輝赫・1-83 | 觀化遊無窮・3-134 |
| 冠劍朝鳳闕・4-273 | 觀化遊無垠・5-62 |
| 觀空天地間・5-386 | 觀化入寥天・6-8 |
| 觀奇跡無倪・6-13 | 狂歌自此別・4-266 |
| 觀奇遍諸岳・6-61 | 狂客歸四明・6-352 |

| | |
|---|---|
| 狂客歸舟逸興多・4-458 | 光映吳門練・7-347 |
| 狂客落魄尙如此・1-206 | 光耀猶旦開・1-322 |
| 曠劫斷出沒・6-315 | 廣運無不至・1-414 |
| 曠劫未始聞・3-240 | 廣張三千六百鉤・1-206 |
| 光景兩奇絶・7-226 | 曠哉至人心・6-224 |
| 光景不待人・2-140 | 匡坐至夜分・3-72 |
| 光景不可留・6-365 | 光中乍喜爐氣滅・2-277 |
| 光景不可迴・3-21 | 光風滅蘭蕙・1-163 |
| 匡君懷長策・3-460 | 狂風愁殺哨帆人・2-310 |
| 光氣爲列星・6-224 | 狂風吹卻妾心斷・7-191 |
| 光祿紫霞杯・3-419 | 狂風吹古月・1-409 |
| 曠望群川會・4-346 | 狂風吹我心・4-412 |
| 曠望登古臺・6-237 | 廣漢水萬里・4-35 |
| 光滅巧姸盡・7-379 | 光輝岐路間・4-435 |
| 光武安可同・3-374 | 光輝照天下・5-221 |
| 光武有天下・5-62 | 光輝何淸圓・7-189 |
| 匡復屬何人・3-300 | 挂流三百丈・6-52 |
| 狂夫猶戍交河北・2-201 | 挂帆秋江上・5-270 |
| 狂夫幽燕客・7-156 | 挂壁生塵埃・6-283 |
| 匡山種杏田・5-133 | 挂席歷海嶠・4-346 |
| 狂殺王子猷・5-267 | 挂席凌蓬丘・5-344 |
| 曠野多白骨・6-388 | 挂席泛溟渤・5-347 |
| 狂言非至公・6-95 | 挂席欲進波連山・2-283 |
| 曠如鳥出籠・3-374 | 挂席移輕舟・4-107 |
| 曠然散我愁・3-309 | 挂席候海色・3-205 |
| 曠然小宇宙・5-324 | 挂星辰於巖嶅・2-289 |

挂在東溪松・5-55
挂向何枝好・7-245
塊獨處此幽默兮・2-290
愧無江海量・7-13
媿無秋毫力・3-375
愧無海嶠作・5-149
愧無橫草功・3-167
媿非流水韻・4-150
愧非黃石老・3-111
怪石堆山如坐虎・7-423
塊然涸轍鮒・6-382
訇然中開・4-223
嬌歌半欲羞・2-74
皎潔照群情・3-116
皎鏡涵空天・6-103
交鼓吹兮彈絲・2-289
皎皎鸞鳳姿・3-34
皎皎爲誰多・7-123
交媾騰精魄・3-220
驕矜自言不可有・2-206
交乃意氣合・4-328
嬌女愛飛鶴・7-70
嬌女字平陽・4-127
交道方險巇・1-180
交亂四國・3-96
嬌來燭下歌・2-70

蛟龍翼微躬・3-181
蛟龍筆翰生輝光・4-158
交流無時寂・5-7
矯誣實多・1-313
橋邊黃石知我心・2-272
嬌聲出外頭・7-388
矯手相思空斷腸・2-428
皎若丹丘隔海望赤城・2-277
矯若龍行雲・5-20
交讓之木本同形・1-267
驕陽何火赫・4-274
皎如飛鏡臨丹闕・5-383
交遊七貴疏・6-127
矯翼凌翔鶵・3-432
矯翼攀鴻鸞・3-162
矯翼思凌空・3-18
教作若爲流・2-226
趫悍誰能爭・1-380
九江皆渡虎・3-287
九江秀色可攬結・6-57
久客方蹉跎・5-7
扣劍悲吟空咄嗟・2-328
九卿領徐方・4-273
九卿天上落・4-183
求古散縹帙・4-83
九衢如絃直・2-9

句句欲飛鳴・6-213
區區精衛鳥・6-425
舊國見秋月・4-322
瞿塘灎澦堆・1-424
瞿塘五月誰敢過・1-378
瞿塘饒賈客・4-169
口道恆河沙復沙・2-322
龜頭剝落生莓苔・2-236
丘陵遠・1-241
驅馬過貴鄉・3-307
廄馬散連山・2-9
裘馬欲摧藏・3-296
驅馬又前去・7-115
九萬方未已・1-107
丘巒崩摧・4-223
苟無濟代心・3-58
久別咸陽西・4-1
口噴紅光汗溝朱・1-240
久辭榮祿遂初衣・4-446
驅山走海置眼前・2-368
龜山蔽魯國・6-224
舊賞人雖隔・6-332
驅石駕滄津・1-153
九霄有路去無跡・7-369
俱承雲雨恩・5-354
俱是連城珍・3-227

求識江淮人猶乎比石・7-257
九十六聖君・3-306
九十誦古文・3-72
俱與雲霞親・4-389
久臥青山雲・6-308
久欲入名山・4-83
舊苑荒臺楊柳新・6-176
俱爲五侯客・2-148
俱爲此留滯・5-271
龜遊蓮葉上・6-233
九疑聯綿皆相似・1-188
舊日東陵侯・1-34
九日龍山飲・5-452
九日茱萸熟・4-178
九日天氣清・6-66
久藏濁水泥・3-26
俱在鼙聲裏・7-323
九轉但能生羽翼・7-22
口傳不死方・3-407
救趙復存魏・3-337
救趙揮金槌・1-326
九州始蠶麻・1-192
九州拭目瞻清光・3-369
丘中有素琴・4-242
九重出入生光輝・2-263
九天開出一成都・2-395

勾踐徵絶豔・6-169
舊宅樵漁地・3-58
九土星分・6-465
九土中橫潰・3-307
九芭鳳凰・1-297
俱飄零落葉・3-265
裘披青毛錦・6-174
口銜雲錦字・5-204
九垓遠相待・5-195
九垓長周旋・3-149
俱懷逸興壯思飛・5-139
國命懸哥舒・3-308
國門遙天外・4-56
國容何赫然・1-147
國恥未雪・1-334
菊花何太苦・5-455
君家婦難作・7-286
君家阿那邊・1-384
君歌楊叛兒・1-348
君家嚴君勇貔虎・4-99
君家有酒我何愁・3-415
君家全盛日・4-298
君看石芒碭・2-137
君看昔日汝南市・3-415
君看我才能・4-43
君看帝子浮江日・2-385

君看海上鶴・4-398
君開萬叢人・3-204
君更彈射何爲乎・1-452
君去西秦適東越・5-26
君去臥丹壑・5-207
君去容華誰得知・2-417
君去滄江望澄碧・2-414
君居漢江島・7-136
群輕折軸下沉黃泉・3-96
群公難與隣・3-460
群公咸祖餞・4-322
君誇通塘好・2-450
君歸妾已老・2-225
君今不醉將安歸・1-281
君今罷官在何處・3-351
君今還入楚山裏・5-72
君起舞日西夕・1-278
君乃輶軒佐・3-140
君能禮此最下士・3-369
君到南中自稱美・5-11
群動爭飛奔・1-86
君東妾在西・2-225
君同鮑明遠・5-259
群動熙元和・5-7
君登金華省・5-354
君登鳳池去・3-310

君來幾何時・4-347
君留洛北愁夢思・4-98
君馬黃・2-148
君莫向秋浦・2-358
君無陸賈金・5-92
君門若夢中・5-31
君邊雲擁青絲騎・2-201
群鳳憐客鳥・4-35
君逢聖主遊丹闕・2-411
群峰如逐鹿・6-45
君不見・1-206, 1-225, 1-254,
　　　1-259, 1-340, 2-206, 2-236,
　　　4-405, 5-294, 5-342, 7-327
君不見曲如鉤・2-332
君不見直如絃・2-332
君不見滄浪老人歌一曲・2-332
君不能・5-293
君不來兮・7-177
君不行兮何待・2-290
君非叔孫通・7-87
君辭明主漢江濱・5-245
君思潁水綠・4-465
群沙穢明珠・1-121
軍師擁熊虎・3-308
群仙長嘆驚此物・2-428
軍聲動九區・3-287

君臣忽行路・3-233
君失臣兮龍爲魚・1-187
君尋騰空子・7-211
君心不肯向人傾・7-235
君心亦如此・3-441
君心自不悅・7-101
君心便相許・7-286
君愛身後名・2-332
君若不飲酒・6-321
君與古人齊・3-154
君如天上月・7-204
君亦歸家度渭橋・4-99
君亦不得意・4-258
君亦爲吾倒却鸚鵡洲・3-353
君王歌大風・5-373
君王減玉膳・5-160
君王棄北海・3-307
君王多樂事・2-68
君王不可見・2-102
君王賜顏色・2-96, 4-246
君王選玉色・2-30
君王雖愛蛾眉好・2-255
君王按劍望邊色・5-13
君王一顧盼・4-273
君王制六合・3-127
君王縱疏散・5-136

軍容威絶域・2-9
群雄方戰爭・3-75
君爲女蘿草・2-436
君爲東道主・3-263
君爲魯曾子・5-118
君爲我傾耳聽・1-225
君爲峨眉客・4-82
君爲我致之・3-277
君爲長沙客・4-317
君爲張掖近酒泉・3-353
君爲知音者・3-300
君爲進士不得進・3-251
君有數斗酒・2-338
君遊早晚還・4-363
君恩旣斷絶・2-226
君恩斷絶・7-374
君恩移昔愛・3-201
君意方亦深・5-227
君意宜獨親・3-465
君子方經綸・3-381
君子變猿鶴・1-93
君子悲塗泥・4-1
君子枉清盼・3-26
君子恩已畢・1-141
群才滿金閨・5-160
君才無時休・7-386

群才屬休明・1-3
君情與妾意・1-456
群鳥皆夜鳴・1-109
君從九卿來・3-419
君坐稍解顔・5-46
君卽劉越石・5-142
君卽潁水荀・7-261
君至石頭驛・5-267
君處紅埃中・7-386
群峭碧摩天・6-317
君草陳琳檄・4-163
君醉留妾家・1-348
君平旣棄世・1-45
君平簾下誰家子・5-264
君抱碧海珠・4-362
君行旣識伯禽子・5-52
群賢無邪人・4-393
群花散芳園・4-435
君還石門日・5-207
君曉損勝益・3-221
君攜東山妓・5-142
屈起多才華・3-21
屈盤戱白馬・6-91
屈法申恩・6-458
屈原終投湘水濱・1-259
屈體若無骨・3-137

屈平去懷王・4-229
屈平詞賦懸日月・2-247
屈平竄湘源・1-160
屈平憔悴滯江潭・4-421
屈彼淮陰人・4-439
窮居使人低・5-160
躬耕在巖石・3-58
宮闕羅北極・2-9
宮女笑藏鉤・2-74
宮女如花滿春殿・6-178
窮途方慟哭・1-168
宮柳黃金枝・1-31
弓彎滿月不虛發・1-230
弓彎明月輝・5-18
宮買長門賦・4-363
窮溟出寶貝・3-21
宮沒鳳凰樓・7-273
窮兵黷武今如此・1-340
窮士歸其門・4-414
宮城盡傾倒・6-220
窮愁千萬端・6-274
窮巖閉嚴陰・7-305
宮鶯嬌欲醉・2-76
窮魚守枯池・1-180
窮魚餌奔鯨・1-109
窮與鮑生賈・3-162

窮亦不足悲・5-294
窮儒浪作林泉民・2-206
宮中誰第一・2-66
宮中綵女顏如花・1-233
弓摧南山虎・2-23
窮通與修短・6-272
宮花爭笑日・2-72
勸君莫拒杯・6-321
勸君還嵩丘・5-7
眷眷待遠信・6-408
權歸臣分鼠變虎・1-187
卷簾見月清興來・4-421
卷簾聊擧目・7-296
卷簾出揶揄・5-246
勸龍各一觴・2-114
卷舒固在我・3-162
卷舒入元化・4-344
卷葹心獨苦・7-140
卷身編蓬下・3-270
眷我情何已・5-208
勸我穿綈縷・7-382
眷言王喬舃・4-88
眷然思永嘉・4-345
卷帷望月空長嘆・1-264
卷衣戀春風・2-30
勸爾一杯酒・4-237

勸爾早耕田・3-259
權子識通蔽・5-271
勸酒相歡不知老・1-354
勸此一杯酒・4-317
闕五德・1-307
跪雙膝・1-297
跪進雕胡飯・6-155
歸家酒債多・3-296
歸酣歌大風・6-95
歸去瀟湘沚・1-156
歸去越王家・2-191
歸去日相思・3-372
歸耕汶水濱・7-87
鬼谷上窈窕・4-345
歸根復太素・5-7
歸當千歲餘・7-332
貴道能全眞・5-62
歸途行欲曛・6-144
歸來看取明鏡前・2-214
歸來空寂蔑・7-59
歸來空閉關・3-450
歸來廣成子・1-86
歸來挂墳松・3-465
歸來歸去來・6-224
歸來儻有問・4-133
歸來桃花巖・4-52

歸來樂未窮・1-437
歸來無產業・3-6
歸來問天老・7-382
歸來伴凡魚・3-91
歸來芳草平・7-302
歸來使酒氣・2-23
歸來商山下・1-354
歸來城郭新・5-86
歸來笑把洪崖手・6-111
歸來入咸陽・2-96, 4-246
歸來泰山上・4-439
歸來獻所獲・5-320
歸路方浩浩・4-107
歸老漢江濱・3-382
鬼無逃形・3-97
歸問我何如・7-201
歸飛未忍去・3-18
歸飛啞啞枝上啼・1-217
歸飛晴日暖・7-320
歸飛海路遠・1-129
歸時儻佩黃金印・7-198
歸時落日晚・6-365
歸時莫洗耳・4-465
歸時還弄峨眉月・2-411
歸心結遠夢・3-175
歸心落何處・6-131

歸臥空山釣碧流・5-243
貴欲決良圖・3-390
貴欲相依投・2-226
貴欲呈丹素・3-233
歸隱謝浮名・4-258
歸應鍊丹砂・3-21
歸入武陵源・6-35
歸贈知寸心・7-165
貴賤結交心不移・1-289
貴賤交不易・5-142
歸閑事耦耕・6-337
歸向陵陽釣魚晚・4-176
歸鴻度三湘・4-133
歸休白鵝嶺・4-383
歸休辭建章・4-229
窺鏡不自識・7-204, 7-162
虯龍盤古根・3-432
閨裏佳人年十餘・2-201
窺觴照顔歡・5-450
閨人理紈素・6-372
閨人費素手・2-20
窺日畏銜山・3-309
窺庭但蕭索・7-332
珪組豈可酬・3-187
窺窓見白拂・6-283
叫秋木而長吟・1-367

劇孟同遊遨・2-23
劇孟阻先行・4-321
極目無纖煙・6-144
極目散我憂・6-3
屐上足如霜・7-221
棘生石虎殿・6-321
劇辛方趙至・1-53
劇辛樂毅感恩分・1-254
棘刺造沐猴・1-114
極眺金陵城・6-41
根柯灑芳津・5-255
筋幹精堅胡馬驕・1-317
勤問何所規・1-180
近作十日歡・5-311
琴歌發清聲・3-127
金釭滅啼轉多・1-283
金釭青凝照悲啼・1-283
錦江何謝曲江池・2-399
今見蘭苕繁・5-231
今見春蠶生・1-76
金鏡霾六國・4-34
今傾白玉卮・5-142
金雞忽放赦・2-89
金高南山買君顧・3-88
今古兩步兵・3-367
金膏秘莫言・6-202

| | |
|---|---|
| 金膏猶周象・4-274 | 錦囊養之懷袖間・5-185 |
| 今古一相接・6-222 | 今來方覺迷・4-1 |
| 金谷不能誇・5-403 | 今來復盈旬・3-227 |
| 金骨旣不毀・6-432 | 今來思舊遊・3-175 |
| 金棺葬寒灰・1-13 | 今來一登望・6-3 |
| 金龜換酒處・6-350 | 今來何謝袁家郎・2-304 |
| 金宮樂事多・2-70 | 今來何所似・5-267 |
| 金闕前開二峰長・4-138 | 金陵空壯觀・6-194 |
| 金戟羅江煙・3-270 | 金陵控海浦・2-86 |
| 錦衾與羅幃・2-140 | 金陵勞勞送客堂・2-304 |
| 錦衾瑤席何寂寂・7-25 | 金陵百萬戶・4-363 |
| 錦衾抱秋月・6-402 | 金陵鳳凰臺・5-390 |
| 金羈絡駿馬・4-266 | 金陵昔時何壯哉・2-328 |
| 今乃人樵蘇・5-373 | 金陵城東誰家子・7-228 |
| 今年寄書重相催・1-387 | 金陵夜寂涼風發・2-317 |
| 今年戰葱河道・1-222 | 金陵繞丹陽・4-229 |
| 今年敕放巫山陽・4-158 | 金陵遇太守・4-322 |
| 金丹寧誤俗・6-390 | 金陵子弟來相送・4-292 |
| 金丹滿握・2-46 | 金陵捉得酒仙人・5-245 |
| 琴堂冪素塵・7-75 | 金陵風景好・7-276 |
| 琴堂向山開・3-211 | 琴鳴酒樂兩相得・2-338 |
| 錦帶橫龍泉・4-266 | 金盤一擲萬人開・5-1 |
| 今到普照遊・7-349 | 金牓天宮開・5-455 |
| 金刀割青素・7-382 | 金魄遂淪沒・1-9 |
| 金縢若不啓・6-421 | 錦帆遊戲西江水・3-342 |
| 金囊非易求・4-133 | 金瓶落井無消息・7-138 |

金屛笑坐如花人・5-342
今復幾人在・5-444
今夕不盡杯・5-378
今夕爲誰明・6-337
金石猶銷鑠・2-211
錦石照碧山・5-149
金石忽暫開・2-13
今成斷根草・1-456
今成兩枝鳥・7-165
錦城雖云樂・1-199
今成一科蓬・3-182
錦城長作帝王州・2-404
今歲何時妾憶君・7-184
今宵貰酒與君傾・5-70
金粟如來是後身・5-188
琴松風兮寂萬壑・2-290
錦水東流碧・1-398
錦水東流繞錦城・2-403
錦水東北流・1-391
今成龍庭前・1-25
金瑟玉壺・6-458
金繩開覺路・4-150
金繩界寶地・7-341
今乘款段諸侯門・3-353
今時亦棄青雲士・2-217
今晨魯東門・4-389

琴心三疊道初成・4-138
金鞍五陵豪・2-23
金鞍耀朱輪・2-5
金鞍照城郭・3-337
金鞍駿馬散故人・2-217
金輿玉座成寒灰・2-328
金輿向回中・1-437
金玉滿堂應不守・2-338
金屋無人螢火流・7-152
今月曾經照古人・5-383
今爲松下塵・6-350
禁幃秋夜・7-361
今爲侯與王・6-385
今遊方厭楚・4-380
錦衣綺翼何離褷・1-293
錦衣入新豐・2-96, 4-246
琴以閑素心・6-395
今人耕種信陵墳・2-283
今人不見古時月・5-383
今日各驅馳・7-315
今日結交明日改・3-361
今日乃相宜・6-291
今日明光裏・2-74
今日白髮催・6-321
今日並如此・6-183
今日逢君君不識・2-333

今日逢支遁・4-11
今日非昨日・5-342
今日城下鬼・7-323
今日雲景好・5-450
今日爲君說・5-201
今日任公子・6-83
今日竹林宴・5-413
今日曾無一枝在・4-405
今日贈余蘭亭去・5-185
今日之日多煩憂・5-139
今日妾辭君・2-225, 2-226
今日靑苔覆落花・5-26
今日醉飽・2-46
今日風日好・6-382
今日漢宮人・1-374
今日還須贈寶刀・3-132
今茲大火落・4-310
今茲討鯨鯢・6-66
金作蛟龍盤繡楹・1-273
今作流淚泉・2-214
今作百鍊鉛・3-418
錦帳郎官醉・4-148
金璋紫綬來相趨・3-82
襟前林壑斂暝色・2-428
金殿三春滿落花・7-393
金精秘莫論・6-205

金井雙梧桐・6-365
禁庭春晝・7-358
今朝更擧觴・5-455
今朝發何處・5-204
今朝白門柳・4-113
金竈生煙埃・6-61
今朝風日好・2-78
琴存人已沒・6-342
琴奏龍門之綠桐・1-281
金樽淥酒生微波・1-278
金樽淸酒斗十千・1-250
金窗繡戶長相見・1-351
金窗夾繡戶・6-3
金天之西・1-296
琴淸月當戶・3-115
金翠照丹墀・4-273
今稱偃蹇臣・5-62
琴彈松裏風・6-395
金巨羅・7-170
金波忽三圓・3-419
金鞭拂雪揮鳴鞘・1-230
金鞭遙指點・2-140
金華牧羊兒・1-59
金花折風帽・2-172
金丸落飛鳥・2-155
今還萬死餘・3-333

及瓜歸日未應遲・5-5
汲水澗谷阻・2-110
急節謝流水・1-76
及此見君歸・2-225
及此留惠愛・4-430
及此北望君・4-230
及此桑葉綠・4-1
及此有相思・5-399
及此二龍隨・4-298
及此春風暄・7-42
起看秋月墮江波・1-219
氣蓋蒼梧雲・3-337
棄劍學丹砂・3-375
氣激金風壯・3-390
豈見三桃圓・6-133
旣過石門隱・5-190
崎嶇不易行・5-82
崎嶇行石道・7-217
豈貴抱關人・5-28
杞國無事憂天傾・1-206
冀君賞・1-447
寄君鄴中歌・3-11
寄君千里遙相憶・4-101
寄君青蘭花・4-202
羈金絡月照皇都・1-241
幾年功成奪天造・2-428

幾年同在此・7-315
豈徒清心魂・6-205
豈獨慮安危・4-274
氣同萬里合・3-58
豈得不如伴狂人・2-333
記得長安還欲笑・5-424
豈得長爲群・6-400
綺羅錦繡段・2-225
其樂不可言・1-233
起來強歌舞・7-286
騎來蹁影何矜驕・1-230
起來爲蒼生・3-58
起來向壁不停手・2-445
綺麗不足珍・1-3
髻鬙蔽青天・1-13
騎龍攀天造天關・1-236
騎龍飛上太清家・1-233
夔龍一顧重・3-432
綺樓青雲端・1-91
綺樓何氛氳・7-408
麒麟閣上春還早・2-300
麒麟不來過・6-224
起立明燈前・6-279
其名定誰傳・5-255
豈無佳人色・1-151, 6-410
起舞雞鳴晨・6-453

起舞落日爭光輝・4-331
起舞亂參差・5-444
起舞蓮花劍・5-15
起舞拂長劍・5-195
豈無橫腰劍・4-439
豈問渭川老・1-437
奇峰出奇雲・6-59
氣浮蘭芳滿・6-103
棄婦有歸處・2-225
豈不戀華屋・7-208
驥不驟進・6-457
豈不懷所安・7-289
其事竟不捷・3-457
其事竟不就・3-382
豈思農扈春・1-153
旣死明月魄・7-379
寄謝山中人・4-131
寄謝絃歌宰・4-161
豈上望夫臺・1-424
旗色如羅星・7-323
寄書道中嘆・7-208
寄書訪衡嶠・4-310
寄書白鸚鵡・7-142
寄書寫心曲・5-227
寄書西飛鴻・4-56
綺席空蘭芬・6-402

豈惜戰鬪死・2-166
豈惜黃金買詞賦・1-391
羈紲韝上鷹・3-137
棄世一何早・7-245
棄世何悠哉・5-324
淇水流碧玉・4-254
記水辨瀛海・6-144
紀叟黃泉裏・7-249
幾宿一下山・6-45
蟻虱生虎鷵・1-25
幾時可到三山巓・2-368
幾時可生還・6-129
豈是顧千金・4-242
起視溟漲闊・4-171
祇是相思秋復春・3-351
其始與終古不息・1-312
豈是遠行時・1-441
幾時入少室・2-424
羈心搖懸旌・1-76
其心在寥廓・4-195
寄深且戎幕・5-142
棄我去者・5-139
棄我如遺鳥・4-179
棄我如塵埃・1-53
氣岸遙凌豪士前・3-292
豈若瓊樹枝・7-40

其若楊花似雪何・4-100
寄語無鹽子・6-369
起於微涓・3-96
寄言息夫子・3-375
寄言燕雀莫相啅・7-18
寄言歎離群・7-181
寄言向江水・2-344
冀與琴高言・6-205
豈如東海婦・2-14
其如愁思何・7-123
其如予何・3-97
其如幽意何・5-191
寄與長河流・4-426
寄影宿沙月・1-135
飢鼯嘲呻・2-290
豈曰非智勇・6-191
豈云憚險艱・2-166
豈爲微飈折・3-64
豈唯道路長・4-317
豈惟弟與兄・3-127
豈惟淸心魂・6-202
豈有靑雲望・3-465
飢飮零露漿・2-110
飢鷹鳴秋空・6-95
寄爾江南管・4-155
豈伊箕山故・3-227

騎二茅龍上天飛・2-263
豈伊雲鶴儔・1-135
幾日到臨洮・2-195
幾日相別離・7-168
寄入棹歌聲・5-165
其字乃上古・5-328
豈將沮溺群・3-72
寄在嵩之陽・5-201
期在秋月滿・5-100
機杼鳴簾櫳・5-174
豈傳千古名・3-445
起折相思樹・7-165
寄情與流水・5-149
飢從漂母飡・3-162
飢從漂母食・3-52
起坐魚鳥間・7-307
氣重日輪紅・7-323
其中字數無多少・3-351
機中織錦秦川女・1-217
豈知關山苦・1-49
棄之若浮煙・3-308
豈知玉與珉・1-158
豈知傅說情・6-224
幾枝正發東窗前・4-470
豈知造化神・1-296
棄之海上行・3-306

氣振長平瓦・3-300
冀餐圓丘草・5-320
飢餐天上雪・6-188
棄妾漁陽間・7-162
棄妾已去難重回・1-391
氣淸岳秀有如此・5-114
起草多芳言・3-432
棄置秋田草・3-67
奇態燦雲霞・7-426
起土驪山隈・1-13
棄瑕取材・6-458
其害乃去・1-192
其險也若此・1-198
騎虎不敢下・4-266
幾回流歲月・7-349

【나】

那堪對此當窗牖・4-76
那堪愁苦節・2-40
那堪把剪刀・2-195
那能得計訪情親・7-194
那能吐芳信・3-26
懦夫感達節・3-465
那作商人婦・1-429
那知不有蛟龍蟠・4-405

奈何隔窮偏・6-103
奈何天地間・5-62
奈何懷良圖・5-195
諾謂楚人重・5-165
暖氣變寒谷・3-309
赧郞明月夜・2-363
難於上靑天・1-197, 1-198, 1-199
難容橫海鱗・4-430
難爲桃李顏・1-42
暖風花繞樹・7-317
南見瀑布水・6-52
南京還有散花樓・2-401
南冠君子・6-465
南冠君子竄遐荒・7-108
南國秀餘芳・3-296
南國新豐酒・7-232
南國風光當世少・7-311
南禽多被北禽欺・2-439
南箕空簸揚・6-385
南渡落寒聲・6-450
南都信佳麗・2-243
南斗上生籍・3-220
南登杜陵上・6-20
南登白鹿原・4-328
南來不得豫章書・7-220

南來漆林渡・4-192
南連湘水濱・5-44
南陌愁爲落葉分・4-221
柟木白雲飛・7-349
南奔劇星火・6-481
南飛散落天地間・1-452
南飛日幾群・5-23
南山摧・1-297
南船正東風・4-116
南星變大火・3-21
男兒窮通當有時・2-332
男兒方寸心・3-140
男兒百年且樂命・2-206
男兒百年且榮身・2-206
南雲喧鼓鼙・5-160
南園綠草飛蝴蝶・7-184
南遊吳越徧・4-362
南征猛將如雲雷・1-409
南昌仙人趙夫子・2-368
南窗蕭颯松聲起・2-280
南遷懶北飛・6-324
南浦登樓不見君・3-351
南風昔不競・6-453
南風欲進船・5-133
南風一掃胡塵靜・2-391
南風吹歸心・4-127

南行拂楚王・6-217
南軒有孤松・7-9
南荊訪高士・3-108
南湖採白蘋・2-175
南湖秋水夜無煙・5-424
南湖秋月白・4-148
耐可乘流直上天・5-424
耐可乘明月・2-361
內手如懷冰・3-137
乃是故人傳・5-204
乃是故鄉親・2-5
乃是袖槌人・3-337
乃是要離客・3-276
乃是紫烟客・1-59
乃是天鏡中・6-362
乃與燕石齊・3-26
乃有蓬萊山・7-119
乃在洞庭之南・1-187
乃在碧雲中・7-126
乃在碧海之東隅・1-385
乃在沙塘陂・4-6
乃在淮南小山裏・2-280
乃知兵者是凶器・1-222
乃知蓬萊水・1-34
乃知漢地多明妹・1-358
乃緝商綴羽・1-367

| | |
|---|---|
| 奈何今之人・1-361 | 寧期此地忽相遇・3-353 |
| 奈何成離居・3-466 | 寧同萬死碎綺翼・1-391 |
| 奈何夭桃色・1-141 | 甯武子朱買臣・2-332 |
| 奈何青雲士・1-53 | 寧復長艱辛・6-279 |
| 女蘿發馨香・2-436 | 寧羞白髮照清水・1-206 |
| 女蘿附青松・2-226 | 寧邀襄野童・1-437 |
| 女蘿邌北壁・6-277 | 寧知鸞鳳意・3-111 |
| 女伴莫話孤眠・7-361 | 寧知流寓變光輝・2-259 |
| 女嬰空嬋娟・1-160 | 寧知喪亂後・7-395 |
| 女媧戲黃土・1-296 | 寧知有洞歇・2-102 |
| 年年橋上遊・1-61 | 寧知趙飛燕・2-30 |
| 年年柳色・2-123 | 寧知此中樂事多・2-450 |
| 年貌可長新・6-453 | 寧知草間人・3-270 |
| 年貌豈長在・1-40 | 寧知草動風塵起・3-292 |
| 念君長城苦寒良可哀・1-322 | 寧知通方士・5-190 |
| 念君風塵遊・4-121 | 寧知湖水遙・5-368 |
| 念別復懷古・4-387 | 寧知曉向雲間沒・5-383 |
| 恬然但覺心緒閑・6-111 | 甯戚未匡齊・6-481 |
| 念此莫相輕・7-140 | 寧親歸汝墳・5-20 |
| 念此杳如夢・6-352 | 寧親候海色・5-106 |
| 念此送短書・7-126 | 禰衡恥逐屠沽兒・5-294 |
| 念此失次第・4-127 | 儂道橫江惡・2-307 |
| 念此憂如焚・4-83 | 農夫既不異・6-419 |
| 念此一脫灑・7-379 | 農夫棄簑笠・3-212 |
| 寧懼惡溪惡・4-346 | 農夫得耕犂・5-160 |
| 寧期此相遇・5-215 | 農夫盡歸耕・4-35 |

濃似苔錦含碧滋・2-428
鐃歌列騎吹・2-86
嫋嫋桑結葉・1-76
嫋嫋香風生佩環・7-369
嫩篁侵舍密・7-302
能得幾時好・1-456
能令二千石・3-181
能文變風俗・3-212
能上秦王殿・7-257
能成吾宅相・3-195
能言終見棄・7-14
能爲高唐賦・3-233
能吟山鷓鴣・5-393
能取聊城功・5-174
能胡歌獻漢酒・1-297
能廻造化筆・3-399
能迴天地心・7-305
尼父無猜・6-458
泥沙塞中途・3-52
泥沙聚埃・3-96

## 【다】

多沽新豐醞・3-205
多愧魯連生・4-321
多君同蔡琰・7-217

多君秉古節・3-204
多君聘逸藻・3-465
多君相門女・7-213
多君枉高駕・4-328
多君紫霄意・5-190
多君重然諾・3-337
多歧路今安在・1-250
多逢長者車・7-435
多逢勦絶兒・3-418
多謝長條似相識・7-441
多爲世所譏・6-405
多爲衆女譏・3-201
多爲泉下人・2-5
多慚一日長・5-133
多慚華省貴・3-333
多恨去世早・6-390
多花必早落・1-289
但歌大風雲飛揚・1-318
但覺雲林幽・4-107
但覺爾輩愚・1-241
但見淚痕濕・7-176
但見悲鳥號古木・1-198
但見三泉下・1-13
但見宵從海上來・5-383
但見五雲飛・5-337
但見瀑泉落・7-29

| | |
|---|---|
| 但驚群木秀・6-245 | 丹壁問藏書・6-332 |
| 丹經埋素塵・4-430 | 短服改胡衣・6-125 |
| 但苦隔遠道・3-204 | 但奉紫霄顧・6-337 |
| 但苦山北寒・3-460 | 丹砂成黃金・1-233 |
| 但哭邙山骨・6-342 | 但使主人能醉客・6-119 |
| 但恐佳景晚・5-399 | 但寫妾意苦・6-375 |
| 但恐光景晚・6-299 | 但惜白日斜・3-21 |
| 但恐不出門・6-299 | 團扇羞網塵・1-375 |
| 但恐生是非・6-408 | 丹霄冀飛翻・3-167 |
| 端拱清遐裔・5-270 | 但灑一行淚・5-95 |
| 但恐荷花晚・5-270 | 但識金馬門・1-98 |
| 但恐行來遲・5-311 | 丹心期此論・4-83 |
| 但恐花不實・1-151, 6-410 | 丹心無間然・3-418 |
| 但怪綠芳歇・5-347 | 斷巖如削瓜・7-336 |
| 但怪旁人愚・2-130 | 但仰山岳秀・3-140 |
| 丹丘談天與天語・2-263 | 丹崖森在目・7-35 |
| 但求蓬島藥・1-153 | 但愛玆嶺高・6-59 |
| 丹丘遙相呼・6-257 | 丹崖燦如綺・7-25 |
| 丹棘崔嵬・6-457 | 丹崖夾石柱・4-383 |
| 團團下庭綠・1-79 | 丹陽北固是吳關・2-382 |
| 丹徒布衣者・3-52 | 但與南飛鴻・4-310 |
| 但得長把袂・5-196 | 但用東山謝安石・2-375 |
| 但得酒中趣・6-270 | 但勖冰壺心・3-67 |
| 但慕瑤池宴・1-437 | 但願君恩顧妾心・1-391 |
| 旦暮長追隨・2-416 | 但願長醉不願醒・1-225 |
| 但美採菱曲・6-356 | 但爲此輩嗤・1-31 |

| | |
|---|---|
| 但爲後代悲・5-358 | 淡掃明湖開玉鏡・5-427 |
| 但有長相思・5-149 | 談笑聞餘香・7-382 |
| 但有珠相隨・3-445 | 談笑迷朝曛・7-55 |
| 但有崔州平・3-75 | 談笑三軍卻・6-127 |
| 團作愚下人・1-296 | 談笑安黎元・3-167 |
| 丹田了玉關・3-181 | 談笑遏橫流・6-34 |
| 但奏無絃琴・3-122 | 談笑遊軒皇・4-229 |
| 但知遊獵誇輕趫・1-230 | 談笑盡豪英・7-265 |
| 丹青能令醜者姸・1-358 | 澹然萬事閑・6-299 |
| 丹青狀江海・7-20 | 湛然冥眞心・6-315 |
| 丹青畫像麒麟臺・1-409 | 澹然四海清・1-109 |
| 丹青畫出是君山・5-427 | 澹然養浩氣・3-381 |
| 湍波歷幾重・5-250 | 澹然與世閑・5-433 |
| 湍波或滯留・5-267 | 澹然吟高秋・6-450 |
| 丹壑賤巖廊・4-82 | 潭澄羡躍魚・5-90 |
| 妲己滅紂・3-97 | 談天信浩荡・3-58 |
| 達士遺天地・6-382 | 澹荡滄洲雲・5-363 |
| 達亦不足貴・5-294 | 談玄乃支公・4-310 |
| 談經演金偈・6-45 | 踏屐走雙龍・7-430 |
| 擔簦西入秦・3-227 | 沓浪競奔注・4-192 |
| 潭落天上星・4-192 | 答言楚徵兵・1-109 |
| 擔囊無俗物・5-201 | 答荷難克充・3-181 |
| 談論安可窮・3-181 | 當歌共銜杯・2-140 |
| 談笑卻妖氛・5-95 | 當去抱關救公子・4-237 |
| 談笑皆王公・2-96, 4-246 | 當結九萬期・3-441 |
| 談笑期一擲・3-460 | 當君相思夜・5-221 |

當君懷歸日・2-185
黨其公子重迴顧・3-145
當其南陽時・3-75
當其得意時・3-44
當年失行樂・2-140
當年意氣不肯傾・1-278
當年頗似尋常人・1-206
當年頗惆悵・3-390
當代不樂飲・6-274
當塗何翕忽・1-147
當令千古後・5-20
當壚笑春風・1-281
黨辨美玉君收白珪・6-466
黨逢騎羊子・6-5
堂上羅宿莽・5-238
堂上羅中貴・4-448
堂上三千珠履客・4-116
堂上醉人喧・3-195
唐生安敢譏・5-49
當暑陰廣殿・5-455
當笑爾歸遲・4-347
當時結交何紛紛・3-82
當時待詔承明裏・5-277
當時百萬戶・6-196
當時別有情・2-179
當時不好賢・3-445

當時笑我微賤者・3-361
當時日停矄・6-66
當時賤如泥・1-361
當時秋月好・5-410
當時板築輩・6-224
當時何特達・4-43
當安遠俗人・5-44
當與爾為鄰・4-439
當與持斧翁・6-163
當筵意氣凌九霄・4-99
當榮君不採・6-434
當應無陸沉・4-393
堂中各有三千士・2-272
當餐黃金藥・4-262
當斬胡頭衣錦廻・5-1
當窗發光彩・7-128
當窗懸清光・6-375
當風振六翮・7-280
當軒寫歸流・5-344
大駕還長安・3-375
大江茫茫去不還・4-138
對客小垂手・3-309
大車揚飛塵・1-83
對鏡便垂淚・2-416
臺傾鳷鵲觀・7-273
臺傾禾黍繁・6-34

| | |
|---|---|
| 臺高極人目・6-237 | 大舶夾雙艣・4-88 |
| 大塊方噫氣・3-382 | 對飯却慚寬・3-195 |
| 大國置衡鏡・4-393 | 大辟得寬賒・2-89 |
| 對君君不樂・7-232 | 大鵬飛兮振八裔・2-434 |
| 對君白玉壺・5-393 | 大鵬一日同風起・3-156 |
| 大君若天覆・1-414 | 大聖無心火自飛・7-22 |
| 待君魂夢歸來・7-363 | 大聖猶不遇・4-43 |
| 大道可暗歸・5-49 | 大笑同一醉・3-205 |
| 大道是文康之嚴父・1-296 | 大笑上青山・6-91 |
| 大道安棄物・4-393 | 大笑億千場・2-114 |
| 大道如青天・1-254 | 大笑喧雷霆・4-34 |
| 大刀佇烹牛・3-115 | 待誰可傾倒・3-445 |
| 大盜割鴻溝・3-265 | 大嫂採芙蓉・7-174 |
| 待來竟不來・1-387 | 大臣南溟去・6-76 |
| 大略駕群才・1-13 | 大臣小喑嗚・4-273 |
| 大梁貴公子・3-337 | 大雅歌蠢斯・4-273 |
| 大梁白雲起・4-314 | 大雅久不作・1-3 |
| 大力運天地・2-211 | 待我來歲行・4-378 |
| 對嶺人共語・4-52 | 大雅思文王・1-114 |
| 代馬不思越・1-25 | 待我辭人間・4-60 |
| 對面九疑峰・1-289 | 待我適東越・4-17 |
| 大明夜已殘・1-433 | 待我蒼梧間・3-359 |
| 大明夷朝暉・1-9 | 待雁卻回時・7-418 |
| 玳瑁筵中懷裏醉・7-170 | 大語猶可聞・4-163 |
| 對舞臨山閣・7-280 | 大言直取秦丞相・7-327 |
| 對舞青樓妓・5-405 | 對影成三人・6-267 |

待吾盡節報明主・3-82
待吾還丹成・6-59
大禹理百川・1-192
大運有淪忽・1-105
大運有興沒・1-86
大運且如此・2-5
待月月未出・6-81
大儒揮金槌・1-98
大隱金門是謫仙・2-255
大音自成曲・3-122
大人峴屼當安之・1-207
臺庭有夔龍・3-284
待詔公車謁天子・3-145
待詔奉明主・6-365
對座不語南昌仙・2-368
對酒兩不飲・2-5
對酒鳴絲桐・2-96, 4-246
對酒不覺暝・6-329
對酒不肯飲・2-197
對酒遂作梁園歌・2-283
大舟若鯨鯢・5-160
對酒忽思我・5-227
對酒還自傾・6-313
對之空嘆息・5-437
大地了鏡徹・3-240
對之心益閑・6-52

對此可以酣高樓・5-139
對此徑須飲・6-272
對此空長吟・6-348
對此石上月・6-297
對此心淒然・2-153
對此欲倒東南傾・4-223
對此長思君・4-82
大千入毫髮・6-315
對燭儼成行・3-307
待取明朝酒醒罷・5-264
大澤饒龍蛇・3-21
臺下青鸞思獨絕・7-191
大漢無中策・2-50
大海乘虛舟・4-17
大賢達機兆・4-274
大賢茂遠業・3-432
大賢有卷舒・3-300
大賢在其間・4-460
大賢虎變愚不測・1-206
大火南星月・5-124
大勳竟莫敍・5-142
德聲布雲雷・5-455
德自此衰吾將安棲・6-465
棹歌溪中船・4-266
道可束賣之・5-7
棹歌搖艇月中尋・3-342

徒干五諸侯・4-347
渡江如昨日黃葉向人飛・3-449
刀開明月環・2-181
度曲綠雲垂・5-358
陶公鍊液棲其間・6-111
陶公有逸興・6-11
陶公罋鑠呵赤電・5-277
度君多少才・7-386
途窮造堦墀・5-227
濤卷海門石・4-345
刀机生綠蘚・3-52
桃今百餘尺・1-441
桃今與樓齊・4-127
道童對月閑吹笛・7-423
挑燈淚斑斑・7-162
濤落歸泥沙・2-134
濤落浙江秋・4-380
到來復何別・7-349
陶令去彭澤・3-122
陶令歸去來・6-444
徒令白日暮・2-130
陶令辭彭澤・3-154
都令心意煩・4-82
徒令日貫虹・1-419
陶令日日醉・3-237
陶令八十日・6-265

徒令魂作夢・4-110
陶令忽相逢・5-250
徒勞歌此曲・1-74
渡瀘及五月・1-109
徒勞三獻君・1-118
徒勞訴天帝・2-134
桃李竟何言・4-414, 6-475
桃李誇白日・6-410
桃李君不言・3-26
桃李今若爲・7-128
桃李得日開・2-211
桃李滿中原・3-167
桃李賣陽豔・3-64
桃李務青春・2-211
桃李不如松・1-289
桃李傷春風・1-437
桃李新開映古査・5-26
桃李如舊識・6-321
桃李願成陰・3-140
桃李栽來幾度春・2-206
桃李出深井・1-375
桃李何處開・1-18
桃李寒未開・4-1
都忘虎竹貴・3-337
叨沐清風吹・3-455
都無人世喧・4-304

觀物知妄意・7-140
濤白雪山來・4-370
徒悲千載魂・1-137
徒悲蕙草歇・4-107
濤似連山噴雪來・2-312
倒瀉溟海珠・3-381
徒賜五百金・3-308
道士住山陰・5-39
倒屣欣逢迎・4-322
徒霜鏡中髮・1-18
道喪無時還・1-98
島嶼佳境色・5-307
島嶼備縈迴・7-29
島嶼相凌亂・7-35
道成本欲去・4-229
徒尋溟海仙・6-133
道崖乃僧英・3-240
擣冶入赤色・3-220
道與古仙合・7-49
陶然共忘機・5-351
徒然迫晚暮・4-68
陶然上皇逸・3-115
陶然臥羲皇・3-307
桃源堪避秦・5-234
桃源一見尋・6-395
道遠行旣難・7-289

渡遠荊門外・4-319
都尉朝天躍馬歸・3-145
徒爲風塵苦・3-58
都由激深情・2-13
徒有獻芹心・3-26
道隱不可見・5-34
道人制猛虎・5-74
道因風雅存・4-328
叨入伯牙絃・4-150
道字不正嬌唱歌・7-170
道長食盡・2-46
道在豈吟嘆・3-162
道在喧莫染・3-149
盜賊劫寶玉・1-340
道存跡自高・4-121
陶朱雖相越・4-242
陶朱與五羖・2-243
桃竹書筒綺繡文・5-172
道重天地・2-46
道直事難諧・7-345
徒此揖清芬・3-3
倒着接䍠花下迷・2-235
倒著還騎馬・2-57
到處銷魂感舊遊・7-441
徒沾清露輝・6-434
徒蓄怨積思而孤吟・7-177

桃波一步地・2-367　　獨棄長沙國・7-110
道廢可推命・4-363　　獨朗謝垢氛・3-240
道風未淪落・7-69　　　獨憐一雁飛南海・4-186
桃皮半頰紅・7-405　　獨領殘兵千騎歸・7-99
倒披紫綺裘・5-246　　獨漉水中泥・1-334
蹈海寄遐想・4-68　　　獨立窺浮雲・4-195
蹈海寧受賞・5-62　　　獨立沙洲旁・7-39
倒海索明月・3-167　　獨立山海間・3-441
桃杏深隱處・6-247　　獨立揚淸波・5-154
倒行逆施畏日晚・1-241 獨立自蕭颼・1-151
倒懸青溪月・5-255　　獨立鐘山孤・5-373
倒篋素魚驚・7-302　　獨立天地間・4-218
桃花開東園・1-151　　犢牧採薪感之悲・1-293
島花開灼灼・7-313　　獨夢關山道・2-225
桃花潭水深千尺・4-50　獨泛巴陵西・5-418
桃花帶露濃・6-330　　獨拂秋霞眠・3-149
桃花流水窅然去・5-181 獨散萬古意・4-28
桃花弄水色・7-165　　獨上江祖石・4-131
桃花發岸旁・7-165　　獨上高樓望吳越・2-317
桃花飛淥水・6-217　　獨傷千載後・6-29
桃花有源水・6-450　　獨善亦何益・3-58
桃花春水生・6-360　　獨嘯長風還・5-433
桃花夾岸魯門西・5-318 獨笑還自傾・5-450
徒希客星隱・3-168　　獨送李膺還・5-370
獨見遊物祖・3-111　　獨守西山餓・2-155
獨挂延陵劍・7-251　　獨隨朝宗水・6-103

獨宿孤房淚如雨・1-217
獨宿空簾歸夢長・2-304
獨宿天霜寒・1-129
獨憶此傾樽・6-108
獨與我心諧・4-43
獨與洪崖群・7-55
獨映陳公出・4-17
獨往今相逢・4-383
獨往謝城闕・6-315
獨往失所在・4-344
獨往入宵冥・1-274
獨往造窮髮・5-347
獨往蒼山裏・5-190
獨用天地心・4-398
獨有霍嫖姚・2-38
獨有揚執戟・1-147
獨幽怨而沉迷・6-465
獨遊滄江上・6-59
獨有崔亭伯・4-178
獨自多悲悽・2-416
獨自下寒煙・6-317
獨酌勸孤影・6-293
獨酌陶永夕・6-277
獨酌聊自勉・3-48
獨酌流霞杯・2-280
獨酌無相親・6-267

獨酌板橋浦・6-200
獨照長門宮裏人・7-154
獨坐傷激揚・3-211
獨坐怨秋風・7-149
獨坐長門愁日暮・1-391
獨坐清天下・3-287
讀之了不閑・5-328
獨此林下意・4-52
毒草殺漢馬・4-43
獨出映吳臺・3-211
讀罷向空笑・5-291
獨抱綠綺琴・5-337
獨鶴思凌厲・5-271
獨許濬公殊・4-11
獨好亦何益・2-148
頓覺世情薄・7-70
頓覺夜寒無・5-393
頓驚謝康樂・2-428
突如流星過・2-155
突營射殺呼延將・7-99
突兀誰開張・3-449
突兀如鯨額・4-189
突兀陳焦墓・4-192
東家西舍同時發・2-416
同居長干里・1-424
東溪卜築歲將淹・7-82

東皐多種黍・3-259
銅官幾萬人・3-296
同觀洗耳人・7-415
東求蓬萊復西歸・2-263
動君心・1-447
桐宮放太甲・6-224
同歸無早晚・4-463
同衾臥盤石・4-389
同衾臥羲皇・4-82
東南焉可窮・3-450
東南指越鄕・4-285
東道煙霞主・7-233
東來進仙倡・1-297
東連五百灘・3-42
董龍更是何雞狗・5-294
東樓喜奉連枝會・4-221
東流不作西歸水・1-391, 1-398
東流送白日・4-229
東流若未盡・4-291
東流自潺湲・6-70
東林送客處・4-296
東望黃鶴山・6-61
動嗚皐之新作・2-289
東溟植扶桑・1-296
東門有二疏・6-382
洞門閉石扇・5-324

東方日出啼早鴉・2-271
東方漸高奈樂何・1-219
東壁挂胡牀・4-208
東浮汴河水・4-345
同悲萬古塵・6-393
東山高臥時起來・2-284
東山白首還歸去・4-100
東山小妓歌・7-232
東山春酒綠・4-258
東上蓬萊路・1-69
東逝與滄波・6-198
董雙成・7-369
東岳豈頹・6-457
童顔皎如練・3-345
東崖合沓蔽輕霧・2-368
冬夜夜寒覺夜長・1-283
東陽素足女・7-224
動搖山水影・7-307
東越海門深・4-441
同日死田橫・3-445
同日陷長平・3-399
童子獻霜梨・5-388
東作誰相攜・4-1
洞庭羅三軍・6-66
洞庭木落騷人哀・4-405
洞庭白波木葉稀・1-406

洞庭西望楚江分・5-421
洞庭瀟湘意渺綿・2-368
銅井炎爐歊九天・5-277
彤庭左右呼萬歲・3-361
洞庭破秋月・5-110
洞庭鄕路遠・5-44
洞庭湖西秋月輝・5-427
同州隔秋浦・3-396
東注似長川・5-106
同舟入秦淮・4-362
東之觀土風・4-205
東枝顑頷西枝榮・1-267
東窓綠玉樹・4-347
同泉豈殊波・7-123
洞天石扇・4-223
東泉澄徹底・7-439
彤襜雙白鹿・4-178
童稚開荊扉・5-351
東平劉公幹・3-296
東平與南平・3-367
東風動百物・2-211
東風扇淑氣・6-297
東風灑雨露・5-128
東風隨春歸・6-358
同風遙執袂・5-270
東風已綠瀛洲草・2-251

東風引碧草・4-145
東風日本至・7-110
東風春草綠・5-118
東風吹客夢・4-169
東風吹夢到長安・3-353
東風吹山花・5-390
東風吹愁來・6-293
東風兮東風・1-387
東下齊城七十二・1-206
東海汎碧水・1-118
東海有碧水・6-416
東海有勇婦・2-13
東海何由塡・4-163
東海橫秦望・4-370
東行路超忽・4-380
同歡萬斛酒・5-143
東還沙塞遠・6-188
杜鵑夜鳴悲・4-145
杜鵑花開春已闌・4-176
竇公敞華筵・4-398
頭戴蓮花巾・5-80
頭戴笠子日卓午・7-284
杜陵賢人淸且廉・7-82
頭上白接䍦・2-57
頭上玉燕釵・1-398
斗水澆長鯨・4-35

寶深莫能準・4-121
蠹魚壞其題・6-408
蠹政除害馬・3-211
斗酒強然諾・1-180
斗酒開離顏・4-435
斗酒滿四筵・5-142
斗酒勿爲薄・4-340
斗酒十千恣歡謔・1-225
斗酒雙魚表情素・5-219
斗酒渭城邊・5-78
斗酒烹黃雞・4-88
頭陀雲月多僧氣・3-353
頭陀懸萬仞・7-430
屯雲車載玉女・1-236
得憩雲窗眠・4-52
得道無古今・6-475
得道伊洛濱・6-432
得隴又望蜀・1-79
得免長相思・2-416
得水成蛟龍・6-385
得心自虛妙・5-208
得魚笑寄情相親・2-218
得與銀臺通・6-365
得罪豈怨天・3-374
登高丘望遠海・1-340
登高覽萬古・5-62

登高望蓬瀛・5-324
登高望浮雲・3-187
登高望四海・1-126
登高望山海・4-178
登高望遠海・4-183
登高望戎虜・1-49
登高無秋雲・6-66
登高素秋月・4-195
登高遠望形神開・4-405
登高壯觀天地間・4-138
騰崑崙・1-240
磴道盤且峻・2-110
藤蘿同所攀・3-108
登鸞車・1-233
登覽窮楚越・6-45
登嶺宴碧霄・5-227
登艫望遠水・5-270
登艫美清夜・4-107
登龍有直道・3-419
登樓送遠目・4-68
登樓坐水閣・3-309
登臨徧池臺・4-437
登攀覽四荒・6-31
鄧生欻來臻・3-381
騰身轉覺三天近・4-333
登嶽一長謠・4-367

登岳眺百川・4-230
登崖獨立望九州・5-277
藤影搖風拂檻垂・7-421
騰轉風火來・6-253
登眺不可盡・6-257
登朝若有言・3-300
登眺餐惠風・6-76
登舟望秋月・6-229
登眞朝玉皇・3-407
燈靑月復寒・5-61
燈燭熒熒照孤寢・2-201
等閑經夏復經寒・7-311
登華不注峰・1-69

【라】

蘿徑迷歸人・4-389
羅綺自相親・2-72
裸袒靑林中・6-311
羅絡四季間・3-220
羅列應星文・5-356
羅幕昏金翠・7-372
羅襪凌波生網塵・7-194
蘿冥冥兮霞紛紛・2-290
羅浮麻姑臺・6-301
羅浮直與南溟連・2-368

羅生玉堂陰・6-293
羅袖灑赤血・2-89
羅袖幸時拂・1-398
懶搖白羽扇・6-311
蘿月挂朝鏡・3-149
蘿月掩空幕・6-450
蘿月下水壁・4-178
羅幬到曉恨・2-225
羅帷舒卷・1-334
羅帷繡被臥春風・7-155
羅衣輕春風・7-126
羅衣能再拂・7-5
羅衣舞女嬌・4-148
羅衣舞春風・3-309
羅衣曳紫煙・7-213
羅衣霑秋霜・6-375
邏人橫鳥道・2-360
樂酣相顧起・4-435
鸞車速風電・3-221
蘭枯還見春・7-261
樂過千春・2-46
樂極忽成醉・5-227
落落綺皓・1-354
落落不可讀・7-336
落帽醉山月・5-450
落帆金華岸・4-346

洛陽三月飛胡沙・2-271
洛陽城中人怨嗟・2-271
洛陽蘇季子・4-254
洛陽爲易水・6-129
洛陽因劇孟・3-140
洛陽才子謫湘川・5-424
落葉別樹・1-334
落葉秋風早・1-424
落葉聚還散・7-117
落葉飄揚何處歸・2-259
落影轉疏雨・4-143
落羽辭金殿・7-14
落月低軒窺燭盡・7-155
絡緯鳴中閨・3-26
絡緯秋啼金井闌・1-264
樂遊原上清秋節・2-123
落日孤雲還・6-299
落日故人情・5-76
落日空嘆息・5-195
落日歸心絶・6-188
落日明珠袍・2-23
落日與之傾・5-380
落日欲沒峴山西・2-235
落日舟去遙・6-249
落日懸春愁・3-175
落日好鳥歸・7-7

落日昏陰虹・5-174
樂哉絃管客・7-292
落魄乃如此・4-254
落魄無安居・3-361
洛浦有宓妃・6-405
落筆生綺繡・3-211
落筆灑篆文・4-34
落筆超群英・6-213
落筆迴風霜・3-296
落花踏盡遊何處・2-162
落花紛紛稍覺多・1-278
落花飛雪何茫茫・2-445
落花辭條羞故林・1-391
落花辭枝羞故林・1-398
落花散且飛・6-297
落花如風吹・2-151
落花盈我衣・6-329
落花一片天上來・7-228
落花寂寂委青苔・1-387
落花春暮爭紛紛・4-101
攔街爭唱白銅鞮・2-235
蘭交空懷思・4-171
蘭筋權奇走滅沒・1-240
鸞裛鳳褥・7-365
鸞乃鳳之族・5-160
蘭陵美酒鬱金香・6-119

亂流新安口 · 4-346
亂流若電轉 · 6-137
鸞鳳翻羞翼 · 5-285
鸞鳳忽覆巢 · 6-224
蘭麝凝珍墨 · 5-185
蘭生谷底人不鋤 · 3-361
蘭生不當戶 · 3-455
亂石流洑間 · 6-245
亂愁心涕如雪 · 7-146
亂我心者 · 5-139
鸞與鸞同枝 · 3-445
蘭幽香風遠 · 3-445
蘭亭雄筆安足誇 · 4-406
嬾從唐生決 · 6-444
亂把白雲揉碎 · 7-367
鸞鶴心悠然 · 4-52
鸞翮我先鍛 · 5-234
蘭蕙不忍生 · 6-213
蘭蕙相隨喧妓女 · 2-206
攬鏡如秋霜 · 4-229
覽古情淒涼 · 4-230
嵐光深院裏 · 7-356
覽君荊山作 · 3-309
覽雲測變化 · 5-344
藍岑聳天壁 · 4-189
藍田太白若可期 · 4-406

攬之不盈掬 · 6-444
攬涕黃金臺 · 3-307
攬彼造化力 · 3-240
琅玕不能飯 · 6-400
朗鑒窮清深 · 4-393
郎官愛此水 · 5-410
郎今欲渡緣何事 · 2-314
郎騎竹馬來 · 1-424
浪動灌嬰井 · 4-143
狼戾好凶殘 · 2-1
浪撫一張琴 · 6-326
朗如行玉山 · 3-88
朗然清秋月 · 3-211
朗然合太清 · 1-380
朗咏紫霞篇 · 5-285
朗咏清川飛夜霜 · 2-304
朗悟前後際 · 6-253
郎將一家拖金紫 · 5-114
浪跡寄滄洲 · 5-169
浪跡未出世 · 4-298
郎聽採菱女 · 2-362
浪打天門石壁開 · 2-312
郎行幾歲歸 · 7-236
來求丹砂要 · 4-28
來無年 · 7-191
來訪眞人居 · 7-332

| | |
|---|---|
| 來帆出江中 · 6-70 | 良寶絕見棄 · 6-416, 1-118 |
| 來報雪花墜 · 7-367 | 兩不見但相思 · 7-138 |
| 來時白下亭 · 4-35 | 兩鬢各成絲 · 4-9, 5-84 |
| 來遊燕趙間 · 6-24 | 兩鬢入秋浦 · 2-349 |
| 來日一身 · 2-46 | 梁山感杞妻 · 2-13 |
| 來作南昌尉 · 3-34 | 兩山足猿猱 · 6-157 |
| 來從楚國遊 · 4-319 | 兩小無嫌猜 · 1-424 |
| 來遲查若仙 · 5-100 | 良宵宜清談 · 6-295 |
| 來嗟龔勝亡 · 7-241 | 兩水夾明鏡 · 6-86 |
| 來醉扶風豪士家 · 2-271 | 良辰竟何許 · 1-105 |
| 來投漂母作主人 · 2-217 | 良辰不同賞 · 5-207 |
| 兩京遂丘墟 · 3-308 | 良辰與美景 · 4-178 |
| 良工巧妙稱絕群 · 5-172 | 兩岸拍手笑 · 5-246 |
| 兩橋對雙閣 · 7-59 | 兩岸饒商賈 · 2-137 |
| 兩君解來一何好 · 5-277 | 兩岸猿聲啼不盡 · 6-149 |
| 兩女輟洗來趨風 · 1-206 | 兩岸旌旗繞碧山 · 2-382 |
| 良圖掃沙漠 · 3-419 | 兩岸青山相對出 · 6-88 |
| 良圖俄棄捐 · 4-56 | 兩崖夾雙石 · 5-335 |
| 良圖委蔓草 · 3-407 | 涼煙浮竹盡 · 7-263 |
| 兩廊振法鼓 · 6-41 | 梁王宮闕今安在 · 2-283 |
| 兩兩白玉童 · 1-28 | 梁王已去明月在 · 5-342 |
| 兩龍不並躍 · 6-95 | 梁王池上月 · 5-342 |
| 兩龍爭鬪時 · 5-94 | 梁苑傾鄒枚 · 3-265 |
| 良牧稱神明 · 3-308 | 梁苑空錦衾 · 7-204 |
| 兩邊白鷺鷥 · 5-149 | 梁有湯惠休 · 4-17 |
| 梁甫吟聲正悲 · 1-207 | 兩人對酌山花開 · 6-312 |

良人罷遠征・2-193
雨日忽再中・3-375
雨岑抱束壑・4-52
雨足白如霜・7-227
雨地方虛擲・4-178
梁陳白骨亂如麻・2-328
兩草猶一心・1-391
涼秋八九月・5-201
涼風度秋海・6-430
涼風日瀟灑・5-441
涼風何蕭蕭・4-171
兩鄉心已斷・5-100
兩虎不可鬪・7-265
梁鴻德耀會稽日・2-450
梁鴻入會稽・3-154
涼花拂戶牖・4-310
良會何由同・5-31
驪歌愁絕不忍聽・4-444
廬江小吏仲卿妻・6-209
旅憩高堂眠・6-279
藜藿不滿眼・3-52
驪龍吐明月・4-17
麗莫似漢宮妃・7-327
廬山東南五老峰・6-57
驪山茂陵盡灰滅・1-340
廬山秀出南斗旁・4-138

旅情初結緝・4-56
麗華秀玉色・2-243
歷亂無冬春・4-389
歷覽幽意多・6-144
歷歷王霸道・5-201
歷歷行舟泛巴水・7-25
力排南山三壯士・1-207
歷聘莫見收・3-187
力士鐺・2-236
曆數方未遷・6-481
歷西極・1-240
歷世遞相傳・5-34
歷陽何異山陰時・3-415
歷抵海岱豪・3-21
櫪中駿馬空・3-195
歷職吾所聞・3-212
力盡功不贍・1-153
歷天又入海・1-312
連歌倒芳樽・4-403
連江夜爲潮・5-57
連雞不得進・3-310
戀高堂而掩泣・6-465
憐君不遣到長沙・3-405
憐君冰玉清迥之明心・7-146
戀君軒・1-241
連旗登戰場・2-105

連弩射海魚・1-13
煉丹費火石・4-266
鍊丹砂・1-233
鍊丹紫翠房・4-229
煉丹曾此占雲峰・7-428
鍊魄棲雲幄・3-149
連帆過揚州・3-309
連兵決雌雄・6-95
連兵似雪山・4-27
連峰去天不盈尺・1-198
連峰勢相向・6-245
連峰鬱嵯峨・5-154
連峰入戶牖・3-44
連峰橫斗牛・6-285
連山去無際・6-430
連山起煙霧・4-412
連山似驚波・5-444
鍊石補天維・4-298
連城白璧遭讒毀・1-361
連聲向我啼・6-131
連延五陵豪・3-204
連雲開甲宅・1-83
連鼇意何深・3-122
戀子四五人・4-229
連照甘泉雲・2-44
蓮舟颺晚風・5-407

戀此四座人・4-398
連行接翼往復還・1-452
連呼五白行六博・2-283
鍊火燒金丹・4-23
列缺霹靂・4-223
列戟十八年・4-273
列戟朱門曉・4-183
列戟何森森・3-309
烈士擊玉壺・2-255
裂素寫道經・5-333
裂素寫遠意・4-127
裂素持作書・6-408
列宿粲成行・3-284
列岸叢金羈・5-149
列筵坐群公・6-365
列子居鄭圃・3-158
列障圖雲山・7-35
列將咸出祖・5-142
列鼎錯珍羞・1-61
列卒赤山下・2-105
烈火焚宗廟・4-27
烈火張天照雲海・2-414
廉公終負荊・7-265
簾捲亂峰青・7-356
廉夫惟重義・3-457
獵客張兔罝・4-389

獵微窮至精・6-450
獵精草太玄・4-266
靈溪恣沿越・4-345
靈光何足貴・6-41
領得烏紗帽・5-183
零落殘雲片・7-298
零落在瞬息・7-40
零落早相失・1-151
零落互相失・6-410
領略入精要・6-253
玲瓏望秋月・2-53
靈異可並跡・5-433
靈廟肅神心・6-29
靈文爛煌煌・7-382
靈山開九華・7-78
靈書藏洞天・5-34
靈仙每登攀・7-119
靈仙如彷彿・5-444
嶺樹攢飛栱・4-150
靈神閉氣昔登攀・6-111
靈心圓映三江月・5-172
令余發烏吟・5-39
令予解愁顏・3-450
泠然紫霞賞・6-5
令人卻愁苦・2-416
令人思鏡湖・6-11

令人欲泛海・5-340
令人意已摧・7-130
令人長憶謝玄暉・2-317
令人慚漂母・6-155
令人行嘆復坐思・7-138
令人忽自哂・5-118
令姊忝齊眉・4-298
靈跡成蔓草・1-137
令傳尺素報情人・3-351
令弟經濟士・3-407
令弟字延陵・4-274
令弟佐宣城・7-280
嶺峭紛上干・4-192
令行草木春・3-381
禮樂秀群英・4-287
勞歌寄此辭・3-303
魯客抱白鶴・5-68
魯客向西笑・5-31
老去徒傷悲・2-140
爐光破崖綠・7-336
魯國一杯水・4-430
魯國寒事早・7-5
盧橘爲秦樹・2-68
路歧有南北・1-180
魯女驚莎雞・5-221
魯女東窗下・7-7

魯女惜園葵・4-43
爐頭醉不眠・5-78
老藤纏樹似騰蛇・7-423
努力保霜雪・1-69
路歷波濤去・7-313
魯連及夷齊・6-416
魯連及柱史・1-118
魯連逃千金・3-187
魯連賣談笑・4-242
魯連善談笑・4-34
魯連特高妙・1-37
勞勞送客亭・7-65
盧龍霜氣冷・4-199
老母與子別・2-166
路旁已竊笑・3-227
路逢園綺笑向人・5-277
路逢鬪雞者・1-83
老夫當暮矣・5-169
勞師事鼙鼓・1-49
老死阡陌間・3-72
勞山滄紫霞・4-95
勞生徒聚萬金產・6-112
魯叟談五經・7-87
魯叟悲匏瓜・3-21
露濕草綿綿・7-296
老僧三五衆・7-439

露暗烟濃草色新・7-401
魯陽何德・1-312
露如今日淚・7-300
盧敖結幽期・5-149
露浴梧楸白・6-31
路遠西歸安可得・2-283
路遠人罕窺・6-239
魯人重織作・5-174
路人行且迷・3-64
鸕鷀杓・2-235
虜箭如沙射金甲・1-317
虜箭雨宮闕・3-270
露頂灑松風・6-311
魯酒白玉壺・4-215
魯酒不可醉・4-80
魯酒若琥珀・5-219
魯中正是趨庭處・5-52
路盡無人躋・5-361
虜陣橫北荒・2-105
路創李北海・4-346
魯賤東家丘・4-414
露出草間白・4-56
路遏迫西照・6-362
老胡感至德・1-297
魯縞如白煙・4-430
魯縞如玉霜・7-142

蘆花似朝霜・7-63
露華生翠苔・5-363
爐火照天地・2-363
騄驥本天馬・3-191
綠蘿鳴愁猿・6-202
綠蘿紛葳蕤・1-141
綠蘿飛花覆煙草・2-300
綠蘿笑簪紱・4-82
綠蘿樹下春風來・2-280
綠蘿長不厭・5-118
綠蘿秋月夜・5-39
綠髮雙雲鬟・5-330
綠鬢成霜蓬・2-30
綠鬢隨波散・7-391
淥水帶吳京・2-86
淥水明秋日・2-175
綠樹聞歌鳥・2-72
淥水不沾衣・6-405
綠水藏春日・5-403
綠水寂以閒・3-211
淥水絕馳道・7-273
綠水接柴門・6-108
淥水淨素月・2-362
綠水清虛心・6-304
淥水蕩漾清猿啼・4-223
綠水解人意・4-110

綠水向雁門・6-301
菉葹盈高門・1-160
綠眼虎皮冠・2-1
綠楊結烟桑裊風・1-345
綠楊不自持・6-428
綠楊三月時・4-9, 5-84
綠楊誰更攀・7-162
綠楊已可折・4-145
綠煙滅盡清輝發・5-383
綠豔恐休歇・1-124
綠葉垂芳根・7-42
綠雲紫氣向函關・2-27
綠耳空騰驤・3-307
綠字錦苔生・2-356
綠條映素手・2-130
鹿走姑蘇臺・6-321
綠珠潭水流東海・4-405
綠珠樓下花滿園・4-405
綠珠成釁讎・1-61
淥酒哂丹液・1-98
漉酒用葛巾・3-237
綠珠紅粉沉光彩・4-405
綠竹繞飛閣・5-441
綠竹入幽徑・5-351
綠竹助秋聲・7-80
綠竹乏佳實・4-414

綠竹忽再榮・4-34
綠地障泥錦・2-164
綠憤誰家子・1-31
綠翠如芙蓉・1-69
綠楓鳴愁猿・6-205
論交但若此・3-465
弄景憩霞閣・7-69
弄景奔日馭・6-453
弄景偶騎羊・4-230
籠寄野人還・4-21
隴畝躬自耕・3-75
弄水窮清幽・5-344
弄水尋廻溪・5-361
弄電不輟手・2-424
弄珠見遊女・6-186
弄波夕月圓・5-190
隴寒惟有月・6-183
雷鼓嘈嘈喧武昌・2-377
雷公砰訇震天鼓・1-206
賴得契宰衡・4-44
雷騰不可衝・1-56
磊磊石子崗・7-265
雷奔駭心顏・4-345
雷憑憑兮欲吼怒・1-187
雷聲動四境・3-115
賴遇南平豁方寸・3-353

賴爾高文一起予・5-178
雷作百山動・6-41
雷破關之東・3-374
了可見清輝・6-405
了見水中月・5-455
遼東慚白豕・3-26
寥落暝霞色・6-337
寥落天地秋・3-309
寥落壺中天・3-111
寥寥金天廓・7-208
了了語聲聞・2-367
了了玉臺前・7-189
了了知之亦何益・7-257
了心何言說・4-14
了與世事絕・6-45
了然不覺清心魂・2-277
了然絕世事・6-283
了然楚漢分・6-66
繚繞幾百尺・2-20
繚繞松柏枝・1-141
聊欲示情親・6-380
聊以散我情・5-380
了知是赤松・1-69
聊借金沙水・7-430
遼海歸幾度・6-247
聊向醉中仙・3-419

寥廓雲海晚・6-41
龍駕空茫然・5-190
龍開水中霧・4-192
龍去魚不測・6-224
龍鷖不敢水中臥・6-161
龍怪潛溟波・4-155
龍駒雕鐙白玉鞍・3-361
龍騎無鞭策・3-221
龍潭中噴射・7-29
龍潭下奔潾・4-345
龍堂若可憩・5-433
龍鸞炳天章・4-237
龍馬花雪毛・2-23
龍門蹙波虎眼轉・4-176
龍蟠事躬耕・3-127
龍盤虎踞帝王州・2-379
龍鳳脫罔罟・1-144
龍飛入咸陽・1-297
龍性君莫馴・5-234
龍顔不迴眷・4-163
龍顔一解四海春・3-361
龍顔惠殊寵・3-390
龍吟曾未聽・6-241
龍子喜變化・7-382
龍藏溪而吐雲・2-290
龍笛吟寒水・6-211

龍參若護禪・4-150
龍泉解錦帶・4-252
龍虎方戰爭・6-179
龍虎秘光彩・2-442
龍虎謝鞭策・4-398
龍虎相啖食・1-3
龍虎勢休歇・6-45
龍虎鬪朝昏・6-34
樓高碧海出・3-419
屢空飢顔回・6-274
樓觀岳陽盡・6-74
壘麴便築糟丘臺・2-235
樓臺成海氣・6-260
樓臺與天通・1-437
樓臺照海色・4-229
屢讀青苔篇・3-149
樓東一株桃・4-127
漏流昔吞翕・4-192
淚淋浪以霑襟・1-367
淚滿逐臣纓・7-96
淚滿逐臣衣・4-44
淚滿黑貂裘・2-352
屢夢松上月・4-335
樓上春風日將歇・2-201
樓棲滄島月・6-13
樓船跨海次揚都・2-383

| | |
|---|---|
| 樓船幾時回・1-13 | 淚向南雲滿・2-62, 7-132 |
| 樓船習征戰・4-163 | 淚血地而成泥・6-465 |
| 樓船侍龍池・4-273 | 鏤形賜耆人・1-307 |
| 樓船若鯨飛・2-166 | 劉葛魚水本無二・1-414 |
| 樓船一擧風波靜・2-373 | 劉琨與祖逖・6-453 |
| 樓船入郢都・3-287 | 流光欺人忽蹉跎・1-278 |
| 樓船入天鏡・5-373 | 流光滅遠山・6-20 |
| 樓船壯橫汾・6-66 | 流光畏蹉跎・5-154 |
| 樓船壓沓波浪驚・1-273 | 流光入窗戶・6-348 |
| 累歲人不足・4-43 | 謬登聖主筵・5-46 |
| 樓勢出江烟・4-150 | 流落此時同・4-310 |
| 淚是報恩珠・7-406 | 流落他人開・6-408 |
| 樓識鳳凰名・6-41 | 流浪憶江鄕・4-229 |
| 淚如雙泉水・1-398 | 流浪將何之・5-136 |
| 淚亦不能爲之墮・2-236 | 留連道傍翫・6-481 |
| 樓疑出蓬海・7-49 | 留連百壺飮・6-295 |
| 屢貽禍促誚・6-440 | 留連夜將久・6-301 |
| 樓中見我金陵子・7-230 | 流淚空盈巾・5-259 |
| 淚盡日南珠・3-40 | 流淚空自知・1-441, 2-40 |
| 淚盡恨轉深・7-142 | 流淚空沾裳・1-121 |
| 屢忝白雲唱・5-207 | 流淚謝鴛鴻・3-18 |
| 淚添山下樽・4-120 | 流淚請曹公・7-217 |
| 淚下不能緘・7-208 | 流離湘水濱・2-5 |
| 淚下不爲雍門琴・2-217 | 琉璃硯水長枯槁・4-158 |
| 淚下如流泉・4-127 | 騮馬新跨白玉鞍・7-98 |
| 淚下漢江流・5-126 | 流沫沸穹石・6-52 |

流目浦煙夕・6-139
謬攀靑瑣賢・4-317
流芳發色繡戶中・1-345
流芳播滄瀛・2-13
謬奉玉樽傾・4-34
流沙丹竈滅・6-29
流沙爲之丹・2-1
謬上懿公軒・3-433
柳色未饒秦地綠・2-396
柳色黃金嫩・2-66
留舌示山妻・3-26
流星白羽腰間插・1-317
流俗多錯誤・1-158
流水去絶國・7-162
流水鳴活活・4-171
流水無情去・5-59
流水非鄭曲・4-393
流水若有情・7-181
流水引長吟・4-441
流水折江心・5-92
流水何時歸・6-430
柳深陶令宅・4-304
留我孔子琴・6-342
流鶯復在茲・6-291
流鶯啼碧樹・6-321
柳與梅爭春・5-342

留餘香兮染繡被・7-177
留與紅芳待・7-128
流影照明妃・1-371
謬以詞賦重・4-205
流人卻到吳・3-40
謬接瑤華枝・3-455
謬題金閨籍・6-365
留之滄海隅・3-391
留著醉姮娥・2-70
流泉咽不掃・2-225
謬忝燕臺召・5-250
劉聰劫天子・3-390
留醉與陶公・5-407
留醉楚王宮・5-405
流波向海去・7-134
流恨寄伊水・4-72
留恨向東風・7-32
劉項存亡在兩臣・2-217
流血塗野草・1-66
流血擁僵屍・4-43
流螢飛百草・6-390
留鎬京・1-274
留歡更邀誰・5-378
留歡達永夜・6-257
留歡不知疲・5-320
留歡若可盡・5-455

留侯降氛氳・5-94
留侯將綺里・3-58
謬揮紫泥詔・5-270
陸憩五岳・2-46
六國揚清風・3-432
六宮羅綺三千・7-361
陸機雄才豈自保・1-259
六代更霸王・4-287
六代帝王國・3-193
六代帝王都・4-363
六代興亡國・6-198
六龍過萬壑・5-324
六龍西幸萬人歡・2-398
六龍所舍安在哉・1-312
六龍轉天車・3-21
六龍遷白日・3-381
六龍頹西荒・6-385
六駁食猛武・5-20
六博爭雄好彩來・5-1
陸氏世英髦・3-204
六鼇骨已霜・1-340
六月南風吹白沙・5-52
六印雖未佩・4-254
六刺走波瀾・6-159
六帝淪亡後・6-83
六帝沒幽草・5-390

六帝餘古丘・6-220
六合灑霖雨・3-390
六翮掩不揮・1-176
淪落歸沙塵・3-457
淪老臥江海・5-380
梁水通吳關・7-241
慄深林兮驚層巔・4-223
溧陽酒樓三月春・2-218
凜冽天地間・3-246
凜然負英姿・5-142
凜然寒風生・5-195
菱歌清唱不勝春・6-176
凌兢石橋去・3-240
凌轢白猿公・1-419
陵巒抱江城・3-449
凌山採芳蓀・3-167
凌霜觸雪毛體枯・1-452
凌霄增壁崖・7-426
凌晨向燕京・7-266
凌波生素塵・5-80
凌波欲過滄江去・2-328
凌風何翩翩・3-420
離家未幾月・3-26
離居經三春・7-128
離居盈寒暑・4-82
離居在咸陽・5-204

狸膏金距學鬪雞・5-294
離君緬山川・2-225
離群心斷絶・7-181
離妻至明・3-97
李陵沒胡沙・2-144
李陵降未歸・6-125
羸馬夾雙轅・3-433
李牧今不在・1-49
李白乘舟將欲行・4-50
李白與爾同死生・2-236
離別悽以傷・4-317
李北海・5-294
李斯未相秦・3-233
李斯上蔡門・4-237
李斯鷹犬人・6-279
李斯稅駕苦不早・1-259
離疏獸路成・7-302
離心無遠近・5-34
離顏怨芳草・4-340
離憂每醉心・4-133
離恨滿滄波・6-301
履胡之腸涉胡血・1-317
離魂不散煙郊樹・6-111
梨花白雪香・2-66
梨花千樹雪・5-78
李侯忽來儀・5-201

麟閣多才賢・5-207
麟閣憑天居・3-390
麟閣崢嶸誰可見・3-361
麟閣著奇勛・5-20
麟閣佇深功・5-15
鄰女夜春寒・6-155
麟何來哉・6-457
林光澹碧滋・6-79
臨岐竟何云・5-95
臨歧空斷腸・4-340
臨歧空復愁・3-196
臨歧淚滂沱・4-237
林氣夕淒緊・4-121
臨歧惆悵若爲分・5-114
臨岐胡咄嗟・1-95
臨當上馬時・4-463
臨當欲去時・3-306
臨爐雙玉童・3-375
臨流不肯渡・2-157
淋漓颯沓・1-297
臨別意難盡・3-127
臨分贈馬鞭・5-78
臨觴不能飮・3-18
臨驛卷緹幕・6-137
林烟橫積素・4-192
臨屋舊猿鳴・7-302

臨玩忽云夕 · 4-145
臨財不苟取 · 3-465
臨洮破郅支 · 7-325
林宗重黃生 · 4-362
臨川空屏營 · 4-35
臨醉謝葛彊 · 4-266
林吐破顏花 · 5-403
臨風一詠詩 · 7-292
臨風懷謝公 · 6-86
林下紛相送 · 7-435
林壑久已蕪 · 4-335
林壑憶遊眺 · 6-440
臨行將贈繞朝鞭 · 4-451
臨行情更親 · 5-130
臨行贈貧交 · 4-430
臨濠得天和 · 3-168
林回棄白璧 · 3-277
立孤就白刃 · 7-265
立談乃知我 · 5-195
立德貴淸眞 · 7-261
立廛如廣費 · 3-460
立俗無嫌猜 · 5-455
立身本高潔 · 6-438
立言補過 · 3-96
笠釣青茫茫 · 7-382

【마】

麻姑搔背指爪輕 · 2-263
麻姑垂兩鬢 · 2-114
馬上相逢揖馬鞭 · 3-251
馬色雖不同 · 2-148
馬首迷荒陂 · 5-311
馬嘶俱醉起 · 4-403
磨牙吮血 · 1-199
磨牙皓秋霜 · 2-110
馬如一匹練 · 3-276
馬跡繞碧峰 · 5-324
馬足蹶側石 · 2-110
磨盡石嶺墨 · 7-351
馬行邊草綠 · 5-18
莫嫁如兄夫 · 2-226
莫看墮淚碑 · 2-61
莫見蘇秦不下機 · 7-198
莫怪無心戀淸境 · 7-421
莫敎明月去 · 2-70
莫窮此水端 · 4-346
莫捲龍鬚席 · 1-391, 1-398
莫道詞人無膽氣 · 4-451
莫道此行難 · 3-42
莫謾白首爲儒生 · 2-339
莫忘昔纏綿 · 7-101

莫辨陳鄭火・6-8
莫使金樽空對月・1-225
莫使外人逢・7-174
莫辭此曲傷・6-375
莫使香風飄・7-128
莫惜連船沽美酒・4-158
莫惜一雁書・4-376
莫惜醉臥桃園東・5-342
邈仙山之峻極兮・2-289
莫小二千石・5-44
邈若羅浮巔・4-52
邈與詩人俱・5-373
邈與蒼嶺對・4-346
邈然不可攀・1-42, 2-243, 3-246
莫厭此行難・4-448
邈爾與世絶・1-22
莫作朝雲暮雨兮飛陽臺・7-146
莫作千年別・5-86
莫絶瑤華音・7-165
莫持西江水・3-460
莫測精靈狀・6-245
莫學東山臥・5-124
莫學夷齊事高潔・2-283
莫學吹笙王子晉・2-27
萬舸此中來・3-309
萬劫太極長・2-114

萬古可爲則・6-224
萬古共驚嗟・2-89
萬古共悲辛・1-375
萬古共嗟稱・3-137
萬古騎辰星・5-221
萬古流不絶・7-59
萬古仰遺跡・6-179
萬古潺湲一水斜・7-399
萬古知其心・3-465
萬國同風共一時・2-399
萬國烟花隨玉輦・2-406
彎弓綠弦開・3-418
彎弓辭漢月・2-38
彎弓射賢王・2-105
彎弓若轉月・2-1
滿堂空翠如可掃・2-368
滿堂送客皆惜別・4-421
滿堂有美顔如玉・2-259
晚塗各分析・4-82
晚途未云已・3-390
晚途值子玉・3-75
晚登高樓望・4-125
晚來移彩仗・2-76
萬籟各自鳴・3-240
萬里交河水北流・2-201
萬里起秋色・5-195

萬里南遷夜郎國・3-342
萬里同翶翔・3-246
萬里浮雲卷碧山・5-294
萬里思寥廓・7-412
萬里寫入胸懷間・3-88
萬里舒霜合・7-294
萬里送行舟・4-319
萬里遙相過・5-154
萬里遙相燭・4-362
萬里一長歌・3-168
萬里長征戰・1-222
萬里足躑躅・1-241
萬里盡黃雲・5-23
萬里清風來・5-324
萬里逐王師・5-142
萬里歡情分・4-133
萬里橫戈探虎穴・4-451
萬萬女貞林・2-358
漫漫雨花落・6-41
滿目悲古昔・4-178
萬物無凋枯・3-390
萬物生秋容・4-68
萬物盡凋落・1-144
萬物何囂喧・5-231
萬物興歇皆自然・1-312
萬夫莫開・1-198

萬憤結緝・6-457
萬事皆波瀾・1-126
萬事固難審・6-272
萬事固如此・1-180
萬事難並立・4-262
萬事良悠悠・1-34
萬死不顧生・2-13
萬事傷人情・7-265
萬商羅鄽闤・2-243
萬象分空界・6-31
萬象爲之摧・5-455
萬象昏陰霏・1-9
萬姓危朝霜・3-284
萬姓聚舞歌太平・1-273
慢世薄功業・3-460
萬乘高其風・3-134
萬乘尚爾・3-97
萬乘愼出入・2-134
萬乘出黃道・1-437
萬乘忽欲凌雲翔・1-398
萬室喧歌鐘・4-254
晚謁太山君・3-240
萬言不直一杯水・5-294
滿院羅叢萱・6-108
滿月不憚堅・3-418
萬人不可干・2-1

萬人鑿磐石・2-137
晚酌東窗下・6-291
滿載剡溪船・3-205
晚節覺此疏・4-266
萬點雪峰晴・7-302
萬井驚畫出・2-9
萬族皆凋枯・6-388
晚從南峰歸・4-178
萬重關塞斷・6-123
滿紙情何極・7-128
滿窗明月天風靜・7-432
蔓草離離生道旁・2-304
萬壑皆龍吟・7-106
萬壑度盡松風聲・4-98
萬壑樹縈迴・4-370
萬壑與千巖・4-345
萬壑絕凌歷・5-335
萬壑盡啼猿・5-395
晚獻長楊辭・1-31
彎弧懼天狼・3-307
萬戶擣衣聲・2-193
彎弧拂箭白猿啼・5-3
萬戶垂楊裏・1-384
萬戶千門惟月明・7-369
萬戶千門入畫圖・2-395
萬化相推遷・6-133

望客引東枝・4-161
亡國生春草・6-196
望君淮山北・4-82
望極九霄迥・4-72
望極落日盡・5-149
忘機從爾遊・1-135
茫茫江上天・6-133
茫茫九州亂・6-481
茫茫南與北・7-345
茫茫大夢中・6-253
茫茫綠雲垂・5-227
茫茫霧縈洲・6-448
望望不見君・4-412
茫茫與天平・6-139
茫茫走胡兵・1-66
茫昧竟誰測・6-402
茫昧信難測・6-179
望美金陵宰・4-110
望夫登高山・6-400
望不見兮心氤氳・2-290
望水晶簾外竹枝寒・7-374
亡新亂天經・4-34
茫如墜煙霧・7-87
茫然空爾思・4-215
茫然起逸興・5-311
茫然使心悲・4-347

茫然使心哀・1-13
茫然太古心・3-122
茫然風沙・1-192
忘憂當樹萱・4-430
忘憂或假草・6-108
望雲知蒼梧・6-144
望遠增離憂・4-107
忘筌已得魚・4-373
望重必台司・5-142
漭蕩見五湖・4-346
望海令人愁・6-362
買君雙白鷳・4-20
每年海樹霜・4-378
枚馬先歸不相待・2-283
埋沒顧榮扇・4-163
埋沒蒿里塋・1-267
賣畚向嵩岑・4-242
買死百里奚・1-361
梅生亦何事・3-34
梅生有仙骨・5-169
賣身買得千年名・2-332
賣眼擲春心・7-222
每憶邯鄲城・2-102
埋翳周與秦・2-5
昧者難精討・6-390
買自徐夫人・3-457

每將瓜田叟・3-158
埋藏此地數千秋・7-437
賣珠輕薄兒・1-31
梅梢輕倚・7-372
每出深宮裏・2-64
買醉入新豐・1-419
埋胡紫塞旁・1-317
梅花南嶺頭・4-133
梅花落敬亭・7-96
陌頭能駐馬・7-309
陌頭楊柳黃金色・4-167
麥隴青青三月時・1-293
陌上何喧喧・4-82
猛犬吠九關・3-167
猛氣英風振沙磧・1-230
猛氣折秦嬴・7-265
孟冬風沙緊・2-105
猛士騎鯨鱗・3-381
孟嘗習狡兔・4-414
猛虎落陷穽・2-148
猛虎伏尺草・4-439
猛虎不看机上肉・2-332
猛虎嘯洞壑・6-95
猛虎又掉尾・2-110
緬邈青雲姿・5-195
綿微無一隙・3-220

緬思洪崖術·6-308
緬書羈孤意·4-88
緬然含歸情·1-76
緬彼鶴上仙·5-335
緬懷右軍言·6-34
緬懷在赤城·4-258
緬懷滄洲間·6-299
減見息群動·6-450
滅虜不言功·3-391
滅影入雲煙·7-104
滅影清淮裏·4-60
滅跡棲絶巘·4-66
滅跡遺紛囂·7-70
滅跡含達觀·7-35
滅除昏疑盡·6-253
滅燭乃星飯·5-190
滅燭延清光·5-157
滅燭解羅衣·7-136
命駕歸去來·5-363
命駕來東土·4-362
命駕來相招·5-227
冥居順生理·6-45
鳴雞發晏垌·4-426
鳴皐微茫在何處·2-300
銘骨誓相學·3-149
銘骨傳其語·1-22

名工繹思揮綵筆·2-368
銘功會稽嶺·1-13
明君越義軒·5-390
鳴琴更不開·7-247
冥機發天光·3-240
冥機四十年·3-270
鳴機應秋節·5-221
明年若更征邊塞·2-201
明年應入蒲桃宮·5-13
明年祖龍死·1-102
明斷自天啓·1-13
鳴榔且長謠·5-57
名利徒煎熬·1-69
明明金鵲鏡·7-189
瞑目歸黃泥·1-293
冥目焉能攀·1-98
鳴舞飛帝鄉·1-297
鳴舞玉山岑·6-425
明發首東路·5-363
明發新林浦·4-113
明發釣滄浪·3-296
明發懷二子·4-63
鳴鳳棲青梧·2-130
鳴鳳始相得·7-204
鳴鳳托高梧·3-420
明妃西嫁無來日·1-371

名飛日月上・7-241
明妃一朝西入胡・1-358
鳴飛滄江流・1-135
名飛青雲上・3-390
名山發佳興・4-143
暝色入高樓・2-120
暝色湖上來・6-108
茗生此中石・5-255
冥棲巖石間・1-42
冥棲在巖穴・1-22
鳴蟬遊子意・4-274
明星如白石・6-372
明星玉女峰・5-250
明星玉女備灑掃・2-263
明晨去瀟湘・5-271
明晨挂帆席・6-301
明晨大樓去・6-163
明晨坐相失・5-337
鳴陽春・1-307
命與時俱背・3-441
名與此山俱・5-410
明如大上雪・5-221
明豔光雲海・5-26
冥翳不可識・6-179
明月看欲墮・6-375
明月見談笑・6-253

明月高高刻漏長・2-201
明月空相知・5-149
明月窺金罍・6-321
明月登高去・7-430
明月落誰家・6-346
明月兩特達・3-227
明月樓中音信疏・7-220
明月不歸沉碧海・7-239
明月直入・1-334
明月出高岑・5-201
明月出天山・1-331
明月出海底・1-37
明月還過鳷鵲樓・2-379
銘意俱未伸・4-262
明日恐不如・6-382
明日過吳門・3-276
明日斗酒別・4-421
明日別離去・5-154
明日報恩知是誰・2-272
明日猶可待・5-444
明日還復來・5-342
明者獨有月・6-45
茗酌待幽客・5-455
名將古誰是・2-1
明妝麗服奪春暉・1-450
命將征西極・2-50

名在列女籍・2-13
明宰試舟楫・5-340
冥寂閉玄關・5-363
酩酊高陽下・2-57
銘鼎儻云遂・5-207
酩酊安所知・5-444
明朝廣陵道・6-108
明朝挂帆席・6-229
明朝歸揖二千石・2-259
明朝離別出吳關・7-196
明朝分散敬亭秋・4-186
明朝拂衣去・3-265
明朝散髮弄扁舟・5-139
明朝驛使發・2-195
明朝有意抱琴來・6-312
明朝胡地妾・1-374
明珠難暗投・4-314
明主儻見收・3-21
明主訪賢逸・3-134
明主不安席・2-105
明主會見收・3-196
鳴驄忽西馳・5-142
名馳三江外・3-212
暝投永華寺・4-153
暝投天門關・5-337
暝投鰕湖宿・6-163

暝投淮陰宿・4-88
名播天壤間・2-243
鳴鞭從此去・7-156
鳴鞭走馬凌黃河・4-237
鳴鞭出渭橋・2-38
冥鶴清唳・2-290
溟海不震蕩・3-433
名賢共此時・6-79
明湖落天鏡・6-76
明湖思曉月・5-354
明湖映天光・6-70
明湖漲秋月・5-418
名花傾國兩相歡・2-84
暮見棲鳥還・6-90
毛公一挺劍・4-414
暮跨紫鱗去・7-382
毛君能穎脫・7-265
旄頭滅・1-317
旄頭四光芒・2-1
旄頭已落胡天空・5-13
嫫母衣錦・2-291
暮棲龍門中・4-72
暮棲白鷺洲・4-110
毛遂不墮井・3-401
暮宿玉女窗・4-345
暮雨來何遲・2-140

暮雨向三峽・6-3　　　　　穆陵關北愁愛子・6-465
慕蘭豈曩古・3-111　　　　木魅風號去・6-183
暮入閶闔關・5-195　　　　目明長庚臆雙梟・1-240
暮入淮陰市・2-217　　　　沐芳莫彈冠・2-170
暮作猛虎吟・2-217　　　　木不怨落於秋天・1-312
蟊賊陷忠讜・5-238　　　　目色送飛鴻・3-246
暮從碧山下・5-351　　　　目送去海雲・5-307
暮逐東流水・1-61　　　　 目送煙雲高・4-367
帽逐秋風吹・5-444　　　　目送瀛洲雲・3-34
暮還嵩岑之紫煙・2-268　　目送楚雲盡・4-125
目極令人愁・6-27　　　　 目隨征路斷・6-31
目極浮雲色・6-430　　　　牧羊邊地苦・6-188
目極心更遠・4-346　　　　牧羊之子來攀登・1-340
目極心悠悠・3-187　　　　目張氣益振・3-382
目極何悠悠・4-133　　　　目盡長空閑・5-330
穆逃楚難・6-457　　　　　目盡天南端・4-23
牧童扳角不回頭・7-437　　目瞻兩角・2-46
木落禽巢在・7-302　　　　目下離離長春草・2-328
木落潭水清・7-263　　　　目皓沙上月・4-72
木落雙江清・4-125　　　　沐猴而冠不足言・4-421
木落識歲秋・3-162　　　　夢見五柳枝・4-116
木落秋山空・4-72　　　　 夢得池塘生春草・3-361
木落秋草黃・1-49　　　　 夢得春草句・4-274
木落海水清・3-134　　　　夢裏驚嗟豈暫安・7-311
木落鴻飛早・6-471　　　　夢寐群芳歇・4-133
木蘭之枻沙棠舟・2-247　　濛濛若沙塵・1-296

夢想空殷勤·6-432
夢想懷東越·4-378
夢雖往而交疏·7-177
夢遶邊城月·6-121
夢長覺道遠·6-400
夢長銀漢落·6-430
夢鈞子陵湍·3-168
夢中往往遊仙山·6-111
夢魂不到關山難·1-264
夢魂雖飛來·4-82
妙年歷落青雲士·2-368
杳渺詎可攀·6-169
淼淼望湖水·6-131
杳杳山外日·6-133
淼淼暗無邊·1-429
渺渺天海途·7-289
杳無區中緣·4-52
杳如星河上·4-107
杳與眞心冥·7-35
杳然萬恨長·4-230
杳然如在丹青裏·2-368
渺然一水隔·5-238
妙有分二氣·7-78
妙義不可量·7-382
杳在洛陽西·5-161
杳在碧雲間·6-91

杳在青崖間·5-68
廟中往往來擊鼓·4-405
杳出霄漢上·6-41
撫劍夜吟嘯·3-390
撫劍增感慨·3-441
武關擁連營·4-321
務光亦逃名·1-380
武關橫西關·2-243
撫琴發長嗟·3-21
撫己空嘆息·6-308
無棄捐·7-258
撫己忽自笑·1-69
無奈宮中妒殺人·2-255
無乃羈豪英·3-58
舞羅衣·1-281
無令管與鮑·3-75
無令曠佳期·2-140
無令長相思·5-143
無令紅芳歇·4-376
無令後賢吁·5-373
無論漱瓊液·6-52
武陵桃花笑殺人·2-368
茂陵姝子皆見求·1-398
蕪沒四墳連·6-183
蕪沒河陽縣·4-199
撫背驚神聰·3-181

| | |
|---|---|
| 撫背復誰憐・4-127 | 蕪然蕙草暮・2-183 |
| 無事令人幽・7-307 | 無悅簧言・3-97 |
| 無辭凌晨發・4-380 | 無鹽翻在深宮裏・1-358 |
| 無司晨・1-308 | 舞影歌聲散淥池・2-283 |
| 無事坐悲苦・6-382 | 舞影迴淸池・5-378 |
| 巫山高不窮・6-144 | 武王昔不豫・6-421 |
| 巫山賦綵雲・6-438 | 無爲秋霜折・4-218 |
| 巫山雲雨飛・4-169 | 無爲歎衰老・3-67 |
| 巫山枕障畫高丘・7-45 | 無由共銜觴・3-204 |
| 巫山夾靑天・6-142 | 無有斷絶時・7-204 |
| 舞袖拂雲霄・3-411 | 無由達江滸・2-137 |
| 舞袖拂秋月・5-31 | 無由謁明主・4-1 |
| 舞袖拂花枝・5-358 | 無由一攀折・7-7 |
| 舞袖爲君開・6-265 | 無由接高論・3-34 |
| 無時獨不見・2-40 | 舞衣罷雕龍・2-30 |
| 無時不招尋・3-309 | 無以墨綬苦・4-28 |
| 無心可猜・1-334 | 無以下體妨・2-93 |
| 撫心茫茫淚如珠・1-385 | 無因見安道・6-348 |
| 無心濟天下・3-300 | 無人空閉關・5-104 |
| 無心之物尙如此・1-267 | 無人貴駿骨・3-307 |
| 無心向楚君・6-402 | 無因東南征・4-321 |
| 武安有震瓦・2-126 | 無因夜犬驚・7-317 |
| 舞愛月留人・5-452 | 無人知所去・6-330 |
| 武陽死灰人・1-419 | 無人知此音・3-69 |
| 無魚良可哀・3-48 | 無日不悠悠・6-121 |
| 無言類楚妃・7-300 | 無作牛山悲・2-9 |

撫長劒・2-272
撫掌黃泉裡・4-414
撫掌黃河曲・6-95
撫頂弄盤古・1-296
撫酒惜此月・5-154
無風難破浪・3-419
無彼玻璃魂・7-379
舞鶴來伊川・3-149
無花祇有寒・2-34
舞迴天門月・4-43
武侯立岷蜀・3-75
墨客多新文・3-449
墨客盡來臻・4-398
墨翟恥論兵・6-337
墨池飛出北溟魚・2-445
門開九江轉・3-308
門客粲成行・3-296
聞君卻周旋・2-225
聞君隴西行・3-195
聞君寫眞圖・7-29
問君西遊何時還・1-198
聞君臥石門・4-83
聞君往年遊錦城・5-277
文君因贈白頭吟・1-391
聞君自天來・3-382
聞君罷官意・3-348

聞君向西遷・4-430
文君歡愛從此畢・1-398
聞君攜妓訪情人・4-116
捫襟還自憐・6-133
捫蘿石道行・5-380
捫蘿欲就語・5-328
聞難知慟哭・7-217
問道皆請謁・6-76
聞道稽山去・4-370
聞道金陵龍虎盤・5-277
聞道龍標過五溪・4-93
聞道阿嬌失恩寵・1-398
聞道靑雲貴公子・3-342
聞道春還未相識・4-167
聞名若懷霜・3-246
捫參歷井仰脅息・1-198
聞說金華渡・3-42
聞說神仙晉葛洪・7-428
捫涉窮禹鑿・7-69
汶水起垂竿・5-124
門垂碧柳似陶潛・7-82
刎首爲李園・4-414
捫虱對桓公・3-382
捫虱話良圖・3-58
捫心空自悲・7-115
捫心空嘆息・6-475

| | |
|---|---|
| 門深杯渡松・5-74 | 文章輝五色・5-160 |
| 問我西行幾日歸・7-198 | 門前生穭葵・7-168 |
| 問我心中事・4-43 | 門前食客亂浮雲・5-114 |
| 問我將何事・5-250 | 門前五楊柳・3-257 |
| 問我將何行・3-127 | 門前長跪雙石人・4-405 |
| 問我何勞苦・4-421 | 門前遲行跡・1-424 |
| 問我何事來・5-149 | 文竊四海聲・3-306 |
| 汶魚紫錦鱗・5-219 | 門絶刺繡文・3-158 |
| 問言誦咒幾千遍・2-322 | 文質相炳煥・1-3 |
| 問言與誰餐・1-433 | 聞此期振策・3-450 |
| 問余別恨今多少・4-100 | 問此何以然・3-115 |
| 聞與陰麗華・7-130 | 聞天籟之嘈嘈・2-289 |
| 門餘閭闔字・6-41 | 聞天語・1-236 |
| 問余何意棲碧山・5-181 | 捫天摘匏瓜・5-337 |
| 問影何枯槁・6-475 | 文招梁苑客・5-340 |
| 門外一條溪・7-349 | 門標赤城霞・6-13 |
| 門有車馬賓・2-5 | 聞弦虛墜良可吁・1-452 |
| 文儒少逢迎・7-266 | 聞弦虛墜下霜空・4-421 |
| 聞有貞義女・3-246 | 門橫群岫開・4-121 |
| 聞吟猛虎詞・3-396 | 物苦不知足・1-79 |
| 問以經濟策・7-87 | 勿久風塵間・4-363 |
| 文因周子論・5-395 | 勿棄賈生才・3-310 |
| 文章多佳麗・5-270 | 勿踏荒溪波・5-234 |
| 文章動海隅・4-11 | 勿恃風濤勢・2-134 |
| 文章彪炳光陸離・2-428 | 勿爲醒者傳・6-270 |
| 文章獻納麒麟殿・3-292 | 物情惡衰賤・2-225 |

| | |
|---|---|
| 美價傾皇都・1-174 | 微生若浮煙・5-320 |
| 未去髮已白・1-59 | 未成霖雨用・7-247 |
| 未誇觀濤作・3-69 | 微誠不感・6-457 |
| 未果三山期・5-207 | 未洗染塵纓・7-302 |
| 未果諧心胸・4-68 | 微身奉日月・2-93 |
| 未窮三四山・6-257 | 未若醉中眞・6-378 |
| 未肯棄侯嬴・3-193 | 未語可知心・2-140 |
| 未肯拜蕭曹・2-23 | 眉語兩自笑・6-174 |
| 美女誇芙蓉・4-254 | 微言注百川・3-240 |
| 美女渭橋東・2-130 | 微言破秋毫・4-335 |
| 未能忘戰爭・3-306 | 尾如流星首渴烏・1-240 |
| 弭棹徒流悅・7-59 | 眉如松雪齊四皓・3-369 |
| 弭棹流淸輝・3-449 | 微雨飛南軒・6-108 |
| 未得親・2-280 | 美人更唱舞羅衣・4-100 |
| 麋鹿空悲吟・3-69 | 美人去後餘空牀・7-144 |
| 微茫舊壑情・6-337 | 美人結長想・2-153 |
| 微命苦猶絲・7-320 | 美人竟獨往・4-133 |
| 眉目豔皎月・1-91 | 美人卷珠簾・7-176 |
| 眉目豔星月・7-221 | 美人美人兮歸去來・7-146 |
| 未聞買山隱・4-121 | 美人不來空斷腸・4-167 |
| 靡靡明月光・7-382 | 美人不我期・1-163 |
| 韰韰信可聽・3-240 | 美人愁煙空・1-437 |
| 微芳似相誚・7-32 | 美人如花隔雲端・1-264 |
| 未泛盈樽酒・6-434 | 美人欲醉朱顏酡・1-278 |
| 未射魯連書・6-127 | 美人爲政本忘機・7-22 |
| 微霜淒淒簟色寒・1-264 | 美人一笑褰珠箔・7-160 |

美人一笑千黃金・1-447
美人在時花滿堂・7-144
美人贈此盤龍之寶鏡・7-191
美人出南國・1-156
美人向月舞羅衣・3-80
未入吳王宮殿時・5-26
微子去之箕子奴・2-338
未作仲宣詩・5-270
未足論窮通・5-174
未足比光輝・7-7
未足解相思・5-143
美酒沽新豐・6-365
美酒聊共揮・5-351
美酒三百杯・6-274
美酒娛冬春・3-465
美酒樽中置千斛・2-247
未曾輒遷移・4-273
未知行李遊何方・2-416
迷津覺路失・4-82
微波龍鱗莎草綠・4-100
未解將人語・7-174
未行先起塵・7-87
迷花不事君・3-3
迷花倚石忽已暝・4-223
攔猴騎土牛・3-433
悶爲洛生詠・4-27

密勿草絲綸・3-227
密葉羅青烟・1-89
密葉隱歌鳥・7-16

【바】

搏擊申所能・3-137
薄德中見捐・3-465
薄暮東南吹・4-113
薄暮垂鞭醉酒歸・3-80
搏壁躋翠屛・3-240
博山爐中沈香火・1-348
朴散不尙古・5-234
薄俗棄高賢・4-266
薄遊成久遊・2-346
博平眞人王志安・7-20
迫脅上樓船・3-308
半酣更發江海聲・6-161
半酣呼鷹出遠郊・1-230
返顧思舊鄕・2-110
飯顆山頭逢杜甫・7-284
半挂靑天月・6-360
半道逢吳姬・5-246
半道謝病還・4-321
半渡上遼津・2-166
半道雪屯蒙・3-374

半落靑天外・3-441
半路頹鴻荒・1-296
攀龍九天上・3-227
攀龍附鳳當有時・2-218
攀龍宴京湖・5-373
攀龍遺小臣・4-430
攀龍忽墮天・4-266
蟠木不彫飾・7-11
盤白石兮坐素月・2-290
攀翻寄情親・5-259
半壁見海日・4-223
半壁明朝霞・7-78
半拂瓊筵蘇合香・2-201
反棲惡木根・1-86
攀星戲河津・6-453
半灑雲天裏・6-52
攀巖歷萬重・4-383
攀崖度絶壑・5-361
攀崖倒靑天・5-190
攀崖上日觀・5-333
半夜起沙灘・5-61
半夜四天開・6-163
半夜水軍來・3-308
盤渦轂轉秦地雷・2-263
攀折爭捷徑・7-42
攀折唧唧長咨嗟・7-278

攀條摘朱實・6-13
攀條折春色・2-153
盤中祇有水精鹽・7-82
攀天莫登龍・1-289
班超萬里侯・6-477
攀取最長枝・4-145
攀荷弄其珠・6-398, 7-187
攀毬是當年・3-111
攀花弄秀色・6-380
攀花願成蹊・3-26
攀花贈遠人・5-130
撥卻白雲見靑天・7-282
拔劍擊前柱・6-482
拔劍四顧心茫然・1-250
撥穀飛鳴奈妾何・1-378
撥亂屬豪聖・6-95
跋剌銀盤欲飛去・5-219
髮白心不改・4-421
發憤去函谷・2-23
拔俗數千丈・5-363
發我枝上花・6-358
撥雲尋古道・6-317
發自纖煙・3-96
發辛騷中土・1-49
發皓齒・1-444
發輝兩太陽・3-284

放歌丹陽湖・3-44
放歌倚東樓・5-157
放歌行吟達明發・2-277
訪古登峴首・6-186
訪古始及平臺間・2-283
訪古一霑裳・6-217
訪古千里餘・5-201
訪戴昔未偶・5-215
訪道應尋緱氏山・2-27
方瞳好容顏・5-328
芳蘭哀自焚・1-118
放龍溪水傍・4-229
放馬天山雪中草・1-222
芳名動千古・3-246
訪博從毛薛・3-337
髣髴古容儀・7-300
髣髴明窗塵・3-220
彷彿如舊丘・3-187
髣髴接天語・7-425
方朔見明主・4-43
放書輟劍思高堂・4-237
芳聲騰海隅・5-373
芳樹籠秦棧・5-82
方隨五雲去・6-247
芳樹有行列・7-59
芳心空自持・1-156

放心散漫知何在・2-421
訪我來瓊都・3-58
訪我三千里・4-345
芳園罷樂遊・7-273
訪隱同元君・7-55
旁人不惜妻止之・1-192
旁人借問笑何事・2-235
方從桂樹隱・4-83
芳洲卻已轉・6-139
芳洲之樹何青青・6-64
方知一玉眞・3-401
方知黃鶴擧・1-53
方陳五餌策・7-266
傍砌水冷冷・7-356
芳草齊眉帶入口・7-437
芳草歇柔豔・6-430
芳草換野色・4-52
方學揚子雲・4-246
傍徨庭闕下・5-270
方希鍊金骨・6-436
方希佐明主・2-96, 4-246
排空散清唳・7-412
裴公有仙標・5-363
杯勸天上月・6-395
拜龍顏・1-297
拜舞淸心魂・4-403

裴尚書・5-294
裴生覽千古・4-237
裴生信英邁・3-21
拜迎白鹿前・3-419
背爲虎文龍翼骨・1-240
拜揖高堂裏・5-118
杯以傾美酒・6-395
裴子含清眞・4-389
拜賀明主收沈淪・3-361
徘徊桃李間・5-104
徘徊六合無相知・3-88
徘徊未翺翔・4-229
徘徊上姑蘇・4-346
徘徊相顧影・5-126
徘徊吳越間・6-301
徘徊蒼梧野・4-314
白苧夜長嘯・5-401
白犬離村吠・7-302
白雞夢後三百歲・2-319
白骨空相弔・4-27
白骨相撐如亂麻・2-271
白骨成丘山・3-308
白骨寂無言・6-393
白骨橫千霜・1-49
百官接話言・3-108
白龜道冰夷・5-444

白鷗歷亂長飛雪・4-405
白鳩之白誰與鄰・1-307
白鷗閑不去・5-416
白鷗分飛來・2-291
白起佐軍威・5-18
白起眞成一豎子・3-93
百年苦易滿・2-114
百年三萬六千日・2-235
百年猶崇晨・4-262
百代期榮親・3-382
百代神猶王・3-390
白道向姑熟・7-63
白頭仙人隱玉壺・3-415
伯樂翦拂中道遺・1-241
白浪高於瓦官閣・2-307
白浪翻長鯨・5-333
白浪如山那可渡・2-310
柏梁失火去・1-351
百齡何蕩漾・6-133
白露見日滅・5-178
白露空園庭・5-201
白鷺拳一足・5-132
白露生衣巾・3-227
白露灑葵藿・1-163
白露垂珠滴秋月・2-317
白露濕青苔・7-144

白露濕螢火・7-168
白露濕花時・7-292
白鷺映春洲・6-34
白露凋華滋・2-183
白鷺洲前月・5-59
白鷺之白非純眞・1-307
白露催寒衣・6-430
白鷺下秋水・7-39
白鷺閑時散飛去・4-176
白龍降陵陽・4-23
白龍改常服・2-134
白龍乃魚服・3-374
百里見秋毫・7-17
百里雞犬靜・3-31
百里獨太古・3-307
百里望花光・7-136
百里聲相聞・3-115
百里行松聲・4-345
白馬驕且馳・1-31
白馬金羈遼海東・7-155
白馬悲路傍・7-241
白馬小兒誰家子・2-328
白馬小遲回・2-172
白馬誰家子・1-441
白馬繞旌旗・2-166
白馬走素車・4-345

白馬華山君・1-102
白馬黃金塞・2-40
白眉超常倫・4-398
白髮見生涯・4-95
白髮多去年・7-189
白髮對綠酒・5-342
白髮不能除・7-201
白髮四老人・6-179
白髮死章句・7-87
白髮三千丈・2-365
白髮我先秋・3-175
白髮如絲嘆何益・1-278
白髮如霜草・6-475
白髮一何新・7-128
白髮坐相侵・6-293
白璧見秋月・4-202
白璧竟難投・4-414
白璧竟何辜・3-167
白璧雙明月・3-401
白璧如山誰敢沽・1-241
白璧有幾雙・4-254
白璧何辜・3-96
百步九折縈巖巒・1-198
白沙留月色・7-80
白石今出沒・6-360
百舌更多言・7-340

白雪關山遠・2-157
白雪難同調・6-440
白雪亂纖手・6-304
白雪飛花亂人目・3-415
白雪恥容顏・4-20
伯成耕犁・6-465
百歲落半途・4-23
白水弄素月・6-342
白水流園池・3-14
白首沒三邊・1-25
白首死羅綺・1-98
白首愁相誤・1-69
白水揚寒流・6-448
白首臥松雲・3-3
白水繞東城・5-76
白首爲儒身被輕・5-294
白首長相思・4-347
白水眞人居・2-243
白首太玄經・1-326
白首下帷復何益・1-230
白水興漢光・1-297
白鷴落雲端・2-1
白雁上林飛・6-188
白雁從中來・7-181
白若白鷺鮮・3-418
伯陽仙家子・5-86

白楊十字巷・6-220
白楊雙行行・7-241
白楊秋月苦・2-166
白玉高樓看不見・7-196
白玉盤中看卻無・7-44
白玉樓青蠅・3-233
白玉誰家郎・2-109
白玉爲毛衣・7-280
白玉一杯酒・4-9, 5-84
白玉麈尾談重玄・2-411
白玉壺冰水・3-116
白玉換斗粟・4-430
白羽落酒樽・6-66
白雨映寒山・6-163
白雲堪臥君早歸・2-326
白雲見我去・4-120
白雲空望美・4-60
白雲歸去來・3-345
白雲南山來・6-444
白雲飛天津・4-262
白雲愁色滿蒼梧・7-239
白雲深處有人家・7-423
白雲映水搖空城・2-317
白雲遙相識・3-359
白雲繞筆窓前飛・5-264
白雲有時來・3-211

| | |
|---|---|
| 白雲在青天・1-241 | 白日曜紫微・1-109 |
| 白雲漲川谷・7-336 | 白日猶不起・7-53 |
| 白雲處處長隨君・2-326, 5-72 | 白日隱天末・4-171 |
| 白雲還自散・6-346 | 白日在高天・2-96, 4-246 |
| 白猿慚劍術・3-287 | 白日照綠草・6-297 |
| 白猿初相識・5-437 | 白日凋華髮・4-133 |
| 白衣千萬乘・4-258 | 白日沉光彩・1-340 |
| 白刃灑赤血・2-1 | 白日何短短・2-114 |
| 白刃耀素雪・2-13 | 白日行欲暮・4-342 |
| 柏人以爲誠・2-134 | 白日懸高名・1-45 |
| 白日可撫弄・3-220 | 白日忽相催・7-130 |
| 白日開昏氛・3-167 | 白日忽欲晚・6-257 |
| 白日毬獵夜擁擲・2-206 | 百鎰黃金空・3-6 |
| 白日欺紅顏・1-69 | 百丈金潭照雲日・2-450 |
| 白日難回光・1-121 | 百丈素崖裂・7-29 |
| 白日當天心・1-406 | 百丈託遠松・2-436 |
| 白日落昆明・3-307 | 白田見楚老・3-14 |
| 白日落西海・1-40 | 百戰沙場碎鐵衣・7-99 |
| 白日不照吾精誠・1-206 | 白田已繰絲・7-115 |
| 白日思雲空・3-181 | 白帝金精運元氣・2-263 |
| 白日惜頹侵・4-242 | 白帝城邊樹色秋・7-45 |
| 白日所沒・1-296 | 白帝城邊足風波・1-378 |
| 白日掩徂暉・1-126 | 白帝曉猿斷・4-298 |
| 白日與明月・7-119 | 白足傲履襪・6-45 |
| 白日如分照・7-33 | 白酒新熟山中歸・4-331 |
| 白日如披顏・3-246 | 白酒盈吾杯・3-48 |

白地斷肝腸・7-224
百尺照心明・7-80
百尺淸潭寫翠娥・4-100
百川無盡勢・5-270
百川隨龍舟・4-14
百川盡凋枯・4-274
百草巧求花下鬪・7-358
百草死冬月・6-385
白雉越裳來・7-110
白雉朝飛挾兩雌・1-293
白兔擣藥成・1-433
白兔搗藥秋復春・5-383
白波九道流雪山・4-138
白波若卷雪・6-157
白波連山倒蓬壺・1-385
白鶴飛天書・3-108
白鷳白如錦・4-20
白鷳處處聚沙堤・2-450
白虎守本宅・3-220
白花靑桂枝・4-63
翻覺夜成秋・4-110
翻覆無定止・2-217
翻飛凌九天・3-270
翻飛射鳥獸・2-1
樊山霸氣盡・3-309
繁陰晝不開・3-48

翻作斷腸流・2-346
翻謫夜郞悲・4-298
翻謫夜郞天・3-308
翻遭螻蟻噬・2-134
伐鼓啓重城・2-86
伐鼓乘朱輪・3-381
帆落湖中天・5-100
范蠡脫句踐・4-229
汎瑟窺海月・6-412
泛若雲無情・1-354
帆影挂淸川・5-133
范子何曾愛五湖・2-338
范宰不買名・3-31
泛此黃金花・6-342
犯刑若履虎・2-89
壁壘頹層穹・6-95
碧流日更長・5-157
碧流環轉靑錦湍・4-405
碧峰巉巖淥水廻・2-280
辟邪伎作鼓吹驚・1-380
碧紗如烟隔窓語・1-217
碧山對靑樓・5-429
碧山淸江幾超忽・5-26
碧葉成黃泥・3-64
碧水東流至此廻・6-88
碧樹鳴黃鸝・2-183

| | |
|---|---|
| 碧樹森森迎・6-139 | 別君若俯仰・5-178 |
| 碧樹搖煙空・6-365 | 別多憔悴深・7-204 |
| 碧水浩浩雲茫茫・4-167 | 別來幾多時・1-296 |
| 碧玉炅炅雙目瞳・1-296 | 別來幾春未還家・1-387 |
| 碧雲斂海色・5-92 | 別來能幾日・6-277 |
| 璧遺鎬池君・1-102 | 別來門前草・7-204 |
| 碧嶂盡晴空・4-383 | 別來已經年・5-46 |
| 碧窗紛紛下落花・7-138 | 別來向三年・4-127 |
| 碧草已滿地・5-342 | 別淚徒盈袂・4-133 |
| 碧荷生幽泉・1-89 | 別離楊柳青・7-317 |
| 便覩廣陵濤・4-367 | 別離有相思・4-328 |
| 邊烽列嵯峨・2-126 | 別離解相訪・3-168 |
| 便索邯鄲女・7-286 | 別夢繞旌旃・3-419 |
| 邊城兒・1-230 | 別時提劍救邊去・1-322 |
| 便與魏齊行・3-445 | 別時酒猶在・6-153 |
| 變盈道乃全・6-103 | 別是風流賢主人・3-353 |
| 便欲燒丹從列仙・5-277 | 別是閑庭草・3-455 |
| 便欲因之向溟渤・2-277 | 別雁驚涘溝・4-426 |
| 邊月隨弓影・2-42 | 別余往太山・5-68 |
| 邊邑無遺堵・1-49 | 別欲論交一片心・3-342 |
| 邊人飼豺虎・1-49 | 別有浣紗吳女郎・2-450 |
| 辯折田巴生・4-344 | 別有天地非人間・5-181 |
| 邊塵染衣劍・4-133 | 別意與之誰短長・4-292 |
| 別久容華晚・6-400 | 別爾東南去・4-262 |
| 別君去兮何時還・4-224 | 別酌酬高堂・4-252 |
| 別君莫道不盡歡・6-111 | 別作深宮一段愁・7-152 |

別杖留靑竹・5-34
別殿悲淸暑・7-273
別後經此地・5-395
別後空愁我・4-148
別後登此臺・5-445
別後羅帶長・6-372
別後無餘事・7-313
別後若見之・4-294
別後遙傳臨海作・3-361
屛高而在雲・4-121
兵戈亂浮雲・1-165
兵戈逮狂秦・1-3
兵氣擁雲間・2-181
兵氣天上合・2-44
秉德冠彝倫・3-465
幷兩肘・1-297
瓶裏千年舍利骨・2-322
秉旄控强楚・3-308
瓶冰知冬寒・6-372
瓶冰知天寒・3-162
並隨人事滅・6-198
病如桃李竟何言・3-353
秉鉞有季公・5-142
秉鉞淸南邊・3-270
兵威衝絶幕・2-105
秉燭唯須飮・4-9, 5-84

兵出塞垣通・5-15
屛風九疊雲錦張・4-138
病閑久寂寞・5-380
病閑絶趨馳・4-273
兵休帳幕移・7-325
步綱繞碧落・5-285
寶劍雙蛟龍・1-56
寶劍終難託・4-133
寶鏡匣蒼蘚・4-430
寶鏡挂秋水・7-126
寶鏡似空水・2-151
報國死何難・2-1
報國有壯心・4-163
報國有長策・4-1
保君年・7-257
報德有微身・3-227
寶刀隱玉匣・5-221
寶刀裁流水・7-204
寶馬麗絶景・2-96
寶馬驟絶景・4-246
寶筏度迷川・4-150
寶書玉劍挂高閣・2-217
報讐六國聞・5-94
報讎千里如咫尺・2-206
報恩非徇祿・7-433
寶塔凌蒼蒼・6-31

| | |
|---|---|
| 報韓雖不成・6-191 | 本無軒裳契・4-262 |
| 步虛吟眞聲・7-49 | 本是疏散人・6-440 |
| 卜居乃此地・3-465 | 本是天池龍・5-42 |
| 伏櫺銜寃摧兩眉・1-242 | 本是楚家玉・4-310 |
| 伏鍊九丹成・6-247 | 本與鵁鶄群・2-117 |
| 覆盆儻擧・6-458 | 本爲休明人・2-166 |
| 覆水卻收不滿杯・1-399 | 本有五湖心・4-242 |
| 覆水不可收・7-165 | 本作一行書・7-128 |
| 覆水再收豈滿杯・1-391 | 本在孟津居・3-91 |
| 服食可延年・7-104 | 鳳歌笑孔丘・4-138 |
| 卜式未必窮一經・2-339 | 鳳駕憶王子・4-72 |
| 服藥求仙事不違・7-22 | 鳳去臺空江自流・6-50 |
| 服藥鍊金骨・6-13 | 鳳苦道路難・4-314 |
| 僕臥香爐頂・3-308 | 鳳孤飛而無鄰・2-290 |
| 僕在雁門關・4-82 | 鳳曲吹應好・6-241 |
| 伏奏歸北闕・5-142 | 逢君發花萼・4-1 |
| 服之與君俱神仙・7-258 | 逢君縱酒還・6-91 |
| 卜地初晦跡・7-55 | 逢君奏明主・3-86 |
| 卜築司空原・6-453 | 逢君聽絃歌・3-307 |
| 伏枕寄賓館・4-274 | 鳳飢不啄粟・1-129 |
| 伏檻觀群峰・4-68 | 蓬萊文章建安骨・5-139 |
| 伏檻窺東溟・5-333 | 鳳來何苦飢・3-372 |
| 馥紅綃翠被・7-372 | 鳳侶攀何及・7-412 |
| 本家零落盡・2-225 | 峰巒秀中天・6-257 |
| 本家隴西人・3-390 | 鳳毛出天姿・4-274 |
| 本家聊攝城・4-344 | 鳳無琅玕實・5-126 |

鳳飛九千仞・1-18
蓬山振雄筆・5-149
鳳笙去去無窮已・2-27
鳳笙龍管行相催・2-236
逢時壯氣思經綸・1-206
鳳與鷥俱啼・5-160
縫爲絶國衣・2-20
逢人只欲啼・2-416
峰嶂亦冥密・6-61
峰崢嶸以路絶・2-289
鳳鳥鳴西海・1-168
鳳鳥不至河無圖・2-338
逢春猶不死・2-146
鳳吹我時來・4-383
鳳吹遶瀛洲・2-78
鳳吹轉綿邈・3-149
蓬壺來軒窗・7-35
蓬壺望超忽・5-347
蓬壺雖冥絶・4-52
蓬蒿已應沒・3-58
烽火動沙漠・2-44
烽火連朔方・2-110
烽火燃不息・1-222
烽火晝連光・2-105
鳳凰去已久・5-390
鳳凰丹禁裏・3-333

鳳凰臺上鳳凰遊・6-50
鳳凰雖大聖・1-308
鳳凰宿誰家・4-414
鳳凰憶故池・5-261
鳳凰爲誰來・5-390
鳳凰初下紫泥詔・2-255
復憩金沙泉・5-190
符堅百萬衆・4-460
復兼夫子持清論・3-353
夫君弄明月・4-60
富貴故如此・1-34
富貴未可期・6-279
富貴百年能幾何・2-338
富貴翻相忘・5-118
富貴非所願・2-114
富貴安可求・3-187
富貴與神仙・2-211
富貴吾自取・3-127
富貴日成疏・3-419
婦女馬上笑・2-1
婦女無花色・2-50
不斷犀象・1-334
賦達身已老・1-31
不待金門詔・4-78
不覩詭譎貌・1-296
不道朔雪寒・2-1

| | |
|---|---|
| 復道朝天赴玉京・2-27 | 扶搖直上九萬里・3-156 |
| 復道濁如賢・6-270 | 復欲鎬京去・7-257 |
| 不同珠履三千客・3-342 | 芙蓉嬌綠波・6-410 |
| 復得王母心・6-425 | 芙蓉老秋霜・1-375 |
| 俯臨宛水湄・5-444 | 芙蓉帳裏奈君何・7-170 |
| 復聞紫陽客・7-49 | 浮雲隔兩曜・1-9 |
| 復悲高秋月・1-124 | 浮雲空古城・4-35 |
| 斧冰漱寒泉・4-389 | 浮雲挂空名・3-306 |
| 扶桑半摧折・1-340 | 浮雲乃吾身・4-398 |
| 扶桑已成薪・6-393 | 浮雲無定端・1-126 |
| 浮生速流電・2-197 | 浮雲本無意・4-306 |
| 復羨二龍去・5-31 | 浮雲辭故關・7-162 |
| 俯視洛陽川・1-66 | 浮雲四塞道路賒・2-271 |
| 賦詩留巖屏・6-45 | 浮雲失舊居・3-333 |
| 俯視鴛鷺群・4-195 | 浮雲深兮不得語・7-177 |
| 賦詩旃檀閣・4-17 | 浮雲遊子意・5-76 |
| 剖心輸丹雪胸臆・3-82 | 浮雲在一決・3-270 |
| 俯仰人間易凋朽・6-111 | 浮雲知古城・3-281 |
| 浮陽滅霽景・4-68 | 浮雲蔽日去不返・5-277 |
| 復與三山鄰・5-234 | 浮雲蔽紫闥・1-121 |
| 復如竹林下・3-333 | 浮雲蔽頹陽・1-144 |
| 傳說降霖雨・4-1 | 浮雲何由卷・3-52 |
| 傳說未夢時・5-221 | 浮雲橫遠山・5-204 |
| 傳說板築臣・6-279 | 浮人少蕩析・3-31 |
| 浮榮安足珍・6-393 | 浮人若雲歸・3-14 |
| 扶搖應借力・3-140 | 夫子工文絕世奇・5-278 |

| | |
|---|---|
| 不自嬌玉顏 • 6-436 | 剖竹十日間 • 3-281 |
| 夫子今管樂 • 3-72 | 剖竹赤城邊 • 4-380 |
| 父子得安閑 • 2-1 | 不重褒衣人 • 7-87 |
| 夫子理宿松 • 3-281 | 不知江海深 • 3-140 |
| 夫子聞洛誦 • 5-7 | 不知狂與羞 • 5-246 |
| 夫子秉家義 • 3-460 | 不知舊行徑 • 6-360 |
| 夫子世稱賢 • 5-36 | 不知幾千古 • 6-348 |
| 夫子雖踆踆 • 4-195 | 不知東走迷 • 3-26 |
| 夫子揚清芬 • 5-95 | 不知明鏡裏 • 2-365 |
| 夫子如何涉江路 • 5-52 | 不知白日暮 • 7-94 |
| 夫子王佐才 • 3-167 | 不知繁華子 • 1-59 |
| 夫子有盛才 • 4-393 | 不知霜露入秋衣 • 5-427 |
| 夫子在其間 • 4-178 | 不知夕景昏 • 5-231 |
| 夫子卽瓊樹 • 3-372 | 不知歲寒在 • 4-363 |
| 夫子紅顏我少年 • 3-292 | 不知誰家子 • 2-130 |
| 夫子華陰居 • 5-46 | 不知心恨誰 • 7-176 |
| 夫子還倜儻 • 4-218 | 不知楊伯起 • 3-154 |
| 不作飛空之落花 • 7-177 | 不知五柳春 • 3-237 |
| 復作清淺流 • 1-34 | 不知有吾身 • 6-272 |
| 復作淮南客 • 4-78 | 不知曾化鶴 • 6-247 |
| 復將落葉幷 • 3-127 | 不知靑春度 • 5-347 |
| 不將衆庶分 • 3-158 | 不知何處得雞豕 • 6-111 |
| 不裁寒女衾 • 4-393 | 不知何處是西天 • 5-424 |
| 浮舟弄水簫鼓鳴 • 4-100 | 不知何處是他鄕 • 6-119 |
| 浮舟望安極 • 6-139 | 不知何處吊湘君 • 5-421 |
| 剖竹商洛間 • 5-363 | 不知忽已老 • 5-104 |

復此一銜觴・4-229
復此親懿會・4-88
復此休浣時・5-354
符彩照滄溟・4-310
復聽菱歌愁・4-107
復聽清猿哀・5-363
浮萍失綠水・2-226
扶風豪士天下奇・2-271
赴海輸微涓・6-103
府縣盡爲門下客・2-206
復攜兩少妾・3-21
北去南來不逾月・2-416
北寇無涯畔・6-481
北宮邀上元・1-137
北闕聖人歌太康・7-108
北闕青雲不可期・4-100
北堂見明月・7-66
北堂千萬壽・3-413
北斗戾・1-297
北斗不酌酒・6-385
北斗已挂西城樓・4-421
北斗酌美酒・2-114
北斗錯落長庚明・5-294
北落明星動光彩・1-409
北望五陵間・6-20
北溟有巨魚・1-107

北方佳人東鄰子・1-444
北上緣太行・2-110
北上何所苦・2-110
北船來自緩・4-116
北雁春歸看欲盡・7-220
北擁魯陽關・2-166
北將天柱鄰・6-453
北渚氾蕩漾・6-70
北眺崿嶂奇・5-324
北地雖誇上林苑・2-401
北指嚴光瀨・4-346
北窗常晝眠・3-259
北窗醉如泥・5-418
北愴河梁別・6-188
北宅聊偃憩・4-274
北酆落死名・3-220
北風揚胡沙・2-5
北風雨雪恨難裁・1-322
北風吹海雁・6-450
北海李使君・2-13
北夾潮溝道・6-220
楚卻子猷船・4-116
奔鯨夾黃河・2-110
粉圖珍裘五雲色・2-428
芬蘭哀自焚・6-416
奔來鎮平楚・7-425

| | |
|---|---|
| 奮烈自有時・2-159 | 焚之買虛聲・2-14 |
| 奔流到海不復回・1-225 | 焚之揚其灰・7-156 |
| 分明感激眼前事・5-342 | 焚之已成灰・1-322 |
| 分明謝時人・6-432 | 奔麑橫澄潭・4-189 |
| 分明天上日・7-289 | 噴壑鳴紅泉・5-363 |
| 分明楚漢事・5-201 | 噴壑數十里・6-52 |
| 分明畫相似・6-362 | 焚香讀道經・7-356 |
| 氛霧行當掃・6-471 | 焚香入蘭臺・3-432 |
| 噴壁灑素雪・4-346 | 分輝照雪崖・6-16 |
| 粉壁爲空天・7-20 | 不假筑長城・4-460 |
| 噴寶猊香爐麝烟濃・7-372 | 不覺淚如泉・5-46 |
| 芬馥茝蘭蓀・4-274 | 不覺碧山暮・7-3 |
| 紛紛江上雪・4-113 | 不覺鬢成絲・6-142 |
| 紛紛亂若絲・4-161 | 不覺生華池・4-145 |
| 紛紛入酒杯・6-265 | 不覺塵埃厚・2-226 |
| 分飛楚關山水遙・4-99 | 不敢高聲語・7-335 |
| 粉色豔日彩・5-358 | 不減陶淵明・3-281 |
| 分棲瓊樹枝・5-149 | 不減武昌都・5-410 |
| 分手各千里・1-69 | 不減魏陽元・3-195 |
| 分手更何言・4-403 | 不敢照毛衣・2-348 |
| 分我一杯羹・6-95 | 拂劍照嚴霜・4-321 |
| 芬榮何夭促・7-40 | 拂劍坐長嘆・4-448 |
| 紛吾下玆嶺・4-121 | 不隔嵩丘雲・7-55 |
| 分澆宋玉田・6-103 | 不見同懷人・5-437 |
| 分曹賭酒酣馳暉・2-283 | 不遣柳條青・7-65 |
| 奔走相馳突・6-45 | 不見眼中人・2-62, 7-132 |

不見吳時人・6-220
不見月尙可・1-334
不見有人還・1-331
不見長松見短松・7-428
不見長安人・4-421
不見征戍兒・1-49
拂鏡滄江流・3-175
不顧鷗鳶・1-335
不媿鄧攸魂・3-277
不求黃金籠下生・1-380
不屈古松姿・3-303
不屈巢由身・5-62
拂琴聽霜猿・5-190
不及廣成子・1-93
不及汪倫送我情・4-50
不及遠相從・5-42
不及二龍賢・5-133
不肯一回照・7-204
不肯暫迴車・1-456
不肯銜我去・4-314
不念零落近・7-379
不能挂龍虎・4-389
不能療苦飢・1-242
不免人君疑・6-421
不逢寒風子・1-241
拂沙隴頭寢・2-36

不散東海金・2-9
拂霜弄瑤軫・4-121
拂床蒼鼠走・7-302
不惜買陽春・6-378
不惜微軀捐・3-270
拂石臥秋霜・4-285
不惜翠雲裘・5-311
不惜他人開・6-408
不羨桃花源・4-83
不羨市朝樂・7-70
拂雪凌雲端・3-162
不省下樓時・6-263
不笑亦不語・1-22
不受魯人譏・4-44
不隨鳳凰族・2-117
拂水生連珠・7-5
不是顧專城・3-367
不是魯諸生・4-88
不是襄王傾國人・3-403
不是妾無堪・7-286
拂拭竟無言・3-276
拂拭皎冰月・7-189
拂拭倚天劍・4-314
不信妾腸斷・2-214
不我遐棄・3-97
不言久離別・7-156

不如輕薄兒·2-416
不如當代多還往·2-206
不如當身自簪纓·2-206
不如不相見·2-140
不與常人俱·6-11
不與世相逐·5-444
不如燒却頭上巾·3-251
不如鶉之奔奔·3-97
不如一女英·2-13
不如一盤粟·4-43
不如一璵璠·3-195
不如鵲之彊彊·3-97
不如早還家·1-199
不與秦塞通人煙·1-197
不與淮南春·1-289
不然鳴笳按鼓戲滄流·3-353
不然拂劍起·3-72
不然五湖上·6-362
不畏落爪牙·2-89
不畏素塵蕪·7-5
拂羽淚滿面·5-23
不憂社稷傾·7-276
不願以爲臣·1-308
不爲外物遷·3-418
不爲雲羅制·5-270
不爲人所觀·6-414

不飲杯中酒·6-326
拂衣可同調·1-37
拂衣歸林巒·3-108
拂衣逃人群·3-240
拂衣棲江潰·7-56
拂衣向江東·4-362
拂衣向仙路·6-247
拂爾裘上霜·4-237
不異山陰時·4-63
芣苡生前徑·7-340
不以千里遙·5-227
不以逐臣疏·3-333
不忍看秋蓬·1-163
不忍見此物·1-322
不忍別·4-98
不忍雲間兩分張·1-391
不因秋風起·6-481
不日思騰騫·3-167
不入襄陽市·4-60
佛座燈常燦·7-439
拂盡五松山·5-431
不借四豪名·4-34
拂此西日光·1-132
不着鴉頭襪·7-221
不慭世上英·1-326
不慙世上雄·2-96, 4-246

不采芳桂枝・1-86
不取回舟興・3-140
不致百金產・4-347
不嘆君棄妾・2-226
不憚海路賒・4-345
拂彼白石彈吾素琴・1-367
不必問君平・5-82
不學蒲柳凋・6-241
不向金闕遊・3-221
不向東山久・6-346
不愜還歸家・4-95
不好我者何忍臨危而相擠・6-465
拂花弄琴坐青苔・2-280
鵬鶱望三台・3-211
崩騰醉中流・5-246
崩騰胡塵起・3-390
鵬摶九天・1-335
崩雲使人驚・4-34
悲歌難重論・6-482
悲歌但長吁・4-346
悲歌淚如雨・7-286
比干諫而死・1-160
飛去身莫返・6-436
飛空結樓臺・5-455
飛湍瀑流爭喧豗・1-198

飛蘿搖春煙・4-52
飛落南溟去・3-233
飛來碧雲端・5-401
悲來不吟還不笑・2-338
悲來欲脫劍・7-245
悲來乎・2-338
飛龍趨・1-240
飛流歘陽崖・7-78
飛流灑絶巘・5-324
飛流直下三千尺・6-56
飛鳴苦難聞・7-181
悲鳴相追攀・2-166
飛鳴天上來・3-309
飛舞出蓬蒿・7-412
非無胸中畫・3-460
飛文何灑落・5-455
飛步登雲車・4-95
飛步凌絕頂・6-144
飛蓬各自遠・4-437
飛鳧從西來・4-88
飛飛凌太清・1-28
鼻上自來無繩索・7-439
飛霜早淅瀝・1-124
飛書走檄如飄風・4-453
秘書何寂寂・3-58
飛雪迷胡天・1-25

飛聲塞天衢・6-179
鼛聲殊未巳・7-323
匕首挿吳鴻・1-419
非時將安適・6-372
鼻息干虹蜺・1-83
悲心夜忡忡・2-30
譬如雲中鳥・2-200
悲與此同・1-334
飛燕與君同・7-149
飛燕在昭陽・2-66
飛燕皇后輕身舞・1-345
非邀靑史名・6-337
悲羽化之難齊・6-465
悲吟雨雪動林木・4-237
飛入君家彩屛裏・7-25
飛者莫我顧・1-176
飛作紫鴛鴦・6-375
悲作楚地囚・3-374
飛章奏天庭・2-13
飛在靑雲端・1-433
飛牋絡繹奏明主・5-277
飛梯綠雲中・6-3
飛鳥還舊巢・3-281
飛珠散輕霞・6-52
沸珠躍明月・6-103
飛泉挂碧峰・6-330

翡翠錦屛中・1-429
翡翠爲樓金作梯・7-200
翡翠黃金縷・3-201
飛馳自豪雄・6-365
飛沈失相從・1-56
飛墮酒樓前・4-127
琵琶彈陌桑・4-252
碑版有殘銘・7-265
悲風鳴森柯・6-144
悲風四邊來・1-267
悲號絶中腸・2-110
飛鴻辭北溟・4-322
飛花送酒舞前簷・7-82
飛花入戶笑床空・7-155
貧家羞好客・3-195
賓客去平原・4-414
賓客如雲煙・1-147
賓客日疏散・2-96
賓客互盈虧・1-180
幽谷稍稍振庭柯・2-259
賓館羅軒蓋・3-441
殯宮已秋草・7-245
賓跪請休息・3-309
賓徒光石門・5-231
賓來或解頤・3-14
鬢毛颯已霜・3-407

顣眉寡西笑・4-27
鬢髮何青青・3-345
鬢蓬亂若絲・3-201
賓散予獨醉・4-153
頻喪渡瀘師・4-43
賓隨落葉散・5-444
顣蛾對影恨離居・2-201
賓御如浮雲・6-481
賓友日疏散・4-246
賓從何輝赫・4-178
憑高遠登覽・6-13
憑高眺襄中・6-186
冰谷明且秀・3-449
憑覽周地險・6-34
憑雷躡天窗・7-69
冰龍鱗兮難容舠・2-289
憑陵隨海運・1-107
騁望琅邪臺・1-13
憑崖覽八極・5-330
憑崖淚如泉・6-70
憑崖望咸陽・2-9
憑崖一聽清心耳・2-280
冰合井泉月入閨・1-283
冰壺照清川・3-419

【사】

辭家方未歸・4-44
辭家千里餘・7-201
四角吟風箏・6-41
謝客臨海嶠・6-440
謝客拾海月・5-347
似隔九重天・3-420
思見雄俊士・5-201
莎雞鳴曲池・1-441
四顧登高丘・4-426
謝公不徒然・3-58
謝公宿處今尚在・4-223
謝公入彭蠡・6-202
謝公自有東山妓・5-342
謝公正要東山妓・7-228
謝公終一起・4-465
謝公池塘上・5-380
謝公之彭蠡・6-205
寫鞭春風生・7-265
謝公行處蒼苔沒・4-138
辭官不受賞・3-308
絲管儼成行・3-204
絲管醉春風・2-68
四郊陰靄散・7-294
沙丘無漂母・4-414

辭君遣何去・2-225
思君達永夜・4-68
思君無歲月・5-157
思君不可得・6-153
思君不見下渝州・2-409
思君若汶水・4-80
思君意何深・6-348
使君且不顧・2-130
思君楚水南・4-82
思君下巴陵・1-429
辭君向天姥・4-285
辭君還憶君・6-400
思歸各未旋・5-36
思歸多苦顏・1-331
思歸但長嗟・2-144
思歸未可得・5-128
思歸若汾水・6-121
思歸阻喪亂・6-471
思歸向遼東・5-285
事及徂川往・5-238
似能未能最有情・7-228
四代三公族・5-46
沙帶秋月明・4-189
沙墩至梁苑・4-88
絲桐感人絃亦絶・4-421
思同郭泰船・3-419

沙頭水浸眉・7-292
沙頭候風色・1-429
事了拂衣去・1-326
死留青塚使人嗟・1-371
四鄰馳華軒・5-231
事立獨揚名・2-14
沙漠收奇勳・3-72
四望青天解人悶・3-353
四面生白雲・6-61
沙明瞰前洲・4-107
四溟皆波瀾・4-23
四明三千里・6-16
四溟揚洪流・4-314
四明有狂客・6-350
沙明浦陽月・4-380
斯文未喪・6-457
似拍洪崖肩・5-255
沙旁歊素煙・6-103
四邊苦竹秋聲起・2-450
詞賦舊凌雲・7-251
詞賦凌子虛・5-201
事事不異昔・6-277
四山丹壁開・7-29
辭山不忍聽・6-144
謝尚自能鸜鵒舞・3-415
沙上自爲群・6-93

沙上行將白鷺群・4-176
死生一度人皆有・2-338
似惜錦障泥・2-157
辭粟臥首陽・6-274
寫水落井中・7-123
四十九年非・6-444
四十餘帝三百秋・2-328
使我驚心魂・3-195
使我空嘆息・6-283
使我鍊金骨・6-412
使我不得開心顏・4-224
使我心魂悽・5-160
使我欲垂竿・6-159
使我自驚惕・4-189
使我長價登樓詩・3-361
使我長嘆息・1-42
使我涕縱橫・7-265
使我醉飽無歸心・4-100
四岳聊所託・7-70
斯樂不可窺・5-444
射雁碧雲端・4-448
師裏掩瑤琴・7-106
斯言儻不合・3-382
思與廣成鄰・5-62
辭燕山・1-452
查擁隨流葉・6-332

事往日遷・3-96
思繞梁園發・3-11
似遙千里・7-374
思欲解世紛・3-72
四月上泰山・5-324
似月雲中見・2-140
思爲玉皇客・3-221
斯爲眞隱者・3-158
似有人開・1-334
寫意寄廬岳・4-153
斯人竟不起・3-58
使人對此心緬邈・7-25
使人莫錯亂愁心・7-146
斯人無良朋・3-465
斯人不可聞・6-229
使人成荒淫・1-171
使人悵望何可論・4-237
使人聽此凋朱顏・1-198
死者爲歸人・6-393
斜低建章闕・6-200
思塡東海強銜一木・2-46
謝亭離別處・6-222
謝朓已沒青山空・2-428
似鳥海東來・2-172
四足無一蹶・1-240
士卒塗草莽・1-222

| | |
|---|---|
| 似從地底來・1-312 | 死灰同至寂・3-220 |
| 四座歌相催・6-288 | 朔雪落吳天・3-11 |
| 四坐皆揚眉・5-195 | 朔雪亂邊花・2-144 |
| 四座羅朝英・4-322 | 朔雁別海裔・6-448 |
| 四座無凡賓・3-227 | 朔雲橫高天・5-195 |
| 四坐楚囚悲・7-276 | 朔風颯颯吹飛雨・2-428 |
| 四座醉清光・5-410 | 朔風正搖落・6-133 |
| 捨罪警風俗・2-13 | 山雞羞淥水・2-348 |
| 捨舟共連袂・5-246 | 山雞翟雉來相勸・2-439 |
| 沙塵暗雲海・3-307 | 山高月夜寒・7-439 |
| 沙塵接幽州・2-110 | 山公酩酊何如我・4-406 |
| 沙塵何茫茫・6-34 | 山空碧水流・6-222 |
| 舍此戒禽荒・4-426 | 山公欲倒鞭・4-266 |
| 紗窗曙色新・2-72 | 山公欲上馬・2-61 |
| 紗窗倚天開・3-309 | 山公醉酒時・2-57 |
| 使妾腸欲斷・2-416 | 山公醉後能騎馬・3-353 |
| 使靑鳥兮銜書・7-177 | 山空霸氣滅・6-41 |
| 死託萬鬼鄰・2-5 | 山光水色靑於藍・4-405 |
| 辭殫意窮・3-97 | 山光搖積雪・5-399 |
| 四海南奔似永嘉・2-375 | 山倒洞庭波・3-168 |
| 四海望長安・4-27 | 山洞多乳窟・5-255 |
| 四海暗胡塵・3-381 | 山童薦珍果・5-231 |
| 四海雄俠兩追隨・2-218 | 山東豪吏有俊氣・5-219 |
| 四海此中朝聖主・2-403 | 山頭見月時・7-315 |
| 乍向草中耿介死・1-380 | 山明月露白・5-337 |
| 俟乎太階平・6-453 | 山鳴鵲鎭鐘・5-250 |

山貌日高古・5-437
山苗落澗底・4-393
山盤薦霜梨・5-311
散髮棹扁舟・1-61
散髮謝遠遊・6-448
山似洛陽多・6-198
山山白鷺滿・2-358
山蟬號枯桑・6-448
山水多奇蹤・5-74
山隨平野盡・4-319
山水何曾稱人意・3-353
山僧孰與從・7-430
山深雲更好・6-308
山陽五百年・4-34
潸然空淚流・4-387
山翁今已醉・6-265
山外接遠天・7-181
山月隨人歸・5-351
山爲龍虎盤・6-194
散爲飛雨川上來・5-178
山陰道士如相見・4-458
山陰道士迎・6-352
山陰遇羽客・6-172
山人不照鏡・5-183
散入春風滿洛城・7-103
山將落日去・4-215

散在六合間・1-296
山蝶舞莊周・7-339
山精雨嘯旋・6-183
山際逢羽人・5-328
山鳥飛絶處・3-450
酸棗垂北郭・5-311
山鳥下聽事・3-257
山鳥向我鳴・5-380
山從圖上見・4-183
山從人面起・5-82
山中尙含綠・5-207
散盡空掉臂・4-254
散帙臥遙帷・4-6
山川如剗縣・2-351
山川與雲平・7-265
山青滅遠樹・6-70
山草紐斜齊・7-298
山逐汎舟行・5-165
山逼畫屛新・3-261
山河功業存・3-432
山河亦衾幬・3-196
散下楚王國・6-103
山銜好月來・6-74
山海幾千重・1-289
山海向東傾・5-270
珊瑚映綠水・7-7

山花開欲燃・4-116
山花拂面香・2-360
山花揷寶髻・2-64
山花如繡頰・6-110
山火繞行圍・7-94
山花異人間・5-335
散花指天・1-297
山花向我笑・6-291
山曉望晴空・6-86
殺氣毒劍戟・2-110
殺氣凌穹蒼・2-105
殺氣赫長虹・6-95
殺氣橫千里・3-287
殺湍堙洪水・1-192
殺人都市中・1-419
殺人憤精魂・3-167
殺人如麻・1-199
殺人如剪草・2-23
殺之受惡名・6-213
殺添胡地骨・7-325
三江遊未還・4-174
三江七澤情洄沿・2-368
三見秦草綠・5-204
二季分戰國・1-95
三公運權衡・1-109
三光亂天文・5-95

三軍論事多引納・3-369
三軍髮成斑・2-166
三軍受號令・4-321
三軍盡衰老・1-222
三郡盡還珠・3-287
三窟賴馮諼・4-414
三年歸及長風沙・3-342
三年未許回・7-110
三年北信疏・7-201
三年不歸空斷腸・5-52
三年費精神・1-114
三年吟澤畔・4-306
三年帝道明・6-224
三登黃鶴樓・3-308
三龍紛戰爭・4-287
三萬六千日・1-79
摻袂何所道・4-274
三暮行太遲・6-142
三門橫峻灘・6-159
三杯歌棹謳・5-429
三杯弄寶刀・2-23
三杯拔劍舞龍泉・4-451
三杯便迴橈・5-246
三杯拂劍舞秋月・2-255
三杯容小阮・5-413
三杯爲爾歌・6-198

| | |
|---|---|
| 三杯吐然諾 · 1-326 | 三吳不足觀 · 6-83 |
| 三杯通大道 · 6-270 | 三吳張翰杯 · 4-370 |
| 三百六十日 · 7-215 | 三繞未安枝 · 3-372 |
| 三峰却立如欲摧 · 2-263 | 三月下瞿塘 · 6-217 |
| 三飛四迴顧 · 7-208 | 三月咸陽城 · 6-272 |
| 三謝不能餐 · 6-155 | 三入桃陂源 · 5-395 |
| 三事或可羞 · 5-169 | 三入鳳凰池 · 4-298 |
| 三山曠幽期 · 7-70 | 三子同二屐 · 4-389 |
| 三山期著鞭 · 3-111 | 三載夜郎還 · 6-360 |
| 三山動逸興 · 5-344 | 三災蕩璿璣 · 3-181 |
| 三山流安在 · 1-340 | 三朝空錯莫 · 3-195 |
| 三山半落青天外 · 6-50 | 三鳥別王母 · 7-123 |
| 三山懷謝朓 · 4-199 | 三朝上黃牛 · 6-142 |
| 森森矛戟擁靈臺 · 3-93 | 三朝又三暮 · 6-142 |
| 森森似銀竹 · 6-163 | 三尺童兒唾廉藺 · 3-251 |
| 三三五五映垂楊 · 1-404 | 三千光路歧 · 4-298 |
| 參商胡乃尋天兵 · 1-267 | 三千堂上客 · 3-432 |
| 三時大笑開電光 · 1-206 | 三川北虜亂如麻 · 2-375 |
| 三十六曲水迴縈 · 4-98 | 三千雙蛾獻歌笑 · 1-273 |
| 三十六離宮 · 1-437 | 三千陽春始一花 · 7-278 |
| 三十六峰常周旋 · 2-268 | 三天接畫梁 · 6-31 |
| 三十六萬人 · 1-49 | 三千還駿奔 · 4-414 |
| 三十六帝欲相迎 · 1-273 | 三春三月憶三巴 · 7-113 |
| 三十二蓮峰 · 4-383 | 三呼一交兵 · 2-13 |
| 三吳佳麗城 · 3-193 | 三花如未落 · 5-7 |
| 三吳邦伯皆顧盼 · 2-218 | 三花含紫煙 · 3-148 |

颯沓如流星・1-326
颯沓引公卿・2-86
挿鬢傷早白・4-178
颯颯蘆花復益愁・5-11
颯颯風卷沙・6-448
颯若羽翼生・5-333
颯然成衰蓬・1-93
挿羽破天驕・2-38
颯爾涼風吹・2-183
相看兩不厭・6-328
相看淚成行・4-317
相看淚成血・6-188
相看不忍別・5-59
相看如弟兄・4-362
相看月未墮・7-224
霜江夜淸澄・6-200
相去復幾許・3-466
相去不盈尺・6-372
相去數百年・4-195
相去千餘歲・5-270
相見不得親・2-140
想見仙人房・7-382
相見若悲嘆・7-217
相見情已深・2-140
相見何年月・2-226
霜結梅梢玉・7-404

霜驚壯士髮・4-44
相顧共凄然・5-36
嘗高謝太傅・3-167
尙恐丹液遲・1-18
常恐碧草晩・1-91
常恐不合幷・4-34
嘗恐烏鳶逐・2-117
霜空雲夢田・6-70
常恐委疇隴・6-419
常恐彩色晩・6-414
常恐楚人聞・3-158
常誇雲月好・4-174
相過醉金罍・6-288
上官佐鄱陽・5-100
相國齊晏子・4-430
想君發揚子・1-429
相期谷口逢・5-74
相期廓天步・3-233
相期乃不淺・4-467
相期凌紫氛・3-125
相期邈雲漢・6-267
相期在雲閣・4-195
霜氣正凝潔・5-201
湘潭幾日到・1-429
上黨碧松煙・5-185
霜臺降群彥・3-270

狀同楚漢相攻戰・2-445
霜落江始寒・4-171
霜落牛渚清・4-35
桑落洲渚連・5-100
霜落荊門江樹空・6-151
相連入雲去・3-450
霜露欺遠客・6-372
賞弄終日夕・6-308
上馬啼紅頰・1-374
嘗聞綠水曲・3-233
嘗聞龐德公・4-60
常聞玉泉山・5-255
嘗聞秦帝女・2-179
常聞此遊盤・4-23
霜眉邑中叟・3-419
相逢樂無限・4-347
相逢洛陽陌・4-82
相逢問愁苦・3-40
相逢不覺醉・7-233
相逢不相識・2-450
相逢盡蕭索・4-195
相逢且欲醉春暉・3-80
相逢太史奏・7-261
相逢平原里・1-102
相逢紅塵內・1-384
霜鬢兩邊白・3-460

相思俱對此・4-143
相思幾時歇・6-243
相思兩不見・5-259
相思淚成行・4-230
相思杳如夢・7-181
相思無由見・6-398
相思無因見・7-187
相思無日夜・7-134
相思無終極・3-337
相思無晝夜・5-106
相思復相保・7-289
相思不可見・4-125, 4-174
相思不相見・6-428
相思不惜夢・7-130
相思相見知何日・7-117
相思愁落暉・7-136
相思須上望夫山・7-196
相思若循環・2-225
相思若煙草・4-389
相思如明月・3-450
相思欲有寄・7-156
相思爲折三花樹・2-301
相思爾佳作・5-441
相思一水遙・4-148
相思一夜暝猿啼・4-333
相思在何處・3-108

相思在何許 · 5-161
相思傳一笑 · 6-380
相思定如此 · 5-100
相思千萬里 · 7-142
相思黃葉落 · 7-144
商山老紫芝 · 5-261
想像空留滯 · 4-133
想像金銀臺 · 5-324
象牀綺席黃金盤 · 3-361
想像徒盈嘆 · 7-35
想象東山姿 · 6-34
想象鸞鳳舞 · 5-337
想像晉末時 · 3-390
相送黃鶴樓 · 2-416
常隨步輦歸 · 2-64
相隨浮溟渤 · 4-378
湘水上女蘿衣 · 2-326
相隨在雲空 · 5-285
相隨迢迢訪仙城 · 4-98
湘水回九曲 · 5-42
上宿紫鴛鴦 · 2-436
常時飲酒逐風景 · 3-361
尚識仙人面 · 3-345
相失各萬里 · 4-215
傷心劇秋草 · 2-225
傷心步遲遲 · 4-274

傷我寸心中 · 1-351
常愛千鈞重 · 7-433
霜崖縞皓以合沓兮 · 2-289
相約相期何太深 · 3-342
相憶每長謠 · 5-247
相憶在鳴琴 · 5-39
相如却欲論文章 · 4-158
相如去蜀謁武帝 · 1-398
相如免脫鸂鶒裘 · 3-415
相與排冥筌 · 3-111
相如不足誇鸂鶒 · 2-428
相如不憶貧賤日 · 1-398
相如作賦得黃金 · 1-391
相如章臺巔 · 7-265
相與濟蒼生 · 4-465
相如還謝文君回 · 1-399
爽然溪谷寒 · 5-401
相迎不道遠 · 1-424
相邀共醉杯中綠 · 3-415
相邀弄紫霞 · 7-211
翔雲列曉陣 · 6-95
上元誰夫人 · 6-174
常爲大國憂 · 3-310
霜威出塞早 · 6-121
上有琴高水 · 5-149
上有六龍回日之高標 · 1-197

구절 찾아보기 - 사 · 217

賞幽萬壑通・4-72
上有無花之古樹・4-444
上有青冥之高天・1-264
上有墮淚碑・2-59
上有好鳥相和鳴・2-251
霜衣雪襟誠可珍・1-307
桑柘羅平蕪・6-11
桑柘連青雲・3-115
孀雌憶故雄・1-351
霜仗懸秋月・5-356
傷哉何足道・7-266
牀前看月光・2-174
相煎成苦老・3-220
霜啼三峽猿・5-118
上朝三十六玉皇・2-428
霜凋楚關木・7-208
霜凋逐臣髮・5-31
常存抱柱信・1-424
常從鮑照遊・4-17
牀中繡被卷不寢・7-144
相知同一己・3-127
相知兩相得・5-227
相知在急難・2-148
上陳樵漁事・5-231
尚採不死藥・1-13
上蔡蒼鷹何足道・1-259

霜清東林鐘・6-315
觴清泠之池閣・2-289
霜清長信宮・7-149
霜清天北門・3-432
相招琴溪飲・5-291
霜催橘柚黃・6-31
湘浦南遷莫怨嗟・3-405
商颷起寒梧・6-11
霜被群物秋・1-126
嘗恨迫世網・4-262
相銜漢水湄・7-320
嘗嫌玳瑁孤・2-226
相呼向蓬闕・6-412
相歡詠佳句・4-192
上皇歸馬若雲屯・2-407
相攜及田家・5-351
相攜同所適・3-221
相攜上白樓・4-17
相攜上清都・3-44
塞虜乘秋下・2-40
塞闊牛羊散・7-325
塞默少精神・6-369
色染秋煙碧・7-9
塞耳不能聽・1-267
色漲桃花然・6-103
生苦百戰役・2-5

| | |
|---|---|
| 生年不讀一字書·1-230 | 西歸去直道·5-174 |
| 生唐爲後身·3-381 | 書及雁迴峰·5-110 |
| 生事多契闊·3-195 | 西寄長安明月樓·4-470 |
| 生死了不盡·1-296 | 庶幾風化淳·4-430 |
| 生死誓同歡·7-289 | 庶女號蒼天·1-121 |
| 生死殊飄忽·6-342 | 書能知姓名·2-338 |
| 生事如轉蓬·3-6 | 西當太白有鳥道·1-197 |
| 生世如轉蓬·6-365 | 書帶留青草·7-75 |
| 生子不知根·2-436 | 西屠石堡取紫袍·5-294 |
| 生者爲過客·6-393 | 書禿千兔毫·3-411 |
| 生前一笑輕九鼎·4-405 | 庶同昆陽擧·3-381 |
| 生此豔陽質·1-151, 6-410 | 西登岳陽樓·4-314 |
| 生彼月窟·1-296 | 西登香爐峰·6-52 |
| 生乏黃金枉圖畵·1-371 | 西落此中時·4-169 |
| 西看明月憶峨眉·2-411 | 書來莫說更加湌·7-311 |
| 西江詩酒筵·7-233 | 西來欲報恩·3-276 |
| 西羌延國討·5-18 | 西來一搖扇·5-62 |
| 西江天柱遠·4-441 | 西來定未遲·4-161 |
| 西去益相思·4-298 | 西來添作錦江春·2-406 |
| 西經大藍山·4-192 | 西來青鳥東飛去·1-385 |
| 西過獲麟臺·4-387 | 西來何所爲·4-242 |
| 西關乘紫雲·1-118 | 書留綺窗前·5-204 |
| 西挂咸陽樹·4-412 | 西陸弦海月·1-105 |
| 西國有美女·6-414 | 西陵演浪過江難·7-311 |
| 舒卷與雲齊·5-160 | 西陵遶越臺·4-370 |
| 舒卷在胸臆·6-179 | 棲莫近吳宮燕·1-286 |

| | |
|---|---|
| 西望白鷺洲・7-63 | 西岳崢嶸何壯哉・2-263 |
| 西望長安不見家・6-319 | 棲巖君寂滅・5-207 |
| 西門秦氏女・2-89 | 西憶故人不可見・3-353 |
| 舒文振頹波・3-465 | 西王母桃種我家・7-278 |
| 暑服莫輕擲・2-20 | 西往華山中・5-285 |
| 西峰崢嶸噴流川・2-368 | 誓欲斬鯨鯢・3-390 |
| 徐市載秦女・1-13 | 誓欲清幽燕・3-270 |
| 西飛幾歲還・3-359 | 婿爲燕國王・2-89 |
| 西飛精衛鳥・4-163 | 西遊因獻長楊賦・4-100 |
| 西飛帝王州・5-126 | 西日落秦關・6-91 |
| 西山多白雲・6-416 | 西入長安到日邊・2-391 |
| 西山白雪暗秦雲・7-184 | 逝將歸蓬丘・6-362 |
| 西山玉童子・6-412 | 棲鳥去迴翔・6-375 |
| 西上令人老・3-308 | 庶存不朽・3-96 |
| 西上蓮花山・1-66 | 舒州杓・2-236 |
| 西上太白峰・6-22 | 西走邯鄲城・7-265 |
| 西塞當中路・5-133 | 西秦百萬衆・6-34 |
| 誓雪會稽恥・3-211 | 書此謝情人・5-128 |
| 西涉清洛源・4-345 | 書此謝知己・2-97, 4-247 |
| 西笑阻河梁・5-157 | 逝川去未央・7-241 |
| 庶昭忠誠・3-97 | 逝川與流光・1-40 |
| 西施負薪・2-291 | 西簷若瓊鉤・5-267 |
| 西施與東鄰・6-369 | 西出蒼龍門・4-328 |
| 西施越溪女・5-26, 6-169 | 西塔頂連天・7-439 |
| 西施宜笑復宜嚬・2-255 | 西討何時還・2-166 |
| 西施醉舞嬌無力・7-185 | 書罷籠鵝去・6-172 |

| | |
|---|---|
| 西風殘照・2-123 | 石頭巉巖如虎踞・2-328 |
| 西下峨眉峰・7-3 | 石蘿引古蔓・5-441 |
| 棲閑歸故園・5-231 | 夕來秋興滿・6-332 |
| 西海宴王母・1-137 | 石梁橫青天・4-345 |
| 西海慰離居・7-142 | 石勒窺神州・3-390 |
| 西海栽若木・1-296 | 石門流水徧桃花・6-111 |
| 西行有東音・4-426 | 石門噴作金沙潭・4-405 |
| 西輝逐流水・5-309 | 昔聞顏光祿・5-373 |
| 惜去愛佳景・5-388 | 昔聞牛渚吟五章・2-304 |
| 昔去有好言・7-156 | 石門中斷平湖出・2-450 |
| 石鏡更明天上月・2-399 | 石門最可觀・4-346 |
| 石鏡挂遙月・4-143 | 昔攀六龍飛・3-418 |
| 石徑入丹壑・6-283 | 昔放三湘去・3-333 |
| 石驚虎伏起・6-159 | 石壁老野蕨・6-45 |
| 石鏡廻清光・5-100 | 石壁望松寥・6-18 |
| 石橋如可度・4-380 | 石壁橫翠色・6-179 |
| 昔君布衣時・7-286 | 惜別傾壺醑・5-78 |
| 席卷六合通・3-374 | 惜別空慇懃・4-398 |
| 席卷英豪天下來・2-328 | 惜別耐取醉・5-57 |
| 惜其中道失歸路・1-334 | 惜別愁窺玉女窓・6-111 |
| 昔騎天子大宛馬・3-353 | 昔別雁門關・1-25 |
| 石斷寒泉流・6-257 | 昔別若夢中・5-110 |
| 石潭洗心耳・7-53 | 惜別且爲懽・5-104 |
| 夕待金門詔・6-440 | 昔別黃鶴樓・3-265 |
| 石黛刷幽草・7-29 | 石分浪花碎・6-249 |
| 石道生薔薇・4-335 | 石上弄寶瑟・6-5 |

石上有好月 · 5-363
夕樓碧海煙 · 3-111
石笋如卓筆 · 7-417
昔是今已非 · 1-9
昔時燕家重郭隗 · 1-254
昔視秋蛾飛 · 1-76
昔時紅粉照流水 · 5-26
昔時橫波目 · 2-214
昔我飛骨時 · 7-379
昔我遊齊都 · 1-69
夕陽窮登攀 · 6-22
昔余聞姮娥 · 6-436
昔與死無分 · 7-217
昔往今來歸 · 3-241
石聳麻姑壇 · 4-23
石容天傾側 · 5-437
席月開清樽 · 5-395
昔爲管將鮑 · 3-381
石爲樓閣九天開 · 2-393
昔爲大堤客 · 3-175
昔遊三峽見巫山 · 7-25
夕飲砥柱湍 · 1-129
昔人安在哉 · 6-321
昔人豪貴信陵君 · 2-283
昔日狂秦事可嗟 · 7-399
昔日萬乘墳 · 3-182

昔日芙蓉花 · 1-456
昔日繡衣何足榮 · 5-70
石作蓮花雲作臺 · 2-263
昔作一水魚 · 7-165
昔在九江上 · 3-263
昔在南陽城 · 6-342
昔在朗陵東 · 3-240
昔在長安醉花柳 · 3-292
昔照梁王樽酒中 · 5-342
夕鳥棲楊園 · 6-108
石竹繡羅衣 · 2-64
昔贈紫騮駒 · 5-142
昔之弟死兄不葬 · 1-267
惜此林下興 · 7-59
石甃冷蒼苔 · 6-239
石平御道開 · 5-324
夕披丹霞裳 · 1-132
惜彼落日暮 · 5-309
夕避長蛇 · 1-199
昔獻長楊賦 · 5-277
昔好杯中物 · 6-350
石火無留光 · 6-378
旋覺天地輕 · 6-450
仙經深討論 · 4-328
羨君無紛喧 · 7-53
羨君素書常滿案 · 6-111

先君懷聖德・6-29
仙宮雨無從・4-229
善卷讓天子・1-380
扇錦翼・1-380
選妓隨雕輦・2-66
先期汗漫九垓上・4-138
仙女下・7-369
仙臺應有期・4-347
先同稚子舞・3-413
仙郎久爲別・3-333
先流賈生涕・5-270
禪房花欲然・7-439
宣父敬項槖・4-362
宣父猶能畏後生・3-156
先師有訣神將助・7-22
仙山浮空島嶼微・4-446
禪牀今暫歇・7-430
船上齊橈樂・5-416
選色獻蛾眉・4-273
仙鼠如白鴉・5-255
宣城還見杜鵑花・7-113
旋收洛陽宮・3-374
善手明徽・1-367
禪室無人開・6-283
嬋娟羅浮月・4-133
嬋娟玉階側・7-40

先天濟川材・7-247
先繞漢水行・4-287
單于一平蕩・2-105
單于秋色來・2-187
仙尉趙家玉・4-367
先爲漢邊將・3-390
選幽開山田・4-52
仙遊渡潁水・7-55
仙遊未曾歇・6-412
旋應獻凱入・5-15
羨爾瑤臺鶴・7-320
蟬翼九五・2-46
仙人居射的・5-39
仙人騎彩鳳・6-395
仙人東方生・4-344
仙人鍊玉處・4-383
仙人撫我頂・3-306
仙人不見我・5-149
仙人相存・2-46
仙人垂兩足・1-433
仙人殊恍惚・6-378
仙人識青童・3-181
仙人十五愛吹笙・2-27
仙人如愛我・6-18
仙人有待乘黃鶴・2-247
仙人遊碧峰・5-337

| | |
|---|---|
| 仙人持玉尺・7-386 | 雪花大如手・6-326 |
| 仙人借綵鳳・4-229 | 雪花照芙蓉・1-56 |
| 仙人飄翩下雲輧・1-273 | 雪花酒上滅・5-393 |
| 仙人浩歌望我來・2-421 | 蟾蜍薄太清・1-9 |
| 先入青門道・6-428 | 蟾蜍蝕圓影・1-433 |
| 仙子乘雲遠駕車・7-423 | 纖手弄雲和・7-123 |
| 仙者五六人・4-23 | 纖手怨玉琴・1-91 |
| 宣州石硯墨色光・2-445 | 涉江弄秋水・6-398 |
| 仙之人兮列如麻・4-224 | 涉江翫秋水・7-187 |
| 先著祖生鞭・3-418 | 鑷白坐相看・3-162 |
| 仙風生指樹・4-273 | 涉雪搴紫芳・5-190 |
| 船下廣陵去・6-110 | 躡星虹・2-268 |
| 雪蓋宮樓閉・7-372 | 攝衣凌青霄・7-336 |
| 說劍紛縱橫・3-58 | 攝政無愧色・6-224 |
| 雪滿原野白・4-426 | 葉縣已泥丹竈畢・7-22 |
| 說法動海岳・3-240 | 聲價動天門・3-195 |
| 雪山掃粉壁・3-449 | 聲價凌煙虹・2-96, 4-246 |
| 雪上天台山・4-362 | 聲高重門側・5-215 |
| 雪崖滑去馬・4-389 | 成功羞執珪・4-1 |
| 雪泣拜天光・3-284 | 成功解相訪・3-196 |
| 雪泣憶蘭芳・7-241 | 星橋北挂象天星・2-403 |
| 雪點翠雲裘・5-126 | 聖君三萬六千日・1-345 |
| 雪霽萬里月・6-453 | 城闕閉黃埃・6-321 |
| 雪照聚沙雁・6-139 | 盛氣光引爐烟・7-367 |
| 雪畫天地明・4-27 | 城南已合數重圍・7-99 |
| 雪天各飛翻・3-195 | 聖達有去就・6-224 |

聖代羅榮滋·4-273
聖代復元古·1-3
盛德無我位·3-125
盛德未泯生英髦·3-132
星斗俛可捫·7-379
城頭鐵鼓聲猶震·7-98
星離雨散不終朝·4-99
星離一門·6-457
城門人開掃落花·2-271
城門何肅穆·3-204
城邊有古樹·4-80
城崩杞梁妻·1-398
聖寺閑棲睡眼醒·7-432
城上骸爭戇·6-481
盛色無十年·2-225
城西孤岧嶢·4-346
聲聲滴斷愁腸·7-365
猩猩啼煙兮鬼嘯雨·1-187
盛時難再還·5-118
醒時同交歡·6-267
星辰無光彩·3-307
星辰上森列·1-22
性安馴·1-307
誠然是九華·7-426
星影入城樓·4-110
聲譽廣平籍·4-210

城烏獨宿夜空啼·6-209
成王何夔夔·6-421
城隅淥水明秋日·4-221
聖人不得已而用之·1-222
聖人安用推天道·7-327
誠節冠終古·3-308
聖朝久棄青雲士·4-421
聖朝多雨露·4-448
聖朝思賈誼·5-90
聖主西巡蜀道來·2-393
聖主恩深漢文帝·3-405
聖主還聽子虛賦·4-158
聖智不失時·3-381
成此禍胎·6-457
星河爛人目·6-163
聖賢共淪沒·1-95
城壕失往路·5-311
星火五月中·6-288
城荒古蹟餘·6-332
城回江水流·6-196
世間行樂亦如此·4-224
洗開九芙蓉·7-430
歲光屢奔迫·4-56
世途多翻覆·1-180
世道有翻覆·3-191, 6-444
世道日交喪·1-86

世途自輕擲・3-220
世道終紛拏・1-95
歲落衆芳歇・6-121
世路今太行・6-388
世路多險艱・1-69
世路成奔峭・4-27
世路如秋風・4-195
世路有屈曲・1-79
細柳開營揖天子・1-409
歲晚來相依・4-335
歲晚悲東流・6-362
歲晚庶不奪・4-171
歲晚陟方蓬・3-375
歲晚託深期・3-14
歲晚或相訪・5-55
世無洗耳翁・1-83
歲物徒芬榮・5-380
歲物忽如此・4-113
世迫且離別・5-234
洗缽僧臨失鶴池・7-421
勢拔五岳掩赤城・4-223
洗兵條支海上波・1-222
洗拂青雲上・1-361
世事豈惟一・4-83
世事徒爲空・2-30
世上無知音・6-304

歲星入漢年・4-43
歲歲年年奈樂何・1-345
歲時同餕五侯門・6-111
洗心句溪月・4-328
洗心得眞情・4-465
歲晏歸去來・3-187
歲晏天崢嶸・6-471
歲晏何所從・6-479
世亦棄君平・1-45
洗硯修良策・7-302
細雨春風花落時・2-164
洗耳徒買名・4-465
洗耳何獨淸・1-354
世人皆比孟嘗君・5-114
世人見我輕鴻毛・1-207
世人聞此皆掉頭・5-294
世人不識東方朔・2-255
世人若醯雞・4-258
世人自棄我・5-49
世人種桃李・7-42
世人何悠忽・6-395
世傳崆峒勇・3-390
歲酒上逐風・3-460
勢吞落星石・4-189
歲寒尙不移・1-141
歲華逐霜霰・2-226

笑歌無休閑・1-98
笑開燕匕首・3-276
召客得英才・4-183
所居猛獸奔・3-432
所居未得鄰・1-18
笑隔荷花共人語・1-404
素頸未及斷・2-89
少輕衛霍屛・4-460
簫鼓聒川岳・2-126
小姑如妾長・2-226
小姑纔倚牀・2-226
小姑織白紵・7-174
所共重山岳・4-262
笑誇故人指絶境・4-405
所交盡豪雄・3-6
所求竟無緒・3-296
昭君拂玉鞍・1-374
所貴曠士懷・1-380
所貴心之珍・6-380
素琴本無絃・3-237
所期俱卜築・4-189
小妓金陵歌楚聲・7-235
所冀旄頭滅・3-270
嘯起白雲飛七澤・4-158
所期要津日・3-433
所期就金液・4-95

少女棹輕舟・6-233
素女鳴珠佩・2-78
少年落魄楚漢間・3-82
少年不得意・3-361
少年負壯氣・2-159
少年費白日・5-104
少年相欺凌・3-137
少年上人號懷素・2-445
少年往往來相識・5-264
少年游俠好經過・2-206
少年早欲五湖去・5-294
少年學劍術・1-419
少年解長劍・3-303
小大各有依・1-176
笑對劉公榮・4-258
笑讀曹娥碑・4-345
所得輕埃塵・4-262
掃梁園之群英・2-290
小令歸棹移・5-399
素面倚欄鉤・7-388
宵眠抱玉鞍・2-34
蘇武在匈奴・6-188
蘇武天山上・6-123
蘇武還漢家・2-144
素聞賢達風・2-96, 4-246
小物昧遠圖・5-190

笑飯葵與藿・4-195　　掃雪松下去・5-380
搔背牧雞鵝・3-168　　簫聲咽・2-123
小白鴻翼於夷吾・1-414　蕭蕭班馬鳴・5-76
笑別廬山遠・4-296　　蕭蕭白楊聲・7-265
巢父將許由・4-121　　脩脩北窗竹・6-444
少婦莫長嗟・2-42　　掃素寫道經・6-172
笑拂兩隻箭・2-1　　小小生金屋・2-64
素非伏櫪駒・3-191　　昭昭嚴子陵・1-42
素絲易變移・1-180　　蕭蕭長門宮・1-9
所思采芳蘭・3-466　　瀟灑在風塵・6-172
消爍凝津液・3-220　　瀟灑終日夕・7-9
小山連綿向江開・2-280　掃灑青天開・3-233
笑殺陶淵明・6-326　　瀟灑青霞賞・5-238
笑殺山公醉似泥・2-235　素手掬青靄・7-213
笑殺襄陽兒・2-61　　素手青條上・2-189
笑殺邯鄲人・1-114　　素手抽針冷・2-195
蕭颯古仙人・1-69　　素手把芙蓉・1-66
蕭颯望中來・3-48　　所守或匪親・1-199
蕭颯鳴洞壑・5-433　　蕭瑟爲誰吟・6-293
蕭颯沙棠枝・2-40　　蕭瑟後庭秋・7-273
蕭颯海樹秋・4-107　　小時不識月・1-433
瀟湘江北早鴻飛・5-427　所植唯蘭蓀・3-432
瀟湘之浦・1-187　　所食唯琅玕・1-129
蕭索竟終古・1-49　　掃拭青玉簟・7-66
素色愁明湖・5-136　　小臣拜獻南山壽・1-274
掃石待歸月・6-285　　素心久已冥・4-34

素心愛美酒・3-367
素心自此得・6-308
笑我晚學仙・5-330
小兒名伯禽・4-127
掃崖去落葉・5-395
蕭艾徒丰茸・3-445
疏楊挂綠絲・5-388
昭陽桃李月・2-72
小魚鯫兎何足言・4-237
脩然金園賞・6-260
蕭然忘千謁・6-45
蕭然松石下・5-386
蕭然若空無・4-14
脩然遠與世事間・6-112
昭王白骨縈蔓草・1-254
逍遙不記年・6-317
所願歸東山・6-356
所願得此道
所爲竟無成・4-258
巢由洗耳有何益・2-332
小儒安足悲・4-43
小隱慕安石・6-337
簫吟鳳下空・2-68
小邑且割雞・3-115
笑倚東窗白玉床・7-185
笑倚妝樓澹小蛾・7-410

笑矣乎笑矣乎・2-332
所以桃李樹・1-86
笑而不答心自閑・5-181
素以烟霞親・4-262
所以尹婕好・6-369
所以潛其鋒・1-56
所以終日醉・6-313
所以知酒聖・6-274
所以陳片言・3-6
所以青雲人・4-389
笑人不好士・4-414
小人爲沙蟲・1-93
笑入荷花去・7-223
笑入胡姬酒肆中・2-162
小子別金陵・4-35
小子謝麟閣・4-274
小子忝枝葉・4-205
笑酌黃花菊・5-444
巢在崑山樹・3-233
所在卽爲寶・3-449
小節豈足言・3-6
宵濟越洪波・6-224
少帝長安開紫極・2-407
蕭條兩翅蓬蒿下・1-286
蕭條萬里外・2-126
蕭條使人愁・2-344

| | |
|---|---|
| 蕭條徐泗空・6-191 | 所向非徒然・4-266 |
| 蕭曹安峴岘・4-34 | 素華雖可攬・6-81 |
| 蕭曹曾作沛中吏・2-218 | 俗變羌胡語・6-129 |
| 蕭條清萬里・2-50 | 俗儒安可通・6-95 |
| 蕭條出世表・5-363 | 速此南行舟・5-267 |
| 笑坐雕鞍歌落梅・2-235 | 飡霞樓上動仙樂・4-99 |
| 小舟若鳧雁・5-160 | 飡霞嗽瑤泉・3-308 |
| 蕭朱亦星離・1-180 | 送客謝亭北・6-91 |
| 掃地無纖莖・4-35 | 送客迴輕舠・4-367 |
| 掃地物莽然・3-281 | 松溪石磴帶秋色・7-20 |
| 掃地借長鯨・3-307 | 松高白鶴眠・6-317 |
| 掃盡更還生・7-204 | 松古漸無煙・6-183 |
| 少盡其力老棄之・1-241 | 宋國梧臺東・1-158 |
| 蕭陳難與群・5-94 | 送君登黃山・5-160 |
| 蘇秦所以不墾二頃田・2-332 | 送君別有八月秋・5-11 |
| 笑盡一杯酒・1-419 | 送君不盡意・5-110 |
| 蘇秦初說韓・3-162 | 送君遊梅湖・4-376 |
| 掃清江漢始應還・2-389 | 送君遊此地・4-378 |
| 掃清胸中憂・4-314 | 送君日千里・5-31 |
| 素草寒生玉佩・7-367 | 送君從此去・5-130 |
| 笑春風・1-281 | 送君之歸兮・2-289 |
| 笑出花間語・2-70 | 送君此去令人愁・4-470 |
| 掃蕩六合清・3-308 | 送君此時去・7-63 |
| 笑吐張儀舌・3-140 | 送君灞陵亭・4-444 |
| 笑何誇而卻秦・2-291 | 送君黃鶴樓・5-126 |
| 所恨不見之・3-211 | 松蘿蔽幽洞・6-247 |

松蘭相因依·3-445
松暝已吐月·6-144
松鳴風琴裏·5-208
松門拂中道·5-100
松門閉青苔·6-283
松密蓋初圓·4-150
松柏本孤直·1-42
松柏雖寒苦·4-262
松柏含榮滋·4-298
送別強爲歡·5-124
送別枯桑下·4-428
送飛鳥以極目·7-177
松霜結前楹·6-450
松色寒轉碧·4-178
松雪窗外曉·7-49
頌聲久崩淪·1-114
訟息但長嘯·3-14
訟息鳥下階·3-115
涑身已電滅·1-22
送我至剡溪·4-223
送余驃騎亭·3-306
宋玉事襄王·3-233
宋玉事楚王·6-438
送爾難爲別·5-165
送爾遊華頂·5-39
送爾長江萬里心·2-328

宋人不辨玉·4-414
松子棲金華·2-197
訟庭無事羅衆賓·2-368
訟庭垂桃李·3-441
送之吳江濆·5-23
送此萬里目·3-309
松風鳴夜絃·3-149
松風颯驚秋·5-344
松風如五絃·6-8
松風五月寒·3-42
松風清襟袖·7-53
松風清瑤瑟·4-83
松風吹我足·7-336
松風和猿聲·4-346
松寒不改容·3-445
送行駐金羈·4-215
送行奠桂酒·4-403
刷毛琪樹間·4-21
灑寶炎煨·6-457
灑掃黃金臺·4-210
灑染中山毫·7-347
灑以甘露言·6-76
灑酒氣塡膺·6-200
灑酒澆君同所懽·2-319
衰老相憑因·4-262
衰疾乃綿劇·4-56

誰可比光輝·3-201
誰歌玉樹後庭花·2-328
誰家玉笛暗飛聲·7-103
垂竿待魚食·6-231
輸肝剖膽效英才·1-254
愁看楊花飛·5-378
水客弄歸橈·5-157
水客凌洪波·4-14
戍客望邊色·1-331
愁客思歸坐曉寒·7-20
水車嶺最奇·2-354
雖居燕支山·2-1
愁見江水碧·6-153
羞見邢夫人·6-369
遂結城南期·5-444
愁苦不窺鄰·3-201
樹古青蘿懸·3-419
秀骨象山岳·3-381
收功報天子·2-105
愁空山·1-198
垂拱眾流安·6-83
愁寬去時衣·6-372
守官清且閑·4-174
遂曠林中期·4-6
秀句滿江國·4-34
水國奉戎旃·3-270

水國饒英奇·3-449
水國鬱蒸不可處·5-52
水國遠行邁·4-328
水國有豐年·3-419
水國秋風夜·5-123
隨君雲霧迷所爲·3-361
受屈不改心·3-64
水窮三苗國·6-471
誰貴經綸才·3-48
遂歸池上酌·3-419
水劇隴頭悲·5-143
水急客舟疾·2-360
水急松聲哀·5-324
誰肯飯王孫·4-414
誰肯相牽攀·2-226
受氣有本性·3-418
誰念劉越石·4-314
誰念北樓上·6-86
誰念張仲蔚·4-428
誰念矍鑠翁·3-375
首農政·1-307
誰能見清澈·6-239
誰能攬鏡看愁髮·2-201
誰能書閣下·1-326
誰能賞白日·2-211
誰能春獨愁·6-272

愁多酒雖少·6-274
水澹澹兮生烟·4-223
水澹望長安·4-199
樹黨自相群·1-165
首戴方山巾·7-87
誰道君王行路難·2-398
誰道溟渤深·4-274
誰道信陵君·3-337
羞道易水寒·1-419
誰道腰肢窈窕·7-358
誰道此水廣·4-163
誰道太山高·4-218
誰道土無心·1-398
雖登洛陽殿·5-62
垂羅舞縠揚哀音·1-447
水落寒沙空·6-186
愁來飲酒二千石·3-353
遂令世上愚·5-221
水綠南薰殿·2-78
水綠無寒煙·6-70
水綠沙如雪·2-59
水淥天青不起塵·2-406
水綠秋山明·5-450
手弄素月清潭間·2-300
水流知入海·5-250
颼飀兮萬尋·1-367

水陸相控帶·3-441
壽陵失本步·1-114
數里送君還·4-271
誰憐團扇妾·7-149
誰憐李飛將·1-25
誰憐明月夜·3-140
誰明此胡是仙眞·1-296
水木榮春暉·6-297
水木有佳色·5-437
秀木含秀氣·6-59
雖無三台位·4-34
手舞石上月·6-293
遂無少可樂·6-388
雖無二十五老者·3-369
水紋愁不起·7-296
愁聞出塞曲·7-96
愁眉似鎖難開·7-363
秀眉霜雪顏桃花·1-354
羞訪季主卜·6-444
水白虎溪月·6-315
水碧或可採·6-202, 6-205
手秉玉麈尾·3-240
收兵鑄金人·1-13
遂步巫山巓·6-144
繡服開宴語·3-270
水覆難再收·1-456

繡服揮清詞・5-149
雖不同辛苦・7-201
殊不知此曲之古今・1-367
守分絕所欲・2-117
水拂寄生枝・2-354
袖拂白雲開素琴・5-278
雖不如延年妹・1-375
袖拂紫煙去・2-300
羞比垂釣翁・6-365
殊非遠別時・5-123
誰使女蘿枝・1-391
垂絲百尺挂雕楹・2-251
誰使爾爲魚・2-134
修蛇橫洞庭・6-471
搜索連洞壑・4-346
隨山起館宇・6-288
愁殺戰征兒・7-292
愁殺盪舟人・2-175
繡澀苔生・1-334
水上女蘿衣白雲・5-72
水狀龍縈盤・6-159
袖上雲霞收夕霏・2-428
秀色空絕世・1-89
秀色難爲名・4-66
水色南天遠・5-90
水色倒空靑・4-192

秀色連州城・4-125
秀色連蒼梧・4-11
樹色老荒苑・7-66
水色淥且明・6-11
水色夢沅湘・4-310
秀色發江左・5-154
秀色不可名・4-345
秀色誰家子・2-140
秀色掩今古・6-169
秀色如瓊花・2-89
水色傲溟渤・3-44
水色異諸水・2-426
秀色一如此・3-201
秀色橫分歷陽樹・2-328
水石相噴薄・4-346
水石遠清妙・4-27
水石日在眼・4-347
水石潺湲萬壑分・7-25
繡成歌舞衣・3-201
遂成山川限・3-52
遂成雲霄隔・4-178
手成天地功・3-374
水續萬古流・4-346
水樹綠如髮・3-309
愁水復愁風・1-429
秀水出寒煙・5-108

颼颼吹盡炎氛過・5-277
樹樹花如雪・4-161
隨手會凋歇・6-436
水宿五溪月・5-118
誰識臥龍客・2-243
誰識此老翁・1-361
樹深時見鹿・6-330
水深行人沒・1-334
羞顏未嘗開・1-424
愁顏發新歡・5-215
守羊車未至・7-374
垂楊拂淥水・2-153
壽陽信天險・4-460
誰言貴此物・4-145
羞言梁苑地・4-274
雖言異蘭蕙・6-434
誰言會面易・2-436
遂掩太陽・3-97
遂與群雞匹・4-414
授余金仙道・3-240
羞與時人同・5-174
水與心俱閑・5-386
水如一疋練・2-361
壽與天齊傾・1-28
水與晴空宜・4-215
愁如回颷亂白雪・1-387

水驛苦不緩・4-155
雖然剡溪興・4-63
水影弄月色・6-301
羞營覆車粟・2-117
手翳紫芝笑披拂・2-428
水搖金剎影・6-31
樹繞蘆洲月・5-250
水搖寒山碧・4-189
愁容變海色・6-125
水舂雲母碓・7-211
遂偶本州牧・5-444
誰云敢攀折・7-59
誰云秦軍衆・4-218
愁雲蒼慘寒氣多・2-259
誰云秋興悲・4-215
雖爲江寧宰・4-347
雖爲刀筆吏・4-258
誰謂歷三秋・2-416
雖爲李白婦・7-215
愁爲萬里別・4-229
誰爲珉玉分・6-416
誰爲不平者・7-417
愁爲莊舄吟・3-140
遂爲蒼耳欺・5-311
遂爲青山客・6-308
雖有匡濟心・6-453

| | |
|---|---|
| 雖遊道林室·5-455 | 水入北湖去·5-372 |
| 須臾髮成絲·2-140 | 羞入原憲室·2-23 |
| 袖有匕首劍·5-201 | 水入會稽長·4-285 |
| 遂遊西巖前·5-363 | 羞作濟南生·3-72 |
| 須臾掃盡數千張·2-445 | 水作青龍盤石堤·5-318 |
| 雖有數斗玉·4-43 | 愁作秋浦客·2-351 |
| 雖有玉山禾·1-241 | 樹雜日易隱·4-52 |
| 垂恩儻丘山·3-227 | 袖長管催欲輕舉·4-99 |
| 垂陰亦流芬·3-115 | 雖藏難蔽身·4-439 |
| 垂衣貴清眞·1-3 | 遂將三五少年輩·4-405 |
| 愁倚兩三松·6-330 | 雖將簪組狎·4-398 |
| 繡衣柱史何昂藏·3-369 | 遂將朝市乖·4-43 |
| 繡衣貂裘明積雪·4-453 | 秀才何翩翩·5-108 |
| 授以鍊藥說·1-22 | 手跡自此滅·7-156 |
| 授以神藥·2-46 | 手跡尺素中·5-291 |
| 誰人可相從·3-263 | 誰傳廣陵散·6-342 |
| 誰人更掃黃金臺·1-254 | 手接飛猱搏彫虎·1-207 |
| 誰人今繼作·5-36 | 手接太行猱·2-23 |
| 誰人獨宿倚門啼·7-200 | 水亭風氣涼·5-100 |
| 數人不知幾甲子·6-111 | 水淨霞明兩重綺·3-342 |
| 誰人不言此離苦·1-187 | 水淨寒波流·6-27 |
| 誰人識此寶·4-14 | 手提嬴女兒·6-174 |
| 誰忍子規鳥·6-131 | 遂造窮谷間·6-257 |
| 隨人直渡西江水·7-228 | 雖照陽春暉·1-124 |
| 誰人測沈冥·1-45 | 垂釣滄浪前·4-266 |
| 水引寒煙沒江樹·3-351 | 垂釣滄波間·1-42 |

誰種龜陰田·4-127
水從天漢落·3-261
隨珠枉被彈·4-448
修竹含清景·7-435
手中萬歲胡孫藤·2-322
手中電曳倚天劍·1-409
袖中趙匕首·3-457
酬贈非炯誡·5-234
誰知嫁商賈·2-416
手持錦袍覆我身·4-99
誰知道南宅·3-460
手持綠玉杖·4-138
誰知蓬萊山·1-98
數枝石榴發·6-288
水至亦不去·2-93
誰知堯與跖·1-83
手持一枝菊·4-178
水盡南天不見雲·5-421
樹棒拔桂囚鷥寵雞·6-465
水鑿衆泉引·4-121
誰探逸景孫·1-241
遂忝玳筵居·7-11
羞逐桃李春·4-262
羞逐長安社中兒·1-254
遂築黃金臺·1-53
秀出九芙蓉·3-263

遂出城東田·5-320
誰測主人情·3-281
水濁不可飲·2-137
水濁不見月·1-334
水退池上熱·6-260
隨波樂休明·4-258
手把芙蓉朝玉京·4-138
隨波送逐臣·5-128
隨波任安流·4-17
垂鞭直拂五雲車·7-160
隨風生珠玉·1-456
隨風任傾倒·1-391
隨風直到夜郎西·4-93
隨風波兮去無還·1-188
羞彼鶴上人·1-18
水閑明鏡轉·6-79
水寒夕波急·4-72
水合青天流·4-107
遂諧靜者翫·7-35
須行卽騎訪名山·4-224
水向天邊流·3-187
繡戶中相經過·1-345
繡戶香風暖·2-72
水或戀前浦·7-162
水闊無還舟·4-133
遂荒營丘東·1-361

水橫洞以下渌・2-290
手揮白楊刀・2-89
垂輝映千春・1-3
誰揮鞭策驅四運・1-312
手攜金策踏雲梯・4-333
手攜五色魚・7-201
手攜此物贈遠人・5-219
叔繼趙平原・5-118
肅穆列藩維・4-273
肅穆坐華堂・3-307
倏爍晦冥起風雨・1-206
鷫鸘裘在錦屛上・1-399
鷫鸘換美酒・2-30
宿昔契彌敦・4-83
宿昔成秋顏・6-299
倏如飄風度・1-69
宿鳥歸飛急・2-120
孰知其指的・3-220
夙被霜露欺・3-455
倏忽凌九區・3-191
倏忽變光彩・2-197
倏忽復西北・5-215
倏忽城西郭・6-81
倏忽侵蒲柳・2-211
舜昔授禹・6-465
舜野死・1-188

淳于免詔獄・2-13
戌削風骨・1-296
嵩岳臨上脣・1-296
嵩岳逢漢武・7-104
嵩岳是燕山・6-129
嵩陽玉女峰・5-55
膝橫花間琴・6-293
拾塵掇蜂・3-96
勝概凌方壺・3-44
勝境美沃洲・5-433
勝境由來人共傳・5-11
升公湖上秀・5-455
乘橋躙彩虹・4-383
乘君素舸泛涇西・5-439
昇堂接繡衣・6-137
乘鸞飛烟亦不還・1-236
乘鸞著玉鞭・7-213
乘驢上東平・3-281
乘龍天飛・2-46
乘流興無極・6-231
乘杯向蓬瀛・3-241
乘船往石頭・5-246
乘輿擁翠蓋・2-96, 4-246
乘雲駕輕鴻・1-93
乘運共躍鱗・1-3
乘月歸田廬・5-307

| | |
|---|---|
| 乘月醉高臺・6-274 | 時登大樓山・1-18 |
| 乘月託宵夢・6-372 | 詩騰顔謝名・4-287 |
| 承恩樂未窮・7-149 | 時登張公洲・3-158 |
| 承恩賜御衣・3-86 | 時落銀燈香灺・7-361 |
| 承恩初入銀臺門・3-361 | 豺狼屢翻覆・3-374 |
| 乘舟弄月宿涇溪・4-333 | 豺狼盡冠纓・1-66 |
| 昇天如有應・7-412 | 時來極天人・3-162 |
| 升沉應已定・5-82 | 時來列五鼎・3-460 |
| 乘風下長川・3-205 | 時來不關人・4-229 |
| 乘閒弄晚輝・7-94 | 時來引山月・3-255 |
| 乘興但一行・4-347 | 時來一顧我・4-195 |
| 乘興不覺遠・6-257 | 時來或招尋・4-393 |
| 乘興一來過・5-7 | 是老胡雞犬・1-297 |
| 乘興任所適・4-82 | 時命乃大謬・3-306 |
| 乘興坐胡床・6-211 | 時命若不會・3-21 |
| 乘興嫌太遲・4-116 | 時命或大繆・6-224 |
| 乘興忽復起・4-266 | 時無魏公子・5-28 |
| 始覺秋非春・4-430 | 始聞鍊氣飡金液・2-27 |
| 始覺秋風還・3-246 | 時聞天香來・6-45 |
| 始經瞿唐峽・6-144 | 試發清秋興・5-92 |
| 時景如飄風・1-93 | 侍奉有光輝・3-413 |
| 時過菊潭上・6-342 | 始復知天秋・6-448 |
| 時過或未來・5-100 | 時事且未達・7-87 |
| 時光速流電・3-345 | 試涉霸王略・3-306 |
| 時當大火流・6-121 | 詩成笑傲凌滄洲・2-247 |
| 始滔天於燕齊・6-465 | 詩成傲雲月・5-344 |

| | |
|---|---|
| 始承國士恩 · 3-432 | 是日逢仙子 · 2-179 |
| 時昇翠微上 · 4-52 | 時將紅袖拂明月 · 7-191 |
| 時乘平肩輿 · 4-274 | 時哉苟不會 · 3-187 |
| 是時君王在鎬京 · 2-251 | 詩裁兩牛腰 · 3-411 |
| 時時起泉石 · 6-235 | 試宰中都天下聞 · 4-221 |
| 時時龍鳴 · 1-334 | 詩傳謝朓清 · 5-165 |
| 是時僕在金門裏 · 3-145 | 時從府中歸 · 3-204 |
| 是時霜飈寒 · 5-195 | 侍從羽林兒 · 5-142 |
| 時時慰風俗 · 3-419 | 始從鎬京還 · 7-257 |
| 時時只見龍蛇走 · 2-445 | 始知金仙妙 · 6-253 |
| 時時出向城西曲 · 4-100 | 始知殺氣嚴 · 7-208 |
| 時時或乘興 · 4-389 | 始知靜者閑 · 6-257 |
| 時尋漢陽令 · 6-324 | 始知灞上爲嬰孩 · 1-409 |
| 時炎道遠無行車 · 5-52 | 試借君王玉馬鞭 · 2-391 |
| 時訛皆失眞 · 5-234 | 時餐金鵝蕊 · 3-149 |
| 時杠白紵詞 · 3-44 | 時遷大運去 · 6-45 |
| 時往太華峰 · 2-424 | 是妾嫁時物 · 1-398 |
| 時爲梁甫吟 · 4-242 | 是妾斷腸時 · 2-185 |
| 時危人枯槁 · 6-471 | 是妾手中跡 · 2-20 |
| 試爲巴人唱 · 1-74 | 時清不及英豪人 · 3-251 |
| 時遊敬亭上 · 3-419 | 嘶靑雲 · 1-240 |
| 時人見我恆殊調 · 3-156 | 示恥無撲抶 · 3-115 |
| 詩因鼓吹發 · 5-405 | 侍寢金屛中 · 2-30 |
| 時人棄此物 · 3-26 | 始探蓬壺事 · 6-450 |
| 詩人多見重 · 4-380 | 時泰多美士 · 4-393 |
| 時人疑夜光 · 3-407 | 時泰解繡衣 · 5-285 |

侍筆黃金臺 · 6-481
始向蓬萊看舞鶴 · 2-251
侍軒轅 · 1-233
豺虎不敢窺 · 5-142
詩興生我衣 · 2-428
食君穅秕餘 · 2-117
食其在旁 · 3-97
食悶飛不起 · 7-323
食不噎 · 1-307
食雪首陽巓 · 3-418
拭眼避天位 · 7-415
食棗大如瓜 · 4-95
食之可以凌太虛 · 7-257
蝕此瑤臺月 · 1-9
食出野田美 · 4-291
身居玉帳臨河魁 · 1-409
身計何戚促 · 2-117
神怪何翕忽 · 6-13
新交寧見矜 · 3-137
神器難竊弄 · 3-381
身騎白鹿行飄颻 · 2-428
身騎白黿不敢度 · 3-88
身騎飛龍耳生風 · 2-268
身騎飛龍天馬駒 · 3-82
晨起鼻何酸 · 7-289
身騎土牛滯東魯 · 4-421

神女去已久 · 1-178
神女豈同歸 · 6-405
神女歿幽境 · 6-103
神農好長生 · 7-49
新圖粉壁還芳菲 · 5-264
晨登瓦官閣 · 6-41
身登青雲梯 · 4-223
神力百夫倍 · 2-442
信陵奪兵符 · 4-414
神明太守再雕飾 · 5-264
身沒期不朽 · 6-388
愼勿作桃李 · 3-64
神物合有時 · 1-207
神物會當逢 · 1-56
神靡遁響 · 3-97
申眉路無梯 · 3-26
神扶萬栱傾 · 6-41
新賞成胡越 · 4-202
身世殊爛熳 · 6-479
身世如兩忘 · 5-208
身隨名山遠 · 6-301
新鶯飛繞上林苑 · 2-252
新月到應圓 · 5-78
身爲名公子 · 3-420
身爲下邳客 · 5-221
宸遊敎在誰邊 · 7-361

神融一開襟・3-211
神鷹夢澤・1-335
神人多古貌・7-104
新人非舊人・1-61
新人如花雖可寵・7-172
身將客星隱・1-42
身長數千里・1-107
新妝坐落日・7-126
新妝蕩新波・7-226
身在方士格・3-220
晨朝來借問・3-396
新知樂未疏・6-332
身著日本裘・4-347
身著赤霜袍・6-174
新寵方姸好・2-225
晨趨紫禁中・6-440
身佩豁落圖・4-229
申包哭秦庭・5-238
申包惟慟哭・6-129
身被詔獄加・2-89
身披翠雲裘・2-300
神行電邁躡恍惚・1-240
新絃探梨園・5-373
新花期啓發・6-76
新花豔舞衣・2-76
晨興見曉月・7-241

失計長江邊・3-419
失道還衰老・6-475
失路長棄捐・1-147
失勢去西秦・7-204
失勢青門旁・4-298
蟋蟀傷褊淺・3-52
實此輕華嵩・3-182
失寵秋風歸・3-201
失向來之烟霞・4-224
心傾美酒盡玉椀・1-293
尋古登陽臺・1-178
深愧短促・2-46
心垢都已滅・6-260
深宮高樓入紫清・1-273
深宮冥綠苔・5-390
深宮夢秋月・2-102
深宮翳綠草・7-265
深宮晉綺羅・6-198
心斷竟何言・4-304
心斷明月暉・6-430
深林雜樹空芊綿・2-368
心飛故國樓・6-121
心飛秦塞雲・6-479
心悲胡雁聲・4-125
尋絲得雙鯉・7-382
深思萬事捐・7-433

| | |
|---|---|
| 深山見峽迎・7-317 | 心將元化竝・7-49 |
| 尋仙下西嶽・5-250 | 心藏風雲世莫知・2-217 |
| 尋仙向南岳・5-80 | 心在期隱淪・5-234 |
| 心隨長風去・3-72 | 心切理直・3-97 |
| 心隨天馬轅・3-167 | 心靜海鷗知・3-348 |
| 深心紫河車・4-274 | 心齊魯連子・4-344 |
| 心愛名山遊・6-301 | 沈弟欲行凝弟留・4-421 |
| 沈約八詠樓・4-346 | 深坐顰蛾眉・7-176 |
| 尋陽江上風・4-143 | 心中與之然・4-66 |
| 尋陽滿旌旆・3-308 | 心知不得語・3-307 |
| 尋陽非剗水・5-100 | 心淸松下風・4-72 |
| 尋陽五溪水・5-11 | 心摧兩無聲・1-109 |
| 尋陽釣赤魚・7-351 | 心摧淚如雨・2-137 |
| 心與浮雲閑・1-42 | 心逐江水流・2-416 |
| 心如世上靑蓮色・2-322 | 心逐去帆揚・6-31 |
| 心與雲俱開・5-390 | 深沉百丈洞海底・4-405 |
| 心與天壤俱・3-44 | 心閑遊川魚・5-307 |
| 心亦不能爲之哀・2-236 | 心閑遊天雲・3-158 |
| 心搖目斷興難盡・2-368 | 心閑且未去・7-39 |
| 深爲江海言・6-108 | 心懸萬里外・4-82 |
| 心爲殺人劍・7-406 | 尋稔此相得・5-215 |
| 尋幽居兮越巇崿・2-290 | 心魂逐旌旆・1-25 |
| 尋幽無前期・6-257 | 尋花幾處行・3-367 |
| 尋幽殊未歇・5-363 | 心和得天眞・3-115 |
| 深仁恤交道・3-308 | 十去九遲回・2-450 |
| 深藏身與名・1-326 | 十見羅浮秋・4-314 |

| | |
|---|---|
| 十見紅藥秋・6-362 | 十千五千旋沽酒・2-206 |
| 十見花成雪・7-181 | 雙歌二胡姬・3-411 |
| 十年持漢節・6-188 | 雙歌入青雲・3-21 |
| 十年醉楚臺・3-265 | 雙溪納歸潮・4-346 |
| 十年罷西笑・4-229 | 雙光豈云隻・3-220 |
| 十六君遠行・1-424 | 雙橋落彩虹・6-86 |
| 十萬羽林兒・7-325 | 雙騎駿馬行・4-258 |
| 十步九太行・3-246 | 雙對可憐影・1-399 |
| 十步兩躍躍・2-13 | 雙眸光照人・5-201 |
| 十步殺一人・1-326 | 雙目送飛鴻・1-361 |
| 十四爲君婦・1-424 | 雙翻碧玉蹄・2-157 |
| 十三弄文史・4-344 | 雙峰自相對・6-249 |
| 十歲與天通・3-181 | 雙鳧忽去定何依・7-22 |
| 十五觀奇書・3-390 | 雙飛難再得・1-351 |
| 十五始展眉・1-424 | 雙飛令人羨・1-351 |
| 十五遊神仙・6-412 | 雙飛西園草・1-424 |
| 十五入漢宮・2-30 | 雙飛入簾櫳・6-428 |
| 十五許嫁君・2-225 | 雙鰓呀呷鰭鬣張・5-219 |
| 十月到幽州・3-307 | 雙垂兩足揚素波・2-450 |
| 十月三千里・7-236 | 雙雙掉鞭行・2-1 |
| 十月吳山曉・7-96 | 雙雙落朱顏・7-162 |
| 十二樓五城・3-306 | 雙雙語前簷・7-208 |
| 十二周律曆・3-220 | 雙雙戲庭幽・1-61 |
| 十日不滿匹・3-201 | 雙鵝飛洛陽・4-27 |
| 十子若不肖・2-13 | 雙燕復雙燕・1-351 |
| 十載客梁園・3-167 | 雙烟一氣凌紫霞・1-348 |

雙耳下垂肩 • 7-104
雙入鏡中開 • 4-456
雙雌同飮啄 • 1-380
雙在瓊樹棲 • 5-160
雙珠出海底 • 3-227
雙鶬迸落連飛鶻 • 1-230
雙吹紫鸞笙 • 1-28
雙萍易飄轉 • 5-271
雙行桃樹下 • 4-127
雙行洛陽陌 • 2-148
雙懸日月照乾坤 • 2-407
雙花競春芳 • 7-90
雙鬟白玉童 • 5-405

【아】

我家敬亭下 • 4-195
我家寄東魯 • 4-127
我家寄在沙丘旁 • 5-52
我歌白雲倚窗牖 • 4-406
我家北海宅 • 7-75
我家仙翁愛淸眞 • 2-300
我家小阮賢 • 4-380
我歌月徘徊 • 6-267
我家有別業 • 5-201
我家賢侍郞 • 5-413

我覺秋興逸 • 4-215
我居淸空表 • 7-386
我去黃牛峽 • 4-304
我見樓船壯心目 • 1-409
我苦惜遠別 • 4-347
我固侯門士 • 5-46
我君混區宇 • 6-83
我今尋陽去 • 7-201
我今停杯一問之 • 5-383
我今攜謝妓 • 6-347
我妓今朝如花月 • 2-319
我寄愁心與明月 • 4-93
我乃重此鳥 • 5-23
兒女嬉笑牽人衣 • 4-331
我獨不得出 • 1-254
我獨與君言 • 4-463
我獨之夜郞 • 4-317
我獨七十而孤棲 • 1-293
我來感意氣 • 6-285
我來竟何事 • 4-80
我來南山陽 • 6-277
我來逢眞人 • 1-22
我來不得意 • 5-444
我來不及此 • 5-373
我來屬芳節 • 5-363
我來屬天淸 • 6-45

我來尋梓愼・6-8
我來揚都市・4-367
我來五松下・5-433
我來遊秋浦・5-395
我來圯橋上・6-191
我來酌清波・6-34
我來定幾時・4-113
我來採菖蒲・7-104
我留在金門・5-207
我李百萬葉・3-115
我離雖則歲物改・6-111
我馬白・2-148
雅望歸安石・5-62
我無燕霜感・5-95
我舞影零亂・6-267
我無爲・1-273
我聞隱靜寺・5-74
蛾眉開玉樽・5-118
峨眉高出西極天・2-368
峨眉邈難匹・6-5
蛾眉不可妬・6-369
峨眉史懷一・4-17
峨眉山上列仙庭・2-403
峨眉山月半輪秋・2-409
峨眉山月照秦川・2-411
峨眉山月還送君・2-411

蛾眉笑躄者・4-414
蛾眉蕭颯如秋霜・1-236
蛾眉豔曉月・6-414
蛾眉綴明珠・5-373
蛾眉憔悴沒胡沙・1-371
我輩豈是蓬蒿人・4-331
我輩不作樂・5-358
我本不棄世・5-49
我本楚狂人・4-138
亞夫得劇孟・3-382
亞夫未見顧・4-321
亞夫哈爾爲徒勞・1-207
我浮黃河去京闕・2-283
我不及此鳥・7-208
我非東林人・4-298
我非彈冠者・4-393
我似浮雲滯吳越・2-411
我思仙人・1-385
我似鷦鷯鳥・6-324
我師此義不師古・2-445
亞相素所重・3-211
我書魯連箭・4-163
我昔東海上・4-95
我昔辭林丘・5-221
我昔釣白龍・4-229
我昔鬪雞徒・3-204

俄成萬里別・7-261
我笑薛夫子・4-414
雅頌播吳越・4-35
我垂北溟翼・4-27
阿誰扶上馬・6-263
我愁遠謫夜郎去・3-292
我隨秋風來・3-449
我宿五松下・6-155
我宿黃山碧溪月・6-161
我乘素舸同康樂・2-304
我是瀟湘放逐臣・5-245
我尋高士傳・3-154
我心誓死不能去・2-439
我心亦懷歸・4-335
我尋青蓮宇・6-315
我心還不淺・6-211
峨峨橫三川・1-147
我愛銅官樂・5-431
我愛眼前酒・2-332
我於鴟夷子・5-270
我憶君到此・5-246
我如豐年玉・3-67
我亦東奔向吳國・2-271
我亦爲君飲淸酒・7-235
我亦曾到秦人家・6-111
俄然告將離・5-149

俄然素書及・5-227
俄然浦嶼闊・5-57
我悅子容豔・7-165
我詠北門詩・5-142
我王樓艦輕秦漢・2-387
我畏朱顏移・5-378
我欲彎弓向天射・1-334
我欲攀龍見明主・1-206
我欲蓬萊頂上行・2-421
我欲因之夢吳越・4-223
我欲因之壯心魄・2-414
我欲一揮手・3-263
我願得此鳥・4-21
我願從之遊・1-59
我願執爾手・3-127
我有結綠珍・3-26
我有錦囊訣・4-262
我遊東亭不見君・4-176
我有萬古宅・5-55
我有三尺琴・2-338
我有延陵劍・5-92
我有吳越曲・3-69
我有紫霞想・6-299
我隱屠釣下・3-34
我吟謝朓詩上語・2-428
我吟傳舍詩・7-332

| | |
|---|---|
| 我以一箭書・5-174 | 我行不記日・7-115 |
| 我入銀臺門・5-354 | 我行尚未旋・4-127 |
| 我自入秋浦・7-201 | 我行送季父・7-59 |
| 我在巴東三峽時・2-411 | 我行定幾時・4-145 |
| 我在河南別離久・4-76 | 我行至商洛・6-183 |
| 我情旣不淺・5-227 | 我行值木落・6-288 |
| 兒啼不窺家・1-192 | 我行忽見之・1-79 |
| 我縱言之將何補・1-187 | 我向秦人問路歧・4-444 |
| 我縱五湖棹・3-167 | 我向淮南攀桂枝・4-98 |
| 我從此去釣東海・2-218 | 我還憩峨眉・5-136 |
| 我則異於是・6-453 | 我歡方速至・5-227 |
| 我知爾遊心無窮・2-268 | 我皇手把天地戶・2-263 |
| 我志在刪述・1-3 | 我懷藍田玉・4-362 |
| 我且爲君搥碎黃鶴樓・3-353 | 我揮一杯水・3-390 |
| 我竄三巴九千里・3-353 | 我攜一樽酒・4-131 |
| 我醉君復樂・5-351 | 兒戲不足道・3-306 |
| 我醉欲眠卿且去・6-312 | 嶽立冠人曹・3-204 |
| 我醉橫眠枕其股・4-99 | 鶚立重飛翻・3-432 |
| 我把兩赤羽・6-24 | 惡無以過・3-97 |
| 我閑南樓看道書・5-178 | 握雪海上湌・2-36 |
| 我抱漢川湄・3-348 | 握手無言傷別情・6-111 |
| 我被秋霜生旅鬢・3-251 | 樂毅儻再生・3-307 |
| 我行倦過之・3-441 | 樂毅方適趙・3-162 |
| 我行望雷雨・4-155 | 喔咿振迅欲飛鳴・1-380 |
| 我行懵道遠・4-428 | 握齱東籬下・6-66 |
| 我行巫山渚・1-178 | 安可不盡杯・5-390 |

| | |
|---|---|
| 安可識梅生・4-258 | 安得與之久徘徊・1-312 |
| 安可與成功・1-419 | 安得營農圃・1-49 |
| 眼看帆去遠・2-416 | 安得郢中質・1-114 |
| 安居偶佳賞・4-83 | 安得羿善射・3-310 |
| 岸去酒船遙・5-57 | 安得五彩虹・6-18 |
| 按劍恐相拒・3-466 | 安得倚天劍・1-406 |
| 按劍心飛揚・2-105 | 安得長璀錯・6-388 |
| 按劍清八極・6-95 | 安得霣枯散・4-155 |
| 安見此樹老・6-390 | 安得秦吉了・7-204 |
| 岸曲迷後浦・4-107 | 安得閑余步・1-69 |
| 顔公二十萬・3-419 | 安得黃鶴羽・2-151 |
| 安期入蓬海・2-197 | 安陵蓋夫子・3-181 |
| 安能戀金闕・3-58 | 鞍馬皆辟易・3-204 |
| 安能爲軒轅・1-274 | 鞍馬四邊開・2-155 |
| 安能摧眉折腰事權貴・4-224 | 鞍馬若浮雲・3-306 |
| 雁度瀟湘煙・6-133 | 鞍馬如飛龍・1-61 |
| 雁度秋色遠・5-311 | 鞍馬月橋南・4-435 |
| 安得苦愁思・4-153 | 雁沒青天時・4-215 |
| 安得久世間・7-119 | 岸上誰家遊冶郎・1-404 |
| 安得念春閨・2-157 | 顔色桃花紅・1-429 |
| 安得弄雲月・3-449 | 安西幕府多才雄・4-453 |
| 安得配君子・6-414 | 安石東山三十春・7-230 |
| 安得不死藥・5-333 | 安石泛溟渤・5-433 |
| 安得不盡觴・5-157 | 安石在東山・3-300 |
| 安得相如草・7-251 | 安石重攜妓・4-363 |
| 安得生羽毛・6-13 | 岸筍開新籜・5-441 |

安識身有無・3-44
安識子房賢・3-111
安識紫霞客・1-171
顏如頳玉盤・2-1
岸映松色寒・6-249
安用猛士兮守四方・1-318
雁引愁心去・6-74
安知南山桂・7-42
安知慕群客・3-420
安知天漢上・1-45
岸疊春山色・6-231
雁行中斷惜離群・4-221
雁行忝肩隨・4-274
岸夾桃花錦浪生・6-64
眼花耳熱後・1-326
岸迴沙不盡・5-407
謁帝羅公侯・1-61
謁帝蓬萊宮・6-365
謁帝出銀臺・2-140
謁帝稱觴登御筵・2-255
巖開謝康樂・4-346
巖居陵丹梯・5-418
巖高長風起・5-190
巖巒行穹跨・6-61
闇與山僧別・2-367
巖種朗公橘・5-74

巖中響自合・7-307
暗合江海心・4-362
暗許故人深・3-465
巖花但爭發・6-243
仰觀臨青天・6-144
仰觀眉睫間・3-246
仰觀勢轉雄・6-52
仰望不可及・1-22
仰攀日月行・6-41
仰噴三山雪・1-107
仰訴青天哀怨深・1-398
昂藏南山側・6-179
昂藏入君門・3-108
昂藏出風塵・4-347
仰天大笑出門去・4-331
仰希霖雨・6-457
哀歌達明發・1-105
愛客多逢迎・3-31
崖傾月難圓・4-52
愛君芙蓉嬋娟之豔色・7-146
愛君山嶽心不移・3-361
哀鳴驚叫淚沾衣・2-439
哀鳴九天聞・5-23
哀鳴憨不留・4-314
靄峰尖似筆・7-351
哀聲那可聞・7-217

| | |
|---|---|
| 愛神仙・2-268 | 額鼻象五岳・1-13 |
| 哀哀歌苦寒・6-279 | 鶯歌聞太液・2-78 |
| 哀哀淚如雨・1-49 | 鸚鵡來過吳江水・6-64 |
| 哀哀悲素絲・1-180 | 鸚鵡杯・2-235 |
| 哀哀長雞鳴・7-165 | 鸚鵡西飛隴山去・6-64 |
| 哀怨起騷人・1-3 | 鸚鵡洲橫漢陽渡・3-351 |
| 愛子隔東魯・3-276 | 鶯羽披新繡・7-358 |
| 愛子臨風吹玉笛・3-80 | 鶯吟綠樹低・7-298 |
| 愛子在鄒魯・4-362 | 野徑來多將犬伴・7-421 |
| 哀哉難重陳・3-382 | 耶溪女似雪・7-226 |
| 哀哉悲夫誰・3-96 | 耶溪採蓮女・7-223 |
| 哀哉信可憐・6-183 | 夜光抱恨良嘆悲・7-327 |
| 愛酒不愧天・6-270 | 夜久眾星沒・1-105 |
| 愛竹嘯名園・7-66 | 夜久侵羅襪・2-53 |
| 愛之頗謂絕今昔・7-257 | 野禽啼杜宇・7-339 |
| 愛此溪水閑・6-231 | 夜臺無曉日・7-249 |
| 愛此如甘棠・7-59 | 夜擣戎衣向明月・2-201 |
| 愛此暫踟躕・6-11 | 夜到青溪宿・3-397 |
| 愛此從冥搜・6-362 | 夜同鴛鴦之錦衾・7-146 |
| 愛此春光發・5-363 | 夜郎萬里道・3-308 |
| 愛此荷花鮮・6-398 | 夜郎遷客帶霜寒・3-353 |
| 愛此寒泉清・5-309 | 夜郎天外怨離居・7-220 |
| 愛此紅蕖鮮・7-187 | 野涼疏雨歇・7-298 |
| 愛聽松風且高臥・5-277 | 野老開芳樽・5-231 |
| 哀鴻酸嘶暮聲急・2-259 | 夜夢子雲宅・4-56 |
| 厄磴層層上太華・7-423 | 也無書寄伊・7-418 |

| | |
|---|---|
| 夜發靑溪向三峽・2-409 | 夜行空庭徧・4-163 |
| 夜分河漢轉・4-171 | 夜行靑山間・5-337 |
| 夜棲寒月靜・4-21 | 夜懸明鏡靑天上・7-154 |
| 冶城訪古蹟・6-34 | 野花妝面濕・7-298 |
| 夜宿峰頂寺・7-335 | 若可湌兮難再得・7-146 |
| 夜夜達五曉・7-165 | 弱冠燕趙來・4-34 |
| 夜夜當秉燭・1-79 | 若敎月下乘舟去・5-318 |
| 夜夜常孤宿・7-365 | 若待功成拂衣去・2-368 |
| 夜夜長留半被・7-363 | 若覩瓊樹枝・5-227 |
| 野燕巢官舍・7-356 | 若到天涯思故人・5-26 |
| 夜臥松下雲・2-280 | 若戀幽居好・7-211 |
| 夜欲寢兮愁人心・7-177 | 弱齡接光景・3-162 |
| 冶遊方及時・1-31 | 若無三千客・3-337 |
| 野人得燕石・1-158 | 若無雲間月・3-201 |
| 夜入瓊樓臥・2-155 | 若無淸風吹・1-124 |
| 野酌勸芳酒・4-6 | 若聞絃管妙・5-403 |
| 冶長非罪・6-458 | 藥物多見饋・4-274 |
| 夜長燭復微・3-201 | 藥物秘海嶽・1-18 |
| 野戰格鬪死・1-222 | 若返顧之黃鶴・2-290 |
| 夜靜松風歇・5-337 | 若攀星辰去・4-287 |
| 野情轉蕭散・6-444 | 若非群玉山頭見・2-80 |
| 夜坐寒燈連曉月・7-200 | 若非是織女・7-388 |
| 野竹分靑靄・6-330 | 若使巢由栍・2-291 |
| 野竹攢石生・6-241 | 若惜方寸心・3-445 |
| 野翠生松竹・6-237 | 弱植不足援・3-168 |
| 夜寢不扃戶・3-115 | 若識二草心・2-436 |

若耶溪旁採蓮女・1-404
若耶羞見之・5-149
若與煙霞親・4-398
若與青雲齊・4-1
若有人兮思鳴皋・2-289
若長風扇海湧滄溟之波濤
　・2-289
讓國揚名・1-267
陽臺隔楚水・7-134
陽臺夢行雨・7-204
陽臺微茫如有情・7-25
揚濤起雷・6-457
揚馬激頹波・1-3
揚袂正北辰・3-374
揚袂指松雪・5-363
揚袂揮四座・5-444
楊墨日成科・5-7
揚眉轉袖若雪飛・1-450
揚帆借天風・4-155
揚帆海月生・6-139
揚兵獵月窟・2-126
揚兵習戰張虎旗・1-409
佯羞不出來・7-223
漾水向東去・6-205
揚蛾入丹闕・2-102
揚蛾入吳關・6-169

襄陽小兒齊拍手・2-235
襄陽行樂處・2-55
揚言碧雲裏・1-28
楊葉萬條煙・5-78
陽烏未出谷・1-296
襄王憐宋玉・4-210
襄王安在哉・1-178
襄王雲雨今安在・2-236
楊宰穆清風・5-373
漾楫怕鷗驚・6-231
揚清歌・1-444
陽春欲奏誰相和・5-277
揚波噴雲雷・1-13
揚鞭動柳色・7-265
楊花落盡子規啼・4-93
楊花滿江來・7-59
楊花滿州城・4-27
楊花茫茫愁殺人・2-218
陽和變殺氣・1-49
楊花玉穄街・7-345
漁歌月裏聞・6-93
漁歌遊海濱・3-460
於今獨擅名・7-80
於今滿青苔・5-324
於今亦奔亡・3-307
於今知有誰・5-358

語來江色暮・6-317
魚龍動陂水・5-401
魚龍奔走安得寧・2-217
魚龍陷人・6-457
魚目高太山・3-195
魚目復相哂・1-174
魚目笑之下和恥・1-361
魚目亦笑我・5-294
魚目混珍・2-290
於世若浮雲・3-125
語笑未了風吹斷・4-116
魚水三顧合・3-75
於我少留情・3-445
魚躍青池滿・7-298
於焉自休息・6-179
於焉摘朱果・4-121
魚與龍同池・6-224
魚鹽滿市井・3-419
魚遊滄海深・4-242
於玆鍊金骨・6-360
漁子與舟人・6-157
御前閑舞霓裳・7-358
語拙覺辭繁・3-195
於此鍊玉液・5-335
於此樹名園・6-34
於此臥雲松・3-263

於此泣無窮・4-338
於此腸斷續・6-356
於此照迷方・6-31
於此學飛術・6-61
憶君思見君・3-265
憶君我遠來・5-227
憶君迢迢隔靑天・2-214
憶昔嫁君時・7-286
憶昔嬌小姿・2-416
憶昔洛陽董糟丘・4-98
憶昔未嫁君・2-225
憶昔作少年・4-266
憶昔傳遊豫・6-66
憶昔初嫁君・2-226
憶我勞心曲・5-204
憶我腸斷續・5-227
憶我初來時・4-310
憶與君別年・1-441
抑予是何者・3-220
憶與崔宗之・6-342
憶昨去家此爲客・2-259
憶昨東園桃李紅碧枝・7-138
憶昨鳴皐夢裏還・2-300
憶昨新月生・5-267
憶在南陽時・3-432
憶妾深閨裏・1-429

偃蹇松雲間・6-179
偃蹇在君門・7-13
偃蹇陟廬霍・7-69
焉能與群雞・1-129
焉得偶君子・1-91
言是上留田蓬・1-267
偃息逢休明・3-58
言亦不可盡・4-101
鄢郢翻掃蕩・5-238
言終忽不見・7-104
焉知高光起・4-34
嚴更千戶肅・5-356
嚴光桐廬溪・6-440
掩口去盜泉・3-418
掩卷忽而笑・6-440
掩淚悲千古・2-137
掩淚出故房・2-225
淹留未忍歸・3-255
淹留未盡興・5-361
淹留惜將晚・5-363
淹留楚江濱・4-116
嚴陵高揖漢天子・5-294
嚴陵不從萬乘遊・5-243
嚴陵爲故人・5-62
掩袂對懷王・7-90
嚴霜五月凋桂枝・1-242

掩抑清風絃・3-419
掩映當時人・3-465
掩妾淚・1-283
嚴風起前楹・4-35
嚴風裂衣裳・2-110
嚴風吹霜海草凋・1-317
嚴風吹雨雪・7-289
餘光照貧女・3-466
與君歌一曲請・1-225
與君各未遇・5-221
與君對此歡未歇・2-277
與君同急難・3-457
與君爛熳尋春暉・5-264
與君連日醉壺觴・4-167
與君論素心・5-227
與君論心握君手・5-294
與君弄倒影・3-134
與君拂衣去・3-246
與君數杯酒・3-345
與君亦乘驄・5-285
與君用無方・6-260
與君自謂長如此・3-292
與君此時初別離・7-138
與君醉百場・4-158
如君何足珍・6-369
如今了然識所在・6-111

如今雖在卞和手・7-257
如今正好同歡樂・2-417
如其聽卑・6-466
余旣還山尋故巢・4-99
如能樹桃李・4-6
與道本無隔・3-220
余叨翰墨林・3-140
如登白樓亭・3-240
如登赤城裏・7-35
如登黃金臺・3-270
如樂豐沛都・5-373
餘髮散垂腰・6-174
余方窺石鏡・6-202, 6-205
餘芳若可佩・3-455
余配白毫子・2-280
如逢渭川獵・4-9, 5-84
予非懷沙客・6-356
如思瓊樹憂・4-110
如上九天遊・6-3
余嘗學道窮冥筌・6-111
餘生欲何寄・2-226
如繩繫窮猱・3-195
如心之使臂・1-414
如尋楚狂子・5-136
與我本殊倫・7-87
與我特相宜・4-274

與我忽飛去・5-204
予若洞庭葉・5-128
余亦去金馬・3-108
余亦南陽子・4-242
余亦能高詠・6-229
余亦不火食・5-28
余亦辭家西入秦・4-331
余亦謝明主・5-62
余亦愛此人・3-167
余亦如流萍・4-258
余亦草間人・3-75
予欲羅浮隱・4-467
餘韻渡江去・7-106
予爲楚壯士・4-88
汝意憶儂不・2-344
與爾傾金罍・5-221
與爾共飄颻・3-195
與爾期此亭・5-100
與爾同銷萬古愁・1-225
與爾騰寥廓・7-280
與爾相招尋・3-122
與爾情不淺・4-373
與人萬里長相隨・2-411
余將振衣去・6-202
與姐亦齊肩・4-127
如從雲漢遊・5-169

與之書靑天 · 7-417
如此風波不可行 · 2-314
如蒼蠅聲 · 2-46
如天落鏡湖 · 4-11
如天落雲錦 · 5-291
如千里翠屛 · 7-25
與妾同辛苦 · 7-286
如聽萬壑松 · 7-3
如瀁雲漢來 · 7-29
如出天地間 · 5-330
餘風激兮萬世 · 2-434
如風掃秋葉 · 3-265
如何同枝葉 · 2-146
如何舞干戚 · 1-109
如何日已遠 · 7-289
如何靑草裏 · 7-32
汝奚汨沒於荒淫之波 · 1-312
如或妄談昊天是殛 · 3-97
餘輝半城樓 · 1-61
餘輝旁照人 · 3-227
餘輝照江湖 · 4-14
亦可乘扁舟 · 6-362
亦擧陶潛杯 · 5-455
逆道違天 · 1-313
亦聞溫伯雪 · 4-383
亦攀丹桂叢 · 4-205

亦不減亦不增 · 2-322
易水無寒歌 · 2-126
亦是當時絶世人 · 1-375
亦爲我飛翻 · 4-120
亦有白頭翁 · 7-32
亦自有芳菲 · 6-434
驛亭三楊樹 · 4-294
亦奚異於夔龍鼈鼇於風塵 · 2-291
燕歌落胡雁 · 4-398
燕歌易水濱 · 4-439
煙開蘭葉香風暖 · 6-64
燕客期躍馬 · 5-49
延客醉金樽 · 4-463
緣溪見綠篠 · 5-208
緣階如有情 · 7-140
燕谷無暖氣 · 7-305
煙光草色俱氤氳 · 7-25
捐軀報夫讎 · 2-13
然諾聞諸公 · 3-6
燕南壯士吳門豪 · 1-417
燕南播高名 · 3-116
延年獻佳作 · 5-373
燕丹事不立 · 1-419
煙濤微茫信難求 · 4-223
煙濤悠崩奔 · 3-167

煙濤爭噴薄・7-35
延蘿結幽居・4-310
煙蘿欲暝時・5-388
煙嵐隨遍覽・7-430
煙嶺迷高跡・7-332
延陵有寶劍・3-465
燕麥青青遊子悲・4-76
烟綿橫九疑・4-346
淵明歸去來・5-444
淵明不足群・6-66
沿芳戲春洲・1-135
嚥服十二環・7-382
鉛粉坐相誤・7-189
燕山雪花大如席・1-322
燕霜颯來・6-457
煙霜誰與同・3-18
捐書事遠戎・5-15
燕石非貞眞・1-158
烟霄路非賖・3-21
燕昭延郭隗・1-53
緣愁似箇長・2-365
燕臣昔慟哭・1-121
烟深水澗・7-363
延我於此堂・4-317
燕然可摧傾・3-307
煙容如在顏・6-5

沿月沸笙竽・5-373
延引故鄉人・5-270
延佇寄相思・4-145
燕趙期洗清・3-300
燕趙有秀色・1-91
宴坐寂不動・6-315
燕支多美女・7-156
燕支落漢家・2-50
燕支長寒雪作花・1-371
燕支黃葉落・2-187
煙塵不曾識・1-429
煙窗引薔薇・6-45
燕草如碧絲・2-185
烟逐暮雲飛・7-390
延平兩蛟龍・5-110
捐庖佐皇極・6-224
煙霞百里間・7-353
燕鴻思朔雲・6-400
燕鴻始入吳雲飛・1-406
烟花三月下揚州・4-308
煙花宜落日・2-68
沿洄直入巫山裏・5-11
沿洄且不定・4-88
然後方高枕・2-36
然後相攜臥白雲・3-82
然後知君子・3-64

然後天梯石棧相鉤連・1-197
然後託微身・6-453
燕姬醉舞嬌紅燭・2-259
熱氣餘丹霞・3-21
熱暖將來賓鐵文・7-282
閱水悲徂年・6-70
閻公漢庭舊・5-215
炎涼幾度改・3-307
炎方難遠行・1-109
炎煙生死灰・3-309
炎炎四眞人・5-7
炎洲逐翠遭網羅・1-286
炎赫五月中・5-160
葉暖金窗烟・2-153
曄如晴天散綵虹・2-428
葉葉竟飄揚・2-436
永嘉遂南奔・6-34
永嘉遊石門・5-395
郢客吟白雪・1-74
榮去老還逼・2-9
永結無情遊・6-267
榮枯同所歡・3-162
榮枯異炎涼・3-307
郢曲廻陽春・4-398
營空海霧消・2-38
榮光休氣紛五彩・2-263

榮君按節去・5-42
榮貴當及時・6-388
嬴女吹玉簫・2-177
影徒隨我身・6-267
英圖俄天傷・7-241
影落明湖青黛光・4-138
榮樂一如此・5-261
英烈遺厥孫・3-390
郢路歌白雪・6-438
永路苦不達・4-171
永路當自勖・5-207
郢路方丘墟・6-471
英僚滿四座・5-373
英寮惜分離・5-142
縈流漲清深・3-309
盈滿天所損・1-118, 6-416
影滅綵雲斷・2-177
英明廬江守・4-210
榮名在麟閣・6-388
英謀信奇絶・5-94
英謀合鬼神・3-381
郢門一爲客・6-133
永辭霜臺客・4-52
榮盛當作樂・5-373
英聲凌紫霞・2-89
英聲振名都・3-227

| | |
|---|---|
| 英聲何喧喧・3-432 | 影入平羌江水流・2-409 |
| 永世與人別・1-22 | 英才苦迍邅・3-420 |
| 潁水有淸源・4-463 | 英才冠三軍・3-72 |
| 永隨長風去・1-132 | 瀛洲當伴赤松歸・7-22 |
| 映我靑蛾眉・2-151 | 英主賜五馬・5-42 |
| 永夜達五更・6-288 | 影中金鵲飛不滅・7-191 |
| 永言銘佩紳・5-234 | 郢中白雪且莫吟・1-447 |
| 永言題禪房・6-260 | 影滯兩鄕隔・4-82 |
| 永與海鷗群・3-265 | 影滯楚關月・6-479 |
| 縈烟裊娜拂綺城・2-251 | 英風凌四豪・4-367 |
| 盈盈焉可窮・4-72 | 英風邈難尙・3-465 |
| 盈盈在紫微・2-64 | 英風緬猶存・3-168 |
| 營營何所求・1-34 | 英風豪氣今何在・5-294 |
| 盈盈漢水若可越・7-146 | 瀛海入几案・7-35 |
| 永悟客情畢・6-61 | 英豪未豹變・3-465 |
| 英王受廟略・3-270 | 榮華東流水・1-126 |
| 永王正月東出師・2-373 | 榮華照當年・2-211 |
| 榮耀難久存・7-42 | 永懷臨湍遊・6-362 |
| 榮辱於余亦何有・5-294 | 曳裾王門不稱情・1-254 |
| 永願辭人間・6-52 | 翳君樹桃李・3-14 |
| 永願恣遊眺・6-253 | 預拂靑山一片石・4-167 |
| 永願坐此石・4-131 | 霓裳曳廣帶・1-66 |
| 英威天下聞・3-337 | 霓裳何飄颻・3-149 |
| 郢人唱白雪・6-70 | 豫讓斬空衣・2-13 |
| 映日委霜毛・7-412 | 翳翳昏墊苦・3-48 |
| 永日應閑居・5-207 | 霓爲衣兮風爲馬・4-223 |

霓衣不濕雨・5-80
預將書報家・1-424
豫章天南隔老妻・6-465
霓旌卷夜雲・5-356
吳歌斷淸猿・3-167
吾家白額駒・5-88
吳歌白紵飛梁塵・2-218
吾家有季父・4-34
吳歌趙舞香風吹・2-271
吳歌且自歡・6-194
吾家靑萍劍・4-435
吳歌楚舞歡未畢・1-219
吾家稱白眉・5-149
吳江女道士・5-80
吳江賦鸚鵡・6-213
五縑不成束・4-430
吳溪隴水情・6-306
吾觀摩天飛・1-107
吳關倚此固・7-59
吾觀自古賢達人・1-259
吳鉤霜雪明・1-326
吾求仙棄俗・3-221
吾君詠南風・4-393
吳宮又焚蕩・1-351
吳宮火起焚巢窠・1-286
吳宮花草埋幽徑・6-50

五起雞三唱・1-398
五內發金沙・6-16
吾多張公子・4-252
吾但寫聲發情於妙指・1-367
吾黨慕淸芬・3-158
吾當乘雲螭・1-40
吾徒莫嘆魿觸藩・4-237
吳刀剪綵縫舞衣・1-450
梧桐落金井・3-407
梧桐生蒺藜・4-414
梧桐巢燕雀・1-126
梧桐識嘉樹・6-34
梧桐楊柳拂金井・2-271
烏得薦宗廟・6-419
五落洞庭葉・4-174
五雨挂淮月・4-362
五雨先飄揚・5-157
五陵年少金市東・2-162
五陵松柏使人哀・2-380
吾憐宛溪好・7-80
五馬渡江徼・4-27
五馬道傍來・4-183
五馬同遨遊・5-344
五馬莫留連・2-189
五馬如飛龍・2-130
五馬入市門・3-337

五木思一擲・3-195
誤攀織女機・5-337
鼇背睹方蓬・3-134
鼇抃山海傾・4-314
五變庭中草・7-289
吳兵照海雪・2-166
五寶溢山河・5-7
五峰秀眞骨・6-76
五峰轉月色・4-345
吾非謝尚邀彥伯・5-278
吾非爾康樂・5-100
吾非濟代人・3-265
吾師四萬劫・5-34
吾師醉後倚繩床・2-445
吳山高・6-111
吳山對楚岸・5-100
五色羅華星・4-34
五色粉圖安足珍・2-368
五色師子・1-297
五色神仙尉・7-356
五色雲間鵲・3-309
吾生獨無依・6-297
吾誠不能學二子沽名矯節以耀世兮・2-291
吾屬可去矣・1-102
五松名山當夏寒・5-277

五松新作天下推・5-278
五松何清幽・5-433
吾衰竟誰陳・1-3
吳水深萬丈・1-56
吾心安所從・1-289
吾尋黃綺翁・2-97
五十知非・3-96
五十佩銀章・3-296
吳兒多白晳・7-222
五嶽起方寸・6-213
五岳倒爲輕・1-326
五岳尋仙不辭遠・4-138
吾愛孟夫子・3-3
吾愛王子晉・6-432
吾愛崔秋浦・3-257
五崖峽水橫樵路・2-300
吾於爾何有・6-326
吾與爾同歸・2-170
吾亦澹蕩人・1-37
吾亦洗心者・1-135
吾亦採蘭若・7-70
傲然誇秋水・5-190
吳烟暝長條・4-294
傲然遂獨往・4-335
烏鳶啄人腸・1-222
傲然攜妓出風塵・7-230

嗚咽向人悲・7-325
吳鹽如花皎白雪・2-283
吾營紫河車・1-18
嗷嗷空城雀・2-117
嗷嗷悽悽・6-465
吳王宮裏醉西施・1-219
吳娃與越豔・3-309
吾欲歸精修・5-433
吾欲攬六龍・2-114
吾欲從此去・7-119
吾友揚子雲・4-347
吳牛喘月氣成霞・5-52
吳牛喘月時・2-137
五雲垂暉耀紫清・2-251
五雲在峴山・3-108
吳雲寒燕鴻苦・1-406
五原秋草綠・2-50
五月金陵西・4-287
五月南風興・1-429
五月梅始黃・5-174
五月鳴桑枝・7-115
五月不可觸・1-424
五月不熱疑清秋・2-283
五月飛秋霜・1-121, 3-204
五月思貂裘・5-441
五月相呼度太行・4-99

五月西施採・2-191
五月雪中白・5-335
五月入五洲・5-429
五月造我語・4-347
五月天山雪・2-34
五月披裘者・4-441
五緯與天同・6-95
吾爲爾楚歌・4-237
遨遊閬風亭・2-86
遨遊盛宛洛・2-243
吳歈送瓊杯・6-288
遨遊青天中・1-233
傲爾令自哂・4-121
誤入枯桑裏・2-146
吾子訪閑居・5-90
誤作陽春時・7-115
吳蠶已三眠・4-127
吾將囊括大塊・1-313
吾將撫爾背・3-407
五藏無全牛・4-387
吾將問蒼昊・6-471
五章備綵珍・1-18
吾將營丹砂・1-22
吾將元夫子・4-262
吾將此地巢雲松・6-57
吾將學仙去・6-205

鼯啼桂方秋・6-308
烏啼白門柳・1-348
烏啼隱楊花・1-348
吾祖之流沙・1-95
吾祖吹橐籥・5-7
烏鳥銜人肉・7-323
吾宗挺禪伯・6-45
吳洲如見月・4-342
吳中張翰稱達生・1-259
吾曾弄海水・3-345
吳地桑葉綠・4-127
吾知有英骨・4-17
吾知千載後・3-281
吳秦各分離・4-274
吳楚弄兵無劇孟・1-207
誤逐世間樂・3-306
吳風謝安屐・6-45
吾兄詩酒繼陶君・4-221
吾兄青雲士・3-6
吾兄行樂窮曛旭・2-259
五花馬・1-225
吳會一浮雲・4-56
五侯七貴同杯酒・3-292
吳姬十五細馬馱・7-170
吳姬壓酒喚客嘗・4-292
五噫出西京・3-306

玉匣閉霜雪・3-457
玉磬時聞一兩聲・7-432
玉京迢迢幾千里・2-27
玉階空佇立・2-120
玉階生白露・2-53
玉階一夜留明月・7-393
玉關去此三千里・7-184
玉關殊未入・2-42
玉女四五人・5-324
玉女千餘人・5-285
玉潭秘清謐・6-61
玉臺挂寶鏡・4-373
玉帶明珠袍・3-204
玉斗橫網戶・4-72
玉鍊顏・7-369
玉露生秋衣・6-390
玉樓巢翡翠・2-66
玉樓珠閣不獨棲・1-351
玉勒近遲迴・2-140
玉面耶溪女・7-227
玉貌一生啼・2-225
玉盤楊梅爲君設・2-283
玉盤珍羞直萬錢・1-250
玉杯竟空言・1-137
玉杯賜瓊漿・1-132
玉瓶沽美酒・4-271

玉不自言如桃李・1-361
玉山自倒非人推・2-236
玉牀金井冰崢嶸・5-294
玉石俱燒焚・5-95
玉石相碰・6-457
玉蟾離海上・7-292
玉簫金管坐兩頭・2-247
玉簫金管喧四筵・3-353
玉手開緘長嘆息・2-201
玉樹生綠葉・7-119
玉樹春歸日・2-70
玉心皎潔終不移・7-172
玉顏滿堂樂未終・1-444
玉顏上哀囀・7-408
玉顏豔名都・2-130
玉顏豔紅彩・1-141
玉顏已千霜・1-132
玉顏日緇磷・4-262
玉顏長自春・6-432
玉案赤文字・7-336
玉液尙磷緇・4-274
玉椀盛來琥珀光・6-119
玉隱且在石・7-261
玉漿儻惠故人飮・2-263
玉帳鴛鴦噴沈麝・7-361
玉筯落春鏡・7-130

玉筯並墮菱花前・7-191
玉筯夜垂流・7-162
玉樽亦已空・2-96, 4-246
玉眞連翠微・5-337
玉眞之仙人・2-424
玉窗五見櫻桃花・1-387
玉釵挂纓君莫違・1-450
玉尺不可盡・7-386
玉泉流不歇・5-255
玉壺繫靑絲・6-291
玉壺美酒淸若空・1-281
玉壺挈美酒・5-124
玉毫如可見・6-31
獄戶春而不草・6-465
兀然就孤枕・6-272
顒望臨碧空・6-243
擁旄秉金鉞・3-381
擁兵五陵下・5-285
擁篲折節無嫌猜・1-254
擁腫寒山木・7-13
甕中百斛金陵春・4-116
翁胡沙而四塞・6-465
臥龍得孔明・3-75
臥病宿松山・3-382
渦水橋南一遇君・4-100
臥海不關人・4-266

宛溪霜夜聽猿愁・4-186
宛同清漳湄・4-274
婉孌故人情・4-88
婉孌來相尋・1-171
婉孌三靑禽・6-425
緩步從直道・7-87
浣紗古石今猶在・5-26
浣紗弄碧水・6-169
浣紗石上窺明月・5-26
宛似雲門對若溪・5-439
宛若寒松吟・6-304
宛然陶令風・3-257
宛然林壑存・5-354
宛然在碧霄・6-18
婉婉綠紅潛・7-208
宛疑麻姑仙・3-148
宛將衰鬢同・7-32
阮籍爲太守・3-281
宛轉龍火飛・1-151, 6-410
宛轉入夢宵・6-402
腕前推下水晶珠・7-44
翫之坐碧山・4-21
王家碧瑤樹・7-247
王公大人借顏色・3-82
王公何慷慨・7-276
王恭鶴氅安可方・2-428

王公希代寶・7-245
王喬辭葉縣・3-345
王宮沒古丘・6-196
往來江樹前・7-296
往來糾二邑・4-435
往來成白道・7-136
王命三徵去未還・7-196
王母應相逢・2-424
王師忽離叛・6-481
枉殺落花空自春・3-251
汪生面北阜・6-285
王城皆蕩覆・4-27
王室佇清夷・4-274
王屋人相待・4-363
往往飛花落洞庭・5-114
往往雲無心・4-389
往往出東田・3-419
王逸少・2-445
王子析道論・4-335
王子停鳳管・7-106
王子耽玄言・7-66
枉作陽臺神・3-403
王宰夜相邀・4-148
王出三江按五湖・2-383
王風傷哀・6-457
王風委蔓草・1-3

| | |
|---|---|
| 王風何怨怒・1-95 | 遙林浪出沒・7-433 |
| 王許回也賢・5-108 | 遙望九華峰・3-263, 7-426 |
| 往還瑤臺裏・6-425 | 遙望瓦屋山・3-246 |
| 王侯皆是平交人・2-206 | 遙望長安日・4-421 |
| 王侯象星月・1-147 | 窅冥合元化・6-179 |
| 外潔其色心匪仁・1-307 | 堯沒三千歲・4-403 |
| 畏途巉巖不可攀・1-198 | 遙聞會稽美・4-345 |
| 畏落日月後・2-211 | 堯本無心爾何苦・4-405 |
| 外物空頹靡・5-208 | 堯祠笑殺五湖水・4-406 |
| 畏逢矰繳驚相呼・1-452 | 遶牀弄青梅・1-424 |
| 外與金罍並・7-11 | 遶牀三匝呼一擲・2-217 |
| 外折入青雲・7-217 | 遙羨錦衣春・5-44 |
| 遙看若桃李・4-453 | 搖扇及干越・5-100 |
| 腰間延陵劍・3-204 | 搖扇對酒樓・4-367 |
| 腰間玉具劍・4-195 | 遙羨重陽作・4-183 |
| 遙看鵲山轉・5-372 | 瑤水聞遺歌・1-137 |
| 遙看瀑布挂前川・6-56 | 遙愁白帝猿・4-304 |
| 遙看漢水鴨頭綠・2-235 | 腰垂虎盤囊・4-229 |
| 遙見仙人綵雲裏・4-138 | 要須迴舞袖・5-431 |
| 遙勸仙人一杯酒・4-406 | 堯舜當之亦禪禹・1-187 |
| 瑤臺鳴素琴・1-171 | 堯舜之事不足驚・2-421 |
| 瑤臺雪中鶴・4-195 | 瑤瑟與金樽・4-328 |
| 瑤臺雪花數千點・2-428 | 邀我敬亭山・4-174 |
| 瑤臺有黃鶴・7-128 | 邀我登雲臺・1-66 |
| 瑤臺含霧星辰滿・4-446 | 邀我吹玉笙・4-99 |
| 要離殺慶忌・2-14 | 遙謁紫霞仙・3-270 |

嶢巖注公栅・4-192　　　　遙知玉窗裏・7-123
遙夜一美人・6-375　　　　遙知向前路・4-373
遙夜何漫漫・6-481　　　　遙指紅樓是妾家・7-160
搖豔桂水雲・4-133　　　　邀遮相組織・3-204
搖豔東風年・2-153　　　　邀遮相馳逐・5-320
搖曳帆在空・5-405　　　　要此好鵝賓・6-172
搖裔雙白鷗・1-135　　　　遙瞻明月峽・4-298
遙裔雙綵鳳・6-425　　　　遙瞻閶闔門・1-241
搖曳滄洲旁・3-52　　　　　瑤草空高唐・4-230
搖曳楚雲行・6-139　　　　瑤草恐衰歇・3-449, 4-335
擾擾季葉人・1-98　　　　　瑤草綠未衰・5-259
擾擾何所迫・1-59　　　　　瑤草寒不死・5-128
遙帷卻卷清浮埃・5-178　　搖蕩女蘿枝・6-360
堯幽囚・1-187　　　　　　遙通汝海月・7-55
曜日凝成錦・7-426　　　　澆風散淳源・1-86
堯咨嗟・1-192　　　　　　邀彼休上人・5-259
遙將碧海通・4-338　　　　搖筆起風霜・3-441
遙將一點淚・7-134　　　　搖筆望白雲・3-255
遙傳一掬淚・2-344　　　　腰下有龍泉・3-270
搖艇入新安・3-42　　　　　遙欣剋復美・3-374
窈窕誇鉛紅・3-309　　　　遙欣一丘樂・5-207
窈窕入遠山・5-330　　　　遙欣稚子迎・5-380
窈窕晴江轉・5-106　　　　瑤姬天帝女・6-402
遙阻八公山・4-460　　　　欲去復相瞻・7-208
遙知禮數絕・4-34　　　　　欲去不得去・2-346
遙知百戰勝・6-24　　　　　欲去仍徘徊・6-283

欲去迴翔不能征 · 1-267
欲見終無因 · 7-134
欲寄音書那可聞 · 7-184
欲道心下事 · 3-407
欲渡黃河冰塞川 · 1-250
欲動孝廉船 · 5-106
浴蘭莫振衣 · 2-170
欲覽碑上文 · 6-237
欲問西江船 · 2-416
欲別心不忍 · 5-130
欲報東山客 · 6-347
欲上青天覽明月 · 5-139
蓐收肅金氣 · 1-105
欲尋廬峰頂 · 4-287
欲尋商山皓 · 4-328
欲語再三咽 · 1-69
欲臥鳴皐絕世塵 · 2-300
欲往涇溪不辭遠 · 4-176
欲往心莫遂 · 6-59
欲往咫尺塗 · 3-52
欲往滄海隔 · 6-308
欲邀擊筑悲歌飲 · 3-251
欲以還頹年 · 5-320
欲折月中桂 · 3-227
欲折一枝桂 · 5-108
欲濟無輕舠 · 5-221

欲濟蒼生未應晚 · 2-284
欲釣吞舟魚 · 3-361
欲贈隔遠天 · 6-398, 7-187
欲贈隔荊渚 · 3-466
欲知悵別心易苦 · 6-112
欲集無珍木 · 1-168
欲逐黃鶴飛 · 6-412
欲嘆離聲發絳唇 · 2-27
欲投君 · 7-257
欲銜我向雁門歸 · 2-439
欲行遠道迷 · 6-131
欲行不行各盡觴 · 4-292
欲向江東去 · 6-354
欲獻濟時策 · 3-127
容色如青春 · 5-86
容顏若飛電 · 1-93
容顏有遷改 · 2-197
容華棄沮川 · 3-111
容華世中稀 · 3-201
羽駕滅去影 · 1-18
羽客何雙雙 · 4-345
遇憩裴逸人 · 5-418
羽檄如流星 · 1-109
又結汗漫期 · 5-195
虞卿棄趙相 · 3-445
于公白首大梁野 · 4-237

구절 찾아보기 - 아 · 269

右軍本淸眞・6-172
遇君蓬池隱・6-301
遇難不復相提攜・6-465
雨落不上天・1-456
憂來其如何・1-433
偶來拂衣去・3-281
雨淚下孤舟・2-346
羽林十二將・5-356
牛馬不可辨・3-52
牛馬散北海・2-1
偶蒙春風榮・1-151, 6-410
又聞子規啼夜月・1-198
偶逢佳境心已醉・2-450
愚夫同瓦石・6-382
又不見・7-327
又不爲我棲・6-408
牛山淚相續・1-79
雨色秋來寒・5-238
雨色風吹去・6-217
羽書速驚電・2-105
雨洗秋山淨・6-79
憂心醉江上・6-245
牛羊散阡陌・3-115
又如雪點靑山雲・4-176
偶與眞意並・7-70
又如秦人月下窺花源・2-277

偶然値靑童・5-330
優遊丹禁通・2-96, 4-246
又疑瑤臺鏡・1-433
羽翼三元聖・3-284
又引王子喬・5-285
偶將二公合・5-234
牛渚西江夜・6-229
牛渚由來險馬當・2-309
雨滴渾身似汗流・7-437
于闐採花人・1-358
羽族稟萬化・1-176
憂從中催・6-457
宇宙初倒懸・5-94
偶被豫且制・2-134
憂恨坐相煎・3-418
禹穴尋溪入・5-39
禹穴藏書地・5-133
羽化竟何在・2-197
羽化騎日月・4-23
羽化留餘蹤・4-383
羽化如可作・3-44
羽化出囂煩・6-202
雨後煙景綠・6-358
勖君靑松心・1-69
勖爾效才略・4-460
勖哉滄洲心・4-171

雲間連下榻・6-74
雲間妙音奏・7-341
雲間吟瓊簫・6-5
雲間片帆起・6-233
雲開九江春・6-453
運開展宿憤・3-246
雲車來何遲・6-308
雲車爾當整・4-383
雲車珠箔開・2-140
雲去或從龍・5-250
云見日月初生時・1-296
雲卷天地開・4-346
雲歸碧海夕・4-215
雲錦照東郭・5-441
雲旗卷海雪・3-270
雲旗獵獵過尋陽・2-377
雲騎繞彭城・4-321
雲南五月中・4-43
雲端遙明沒・6-45
雲臺閣道連窈冥・2-263
雲蘿尙宛然・6-183
云弄竹溪月・4-389
雲雷屢多難・6-481
雲龍若相從・3-196
雲龍風虎盡交回・1-317
雲龍忽相見・5-221

雲林隔太虛・7-332
雲門隔嶺深・5-39
雲門掩竹齋・7-345
雲物共傾三月酒・6-111
雲物何蒼然・6-8
雲畔風生爪・7-292
雲髮非素絲・1-141
雲傍馬頭生・5-82
雲帆卷輕霜・5-157
雲帆今始還・5-46
雲帆嫋嫋金陵去・5-52
雲帆龍舸下揚州・2-401
雲帆望遠不相見・5-11
雲軿往往在人間・7-369
雲峰出遠海・5-133
雲鵬忽飛翻・6-34
雲砂繞夢思・2-40
雲山豈殊調・6-253
雲山萬重隔・6-243
雲山望不及・5-68
雲山杳千重・4-254
雲散窗戶靜・5-201
雲山海上出・3-265
雲想衣裳花想容・2-80
雲色渡河秋・6-121
雲生結海樓・4-319

運速天地閉・6-385
雲松長相親・5-234
雲垂大鵬翻・6-13
雲愁海思令人嗟・1-233
云是古之得道者西王母食之餘
　・7-257
云是遼東丁令威・5-264
云是王粲南登之古道・4-444
雲陽上征去・2-137
雲陽一去・7-177
雲亦隨君渡湘水・2-326, 5-72
雲臥起咸京・6-337
雲臥留丹壑・3-154
雲臥三十年・4-52
雲臥遊八極・1-132
雲臥從所適・3-58
雲繞畫屏移・6-79
雲雨巫山枉斷腸・2-82
雲猶歸舊山・7-162
雲遊雨散從此辭・6-112
雲在高山空卷舒・3-361
雲從石上起・5-361
雲之君兮紛紛而來下・4-223
雲窗拂青靄・6-179
雲泉今已空・3-134
雲天掃空碧・4-88

雲天屬清朗・6-440
雲青青兮欲雨・4-223
雲霞明滅或可覩・4-223
雲霞辭世人・5-86
雲壑借巢夷・5-136
雲漢希騰遷・5-207
雲海方助興・6-202
雲行信長風・5-333
雲行翼鴛鴦・4-23
雲鬟綠鬢罷梳結・1-387
運闊英達稀・5-270
雲橫天際山・4-345
鬱鬱獨惆悵・6-279
鬱悒獨愁坐・5-195
鬱作萬夫雄・5-15
雄劍挂壁・1-334
雄劍藏玉匣・2-5
雄鶩雌各飛・7-204
熊來尚可當・2-93
雄飛雌從繞林間・1-198
雄巢漢宮樹・1-391, 1-398
雄心日千里・3-390
雄雄半空出・6-61
熊咆龍吟殷巖泉・4-223
雄風生・1-380
雄豪冠當時・5-142

| | |
|---|---|
| 雄豪動京師・4-273 | 遠途期所遵・4-262 |
| 雄豪安足論・1-137 | 願同西王母・3-149 |
| 願假東壁輝・3-466 | 願同塵與灰・1-424 |
| 園家逢秋蔬・3-52 | 願得論悲辛・3-382 |
| 遠客謝主人・4-314 | 願得風吹到夜郞・7-108 |
| 遠客投名賢・3-445 | 鴛鸞不司晨・4-398 |
| 遠見故人心・5-207 | 元禮同舟月下仙・5-424 |
| 願結九江流・4-153 | 遠望不盈尺・5-335 |
| 遠公愛康樂・5-386 | 苑方秦地少・6-198 |
| 圓光過滿缺・2-9 | 遠訪投沙人・4-178 |
| 圓光虧中天・1-9 | 遠別隔兩河・4-254 |
| 願君同心人・3-445 | 遠別淚空盡・4-306 |
| 願君覆瓢壺・5-373 | 遠別離・1-187 |
| 願君採葑菲・2-93 | 遠別臨東道・5-88 |
| 願君學長松・3-64 | 願逢同心者・6-375 |
| 猿近天上啼・4-28 | 願逢田子方・1-241 |
| 遠近含晴光・6-260 | 元非太白醉揚州・5-243 |
| 元氣乃文康之老親・1-296 | 遠辭百里君・3-158 |
| 遠寄棹歌聲・4-88 | 遠山積翠橫海島・2-428 |
| 遠寄龍庭前・2-153 | 原嘗春陵六國時・2-272 |
| 園綺復安在・6-183 | 沅湘春色還・6-356 |
| 遠寄如花人・7-134 | 怨夕陽之西斜・7-177 |
| 遠寄日南客・2-20 | 願雪會稽恥・4-321 |
| 願寄一書謝麻姑・1-385 | 猿聲夢裏長・6-217 |
| 猿猱欲度愁攀援・1-197 | 猿聲碎客心・2-358 |
| 元丹丘・2-268 | 猿聲天上哀・1-424 |

| | |
|---|---|
| 猿聲催白髮・2-349 | 願與四座公・3-270 |
| 猿嘯時聞巖下音・6-161 | 遠煙空翠時明滅・4-405 |
| 願掃鸚鵡洲・4-158 | 猿影挂寒枝・5-399 |
| 猿嘯千谿合・3-42 | 願爲東南枝・7-7 |
| 園蔬烹露葵・4-6 | 願爲連根同死之秋草・7-177 |
| 猿嘯風中斷・6-93 | 願爲雙鳥泛中洲・2-201 |
| 願飡金光草・1-28 | 遠爲千載期・5-311 |
| 願隨夫子天壇上・4-95 | 願遊名山去・6-358 |
| 願隨任公子・3-361 | 遠遊學子平・6-337 |
| 願隨子明去・4-23 | 願因三青鳥・2-140 |
| 願隨春風寄燕然・2-214 | 願因雙飛鴻・7-126 |
| 願乘泠風去・6-22 | 願一佐明主・4-242 |
| 遠身金殿旁・1-121 | 願入蘭臺宮・4-210 |
| 元惡昔滔天・3-211 | 願入簫韶雜鳳笙・2-252 |
| 願狎東海鷗・5-207 | 願作陽臺一段雲・2-201 |
| 鴛鴦綠蒲上・1-429 | 願作天池雙鴛鴦・1-447 |
| 鴛鴦非越鳥・6-385 | 願將腰下劍・2-34 |
| 原野曠超緬・4-68 | 遠在尋陽西・2-450 |
| 遠憶巫山陽・7-132 | 願接盧敖遊太清・4-138 |
| 遠憶邊城兒・2-40 | 怨情感離別・6-243 |
| 願言弄倒景・5-347 | 遠眺望華峰・7-430 |
| 願言弄笙鶴・4-335 | 遠贈天仙人・6-380 |
| 願言杳無緣・3-419 | 願持照新人・1-399 |
| 願言保明德・4-274 | 願借羲和景・3-433 |
| 願言長相思・5-445 | 願斬單于首・2-181 |
| 遠與孤蓬征・3-127 | 黿鼉無所憑・1-340 |

遠託椅桐前・3-111
願託周周羽・7-320
願託華池邊・1-89
圓波處處生・7-263
願學秋胡婦・7-174
願銜衆禽翼・1-176
遠海動風色・3-21
遠行辭密親・7-343
遠行歲已淹・7-208
援毫投此辭・4-274
園花笑芳年・7-40
越客採明珠・1-174
月苦清猿哀・6-288
月光明素盤・6-155
月光欲到長門殿・7-152
月光長照金樽裏・5-383
月皎昭陽殿・7-149
越禽不戀燕・1-25
月既不解飲・6-267
越女歌採蓮・6-70
越女彈霜絲・5-444
月度霜閨遲・2-40
月落西山時・3-397
月落西上陽・1-61
月冷莎雞悲・2-183
月滿欲平胡・3-287

月明關山苦・5-143
月明東城草・6-471
月明白苧陂・5-399
月明白鷺飛・2-362
月明如素愁不眠・2-214
月明征虜亭・6-110
月明秋水寒・5-132
月色望不盡・5-340
月色不可掃・6-390
月色醉遠客・4-116
月色何悠悠・6-144
月隨碧山轉・4-107
越水遶碧山・6-362
越水清・6-111
月蝕西方破敵時・5-5
越燕辭江樓・6-448
越燕喜海日・6-400
月映清秋水・3-449
越王句踐破吳歸・6-178
月暈天風霧不開・2-315
越吟比莊舄・4-56
越人語天姥・4-223
月入霜閨悲・1-441
越鳥起相呼・5-393
越鳥從南來・1-334
月出魯城東・5-221

月出白猿啼・4-296
月出石鏡間・5-208
月出峨眉照滄海・2-411
月出靑山送行子・2-450
月出致譏・3-96
月探金窓罅・7-361
月兔空擣藥・6-393
月下飛天鏡・4-319
月下一見君・5-246
月下沉吟久不歸・2-317
月寒江淸夜沉沉・1-447
月銜樓間峰・6-308
月銜天門曉・4-35
月行卻與人相隨・5-383
月華若夜雪・4-63
月化五白龍・3-270
爲客裁縫石自見・6-209
位高金多聘私室・1-398
危苦惜頹光・3-419
衛霍輸筋力・2-9
爲官不愛錢・3-259
爲君談笑靜胡沙・2-375
爲君臺沼榮・6-352
爲君留下相思枕・2-201
爲君生光輝・6-419
爲君掃凶頑・2-166

爲君吟・2-272
爲君一擊・1-335
爲君前致辭・4-43
爲君奏絲桐・2-30
爲君持此凌蒼蒼・2-428
爲君下筯一餐飽・5-219
爲金好踊躍・5-7
魏都接燕趙・4-254
爲樂不知秋・6-285
爲木當作松・3-445
爲無杯中物・5-444
魏武何悲銅雀臺・4-405
爲文竟何成・3-306
爲訪南遷賈・3-300
爲邦黙自化・3-31
爲法頭陀來此國・2-322
爲報故交恩・3-195
爲報靑樓人・7-128
謂逢山陰晴後雪・2-277
危橋百餘尺・6-153
爲惜普照之餘輝・7-191
爲惜如團扇・7-294
渭水銀河淸・2-9
爲我歌此篇・5-46
爲我開禪關・5-386
爲我開天關・6-22

爲我結茅茨・4-6
爲我達揚州・2-344
謂我不媿君・3-309
爲我洗其心・4-465
謂我是方朔・4-258
爲我揚波瀾・3-457
爲我一揮手・7-3
爲我吊孔丘・4-387
爲我草眞籙・3-181
爲我吹行雲使西來・1-387
爲我彈鵾雞・5-418
爲我解霜威・6-137
爲言嫁夫婿・2-416
謂言挂席度滄海・3-38
謂言天涯雪・7-280
謂言秋霜落・5-441
謂與明月同・5-294
爲予謝蘭蓀・5-395
爲余謝風泉・5-191
爲余西北流・4-110
爲余掃灑石上月・4-406
爲余一攀翻・4-294
爲余天津橋南造酒樓・4-98
爲余置金尊・7-66
爲余話幽棲・3-449
爲用侯生言・4-414

葳蕤紫鴛鳥・3-233
爲爾傾千觴・4-252
逶迤巴山盡・6-139
爲人道寸心・7-204
爲人照覆盆・3-433
爲人駐頹光・2-114
魏帝營八極・6-213
謂從丹霄落・2-5
魏姝弄鳴絲・5-358
魏姝信鄭袖・7-90
委之在深篋・6-408
委質終輔翼・6-224
慰此遠徂征・3-306
衛青謾作大將軍・3-93
爲草當作蘭・3-445
爲逐春風斜・2-436
危乎高哉・1-197
爲歡古來無・5-410
魏侯繼大名・4-344
猶可騁中衢・3-191
猶可帝王師・4-9, 5-84
惟覺時之枕席・4-224
幽澗泉鳴深林・1-367
幽澗愀分流泉深・1-367
猶堪弄影舞瑤池・1-242
幽客時憩泊・5-441

有客自梁苑・7-201
遊車動行塵・4-398
惟見碧流水・6-191
唯見長江天際流・4-308
幽桂有芳根・4-467
庾公愛秋月・6-211
幽關豈來蹊・4-1
有愧叨承國士恩・6-111
有口莫食首陽蕨・1-259
惟君家世者・3-58
惟君固房陵・3-308
有窮盡年愁・5-100
幽閨多怨思・2-225
有女如花日歌舞・4-405
猶能簸却滄溟水・3-156
有德必報之・4-88
有道孰云喪・3-465
幽都逐遊魂・3-432
幽獨訪神仙・6-183
由來多感激・7-156
由來萬夫勇・1-419
由來紫宮女・1-156
由來征戰地・1-331
由來志氣疏・4-373
由來互衰榮・7-265
遊梁同在陳・5-28

猶戀漢皇恩・4-328
幽簾清寂若仙居・5-178
遊獵向樓蘭・2-1
遊莫逐炎洲翠・1-286
遊目送飛鴻・5-285
幽夢誰與適・4-56
遊方化公卿・3-240
遊扶桑兮挂左袂・2-434
有斧且無柯・6-224
猶不如槿花・7-40
有使寄我來・4-376
有使憑將金剪刀・2-201
有似山開萬里雲・3-353
遊山誰可遊・6-285
幽賞頗自得・4-171
儒生不及游俠人・1-230
惟昔不自媒・3-227
惟昔鷹將犬・6-385
猶羨鴛鴦偶・2-226
遺聲落西秦・2-177
遊說萬乘苦不早・4-331
唯飡獨山蕨・6-342
幽松出高岑・4-393
有手莫辯猛虎鬚・3-415
猶乘飛鳧鳥・3-345
猶是可憐人・3-201

| | |
|---|---|
| 有時六博快壯心・2-217 | 遊雲落何山・7-204 |
| 有時白雲起・4-66 | 遊雲不知歸・7-20 |
| 有時與我論三車・2-322 | 唯願當歌對酒時・5-383 |
| 有時忽惆悵・3-72 | 猶有舊歌管・7-204 |
| 有身莫犯飛龍鱗・3-415 | 悠悠多悲辛・4-262 |
| 有心竟無成・2-13 | 惟有碧天雲外月・7-363 |
| 惟我獨先覺・6-253 | 唯有北風號怒天上來・1-322 |
| 遺我綠玉杯・6-395 | 悠悠市朝間・4-262 |
| 遺我纍纍珠・7-382 | 悠悠非我心・6-293 |
| 遺我流霞杯・5-324 | 猶有謝安墩・6-34 |
| 遺我雙玉璞・7-257 | 悠悠送春目・1-168 |
| 誘我遠學・2-46 | 惟有安期舄・3-391 |
| 遺我鳥跡書・5-328 | 惟有嚴陵及光武・1-289 |
| 幽哀從此分・7-181 | 惟有飲者留其名・1-225 |
| 猶若待夫歸・7-300 | 惟有清風閑・6-235 |
| 揄揚九重萬乘主・2-255 | 悠悠漢江島・7-289 |
| 遺言聞楚老・6-471 | 惟應清都境・1-18 |
| 有言不可道・7-241 | 有耳莫洗潁川水・1-259 |
| 猶言淺恩慈・4-274 | 有人樓上愁・2-120 |
| 有如桃花源・6-108 | 幽人跡復存・4-83 |
| 有如東風射馬耳・5-294 | 有人傳道遊江東・3-38 |
| 有如飛蓬人・3-187 | 幽人停宵征・4-202 |
| 猶如仰昭回・3-211 | 幽人彈素琴・6-304 |
| 有如張公子・4-439 | 遊子覲嘉政・3-31 |
| 幽燕沙雪地・5-23 | 遊子東南來・5-215 |
| 幽咽多悲聲・1-76 | 遊子悲行役・6-372 |

| | |
|---|---|
| 遊子思故鄕・5-363 | 猶懷明主恩・4-467 |
| 遊子在百越・4-133 | 猶會衆賓客・4-298 |
| 遊子滯安邑・3-14 | 戎車森已行・2-105 |
| 遊子託主人・3-246 | 戎虜盈朝市・3-390 |
| 有長鯨白齒若雪山・1-193 | 戎虜行當剪・3-287 |
| 有才知卷舒・6-382 | 融融白玉輝・2-151 |
| 遺跡見都城・4-287 | 戎裝出盤遊・4-426 |
| 遺跡翳九泉・3-246 | 隱居寺・6-111 |
| 喩帝竟莫悟・7-104 | 隱居山・6-111 |
| 幽州思婦十二月・1-322 | 恩光照拙薄・5-207 |
| 維舟至長蘆・4-367 | 隱几宵天眞・5-86 |
| 幽州胡馬客・2-1 | 隱几寂聽無鳴蟬・2-368 |
| 有贈黃金千・2-225 | 殷勤道相憶・7-128 |
| 惟知雨露貪・7-379 | 殷勤一杯酒・7-315 |
| 愈疾功莫尙・6-103 | 銀臺金闕如夢中・1-340 |
| 猶縶夏臺・6-457 | 銀臺出倒景・5-333 |
| 遊此每相逢・4-254 | 恩疏佞臣計・5-270 |
| 遺此虎文金鞞靫・1-322 | 恩疏媒勞志多乖・5-294 |
| 有策不敢犯龍鱗・2-217 | 恩疏寵不及・1-437 |
| 有恨同湘女・7-300 | 銀鞍金絡到平地・4-99 |
| 幽緘儻相傳・7-29 | 銀鞍白馬度春風・2-162 |
| 遺響飛青天・1-74 | 銀鞍白鼻騧・2-164 |
| 遺響入霜鐘・7-3 | 銀鞍送別金城空・4-453 |
| 楡莢錢生樹・7-345 | 銀鞍繡轂往復迴・4-405 |
| 遺形入無窮・5-285 | 銀鞍紫鞚照雲日・3-145 |
| 幽魂共銷鑠・6-388 | 銀鞍照白馬・1-326 |

隱若白虹起 · 6-52
隱然詎可平 · 6-213
殷王期負鼎 · 5-124
殷憂向誰寫 · 6-279
隱隱五鳳樓 · 1-147
銀箭金壺漏水多 · 1-219
恩情遂中絶 · 6-438
恩情婉孌忽爲別 · 7-146
恩情雲雨絶 · 7-156
恩波寧阻洞庭歸 · 4-446
銀河耿花宮 · 4-72
銀河倒挂三石梁 · 4-138
銀河無鵲橋 · 6-372
銀漢去安在 · 6-144
殷后亂天紀 · 1-160
殷侯三玄士 · 7-347
飲君酒 · 2-272
飲潭猿相連 · 4-52
淫樂心不極 · 1-137
淫樂意何極 · 1-437
飲弄水中月 · 2-350
吟弄天上春 · 2-177
吟弄惠風吹 · 7-320
飲流涒灈沱 · 2-126
飲馬空夷猶 · 3-310
陰符生素塵 · 2-5

飲冰事戎幕 · 3-296
陰生古苔綠 · 7-9
吟誦有所得 · 5-333
飲水箕山上 · 3-418
飲水對清流 · 6-477
吟詩作賦北窗裏 · 5-294
音信莫令希 · 4-169
音信無由達 · 7-363
音信千里絶 · 6-243
陰陽結炎炭 · 6-103
陰陽乃驕蹇 · 3-52
吟詠思管樂 · 3-48
吟玩空復情 · 5-441
飲乳未嘗足 · 2-117
陰凝竹幹銀 · 7-404
陰精此淪惑 · 1-433
飲酒豈顧尚書期 · 2-271
飲酒眼前樂 · 2-332
飲酒入玉壺 · 6-390
音塵絶 · 2-123
音塵坐胡越 · 4-376
飲啄自鳴躍 · 4-195
飲彼石下流 · 5-190
陰虹濁太陽 · 6-179
挹君去 · 6-112
泣歸香閣恨 · 7-418

泣麟老人終困厄・7-327
泣別目眷眷・4-274
泣上流黃機・3-201
挹余以辭去・7-382
泣與親友別・1-69
泣盡繼以血・1-109
泣把李陵衣・6-188
泣下誰能揮・6-430
泣血盈杯・6-458
泣血將安仰・5-238
應駕小車騎白羊・5-52
應降紫泥書・5-90
應見梅花發・4-376
應見別離情・4-291
應見魏夫人・5-80
應過戲馬臺・4-183
應念金門客・3-261
應念覆盆下・3-284
應念投沙客・3-348
應到碧山家・7-211
應到渚宮城・6-139
應得池塘生春草・5-88
應攀玉樹長相待・2-421
應寫黃庭換白鵝・4-458
應須救趙策・3-193
鷹隨月兔飛・7-94

應是素娥玉女之所爲・2-428
應是怨秋胡・7-391
應是天仙狂醉・7-367
應是聚賢人・7-261
應運生夔龍・5-270
應爲岐路多・4-363
應爲尚書不顧身・4-116
應有便風飄・5-57
應有四愁詩・5-261
應在武陵多・3-168
鷹鸇鵰鶚・1-308
應照寒灰・6-458
應知不取金・4-441
鷹豪魯草白・5-320
凝毫採掇花露容・2-428
應化遼天鶴・7-332
倚劍登高臺・1-168
倚劍登燕然・2-126
倚劍望玉關・6-24
衣劍照松宇・5-231
倚劍增浩嘆・6-133
意輕千金贈・1-37
衣工剪綺繡・4-393
衣冠半是征戰士・2-206
衣冠耀天京・3-449
蟻觀一禰衡・6-213

衣冠照雲日・1-61
衣冠何翕赩・2-9
衣冠陷鋒鏑・3-390
疑君在我前・5-291
衣錦華水鄉・3-296
意氣相傾兩相顧・5-219
意氣相傾山可移・2-271
意氣素霓生・1-326
意氣遙相託・3-337
意氣人所仰・1-31
意氣還相傾・1-354
衣馬搖川光・4-229
衣貌本淳古・5-270
倚門望行人・1-322
猗靡與情親・6-432
義士還家盡錦衣・6-178
疑聖猜賢・3-96
倚松開其緘・5-227
倚樹聽流泉・6-317
倚樹招青童・5-285
疑是九疑仙・7-104
疑是老僧休念誦・7-44
疑是龍山雪・7-59
疑是武陵春碧流・2-450
疑是白波漲東海・5-178
疑是山陰雪後來・5-316

疑是山陰夜中雪・4-421
疑是王子猷・5-246
疑是銀河落九天・6-56
疑是地上霜・2-174
疑是天邊十二峰・7-25
疑是海上雲・5-455
依巖望松雪・2-96, 4-246
義與風雲翔・7-241
宜與海人狎・1-135
依然錦江色・6-139
倚玉阻芳筵・3-419
意欲託孤鳳・4-314
意願重瓊蕤・4-145
疑入高丘夢彩雲・7-25
宜入未央遊・2-78
意在斬巨鼇・4-321
疑從天上來・2-140
倚柱空躊躇・7-332
義重林中言・5-118
意重太山輕・4-35
意清淨貌稜稜・2-322
欹枕悔聽寒漏・7-365
意合不爲殊・7-201
意許無遺諾・4-195
爾家何在瀟湘川・4-470
已堪挂馬鞭・4-116

| | |
|---|---|
| 爾去安可遲・4-335 | 二盧竟不起・3-134 |
| 爾去之羅浮・5-136 | 二龍爭戰決雌雄・2-414 |
| 爾去且勿喧・4-414 | 夷陵丹砂末・5-185 |
| 爾去撥仙草・5-55 | 而無洲渚喧・6-205 |
| 爾見山吏部・4-393 | 爾聞其聲但揮手・4-406 |
| 二季過舊塋・5-231 | 夷門得隱淪・3-337 |
| 伊皐運元化・2-9 | 已聞蓬海淺・6-133 |
| 爾恐碧草晚・5-378 | 已聞清比聖・6-270 |
| 二公所咍・6-457 | 二物非世有・6-395 |
| 已過秋風吹・5-142 | 爾方達我情・3-127 |
| 已過黃髮期・5-136 | 而陪郭隗蹤・5-250 |
| 貽愧皓首・3-96 | 而陪芳宴初・3-333 |
| 以求長生・2-46 | 爾非千歲翁・6-390 |
| 二國且同盟・7-265 | 以色事他人・1-456 |
| 而今復誰論・3-167 | 伊昔鍊金鼎・6-183 |
| 爾能折芳桂・7-70 | 伊昔臨廣武・6-95 |
| 爾當玉石分・3-34 | 伊昔昇絶頂・4-383 |
| 異代風流各一時・5-278 | 伊昔簪白筆・3-432 |
| 二桃殺三士・7-90 | 伊昔全盛日・4-273 |
| 已到雲林境・7-307 | 伊昔悉相傳・3-419 |
| 爾獨知天風・4-428 | 二仙去已遠・6-432 |
| 而來強縈抱・1-391 | 已先投沙伴・4-155 |
| 爾來得茂彦・5-221 | 異姓爲天倫・4-262 |
| 而來命駕尋・3-140 | 二聖出遊豫・3-308 |
| 爾來四萬八千歲・1-197 | 已屬流芳歇・4-378 |
| 已歷千萬轉・6-257 | 以手撫膺坐長嘆・1-198 |

爾隨漢將出門去・5-13
移植滄江濱・5-128
二室凌青天・3-148
二十五長亭・4-88
二十移所天・2-225
而我竟何幸・1-121
而我竟何爲・3-137
而我樂名山・6-52
而我謝明主・3-296
而我安能群・4-133
而我愛夫子・3-255
而我遺有漏・6-260
而我胡爲者・6-279
而我欽清芬・7-55
以額扣關閽者怒・1-206
夷羊滿中野・1-160
而與侯生親・3-337
怡然青蓮宮・6-253
夷吾因小妻・1-361
而欲繼風雅・6-202
以愚陷網目・3-374
以遠隔巫山綠水之沈沈・7-177
已爲異鄕客・6-153
以爲兒童劇・3-460
爾爲我楚舞・4-237
已有空樂好・6-283

爾有鳥跡書・5-291
伊尹生空桑・6-224
已矣歸去來・4-262
二子魯門東・5-46
以茲謝朝列・4-82
而作隱淪客・5-62
而將枚馬同・4-205
已將書劍許明時・7-421
弛張在一賢・3-270
二帝巡遊俱未回・2-380
夷齊是何人・2-155
夷齊餓死終無成・2-332
爾從汎舟役・5-160
爾從咸陽來・4-421
爾佐宣城郡・4-174
爾則吾惠連・5-100
而增交道榮・4-88
以此難挂席・4-113
以此不安席・4-44
以此顒領顔・2-226
二處一不見・4-362
二崔向金陵・5-157
以歡秦娥意・6-425
二侯行事在方冊・7-327
鵁首弄倒景・5-373
益願狎青鳥・7-56

弋者何所慕 · 3-375
人間久摧藏 · 4-229
人間歸晚待樵隨 · 7-421
人間落歲星 · 4-258
人間無此樂 · 3-413
人看隘若耶 · 2-191
人間天上稀 · 2-348
人驚遠飛去 · 5-132
因誇楚太子 · 4-367
因君樹桃李 · 3-255
因君此中去 · 5-46
因窺洞天門 · 4-345
人今戰死不復回 · 1-322
人多沙塞顏 · 6-129
人道橫江好 · 2-307
因得窮歡情 · 5-195
因得通寂照 · 6-253
人來有清興 · 5-399
引領望金扉 · 7-7
引領不暫閒 · 5-204
引領意無限 · 4-66
人懼鯨鯢 · 6-465
人馬本無意 · 6-365
人亡餘故宅 · 6-352
因名五松山 · 5-433
人物鏡中來 · 3-265

人迷洞庭水 · 6-133
人悶還心悶 · 3-353
人攀明月不可得 · 5-383
因逢桂樹留 · 4-78
人分千里外 · 4-338
引拂舞 · 1-307
人非崑山玉 · 6-388
人非元氣 · 1-312
因思萬夫子 · 4-192
人尚古衣冠 · 7-353
人生各有志 · 7-289
人生感分義 · 3-233
人生貴相知 · 3-457
人生難稱意 · 6-400
人生達命豈暇愁 · 2-283
人生得意須盡歡 · 1-225
人生無定期 · 1-180
人生非寒松 · 1-40
人生信多故 · 4-83
人生實難逢此織羅 · 3-97
人生容德不自保 · 7-327
人生在世不稱意 · 5-139
人生鳥過目 · 1-79
人生且行樂 · 5-418
人生燭上花 · 7-379
人生飄忽百年內 · 5-294

因書報天涯・2-144
因聲魯句踐・2-159
因聲玉琴裏・4-110
因巢翠玉樹・5-285
因誰共芬芳・2-436
人愁春光短・4-155
人乘海上月・5-100
人心本無隔・2-148
人心不如草・1-391
人心失去就・3-308
人心若波瀾・1-79
人亦竟不來・7-144
人煙無明異・5-190
夤緣汎潮海・7-69
人煙寒橘柚・6-86
因欲保閑逸・6-61
因爲逃名客・4-178
因爲洞庭葉・3-407
因爲小兒啼・3-413
因爲吳會吟・5-92
人遊月邊去・4-345
因吟淥水揚洪波・2-283
因依尚可生・2-146
人疑天上坐樓船・3-342
人移月邊棹・4-28
因人恥成事・3-390

因入吳王宮・1-351
人自寧・1-273
人寂風入室・3-115
因絶西園賞・7-292
因之寄金微・6-372
因之汶陽川・4-127
因之誦德聲・3-116
因之嚴光瀨・3-212
因之聽頌聲・3-31
因之出寥廓・4-322
因此遊松門・6-202, 6-205
因招白衣人・5-444
因出天池泛蓬瀛・1-273
人吹彩簫去・2-179
因何逢伍相・7-391
因學揚子雲・2-96
人行明鏡中・2-426
因號郎官湖・5-410
日覺冰壺清・3-31
一去隔絶國・2-144
一去麒麟閣・4-43
一去無時還・5-195
一去無蹤跡・2-200
一去未千年・3-345
一去別金匣・1-56
一擧上九天・3-221

一去已十年・3-227
一攀釣六合・1-361
一攀致齊相・3-465
一攀九千仞・3-125
一見過所聞・3-34
日見白鷗在・7-20
一見借吹噓・3-91
一見醉漂月・5-429
一見平生親・3-237
一溪初入千花明・4-98
一顧輕千金・5-227
一曲斐然子・1-114
一斛薦檳榔・3-52
日觀近可攀・5-68
日觀東北傾・5-335
一官已白髮・3-58
一官卽夢寐・4-398
一貴復一賤・1-375
一叫一迴腸一斷・7-113
逸氣竟莫展・7-241
逸氣稜稜凌九區・1-241
逸氣凌青松・5-42
一起振橫流・3-300
一諾輕黃金・3-309
一旦殺齊君・1-165
一談一笑失顔色・5-294

一睹無二諾・5-100
一道夜歌歸・2-362
一度浙江北・3-265
日動火珠光・6-31
一斗合自然・6-270
日落看歸鳥・5-90
日落群峰西・5-361
日落沙明天倒開・5-316
日落長沙秋色遠・5-421
日落知天昏・6-400
日落把燭歸・7-266
一弄耶溪水・4-345
日晚可迴旋・3-419
日晚却理殘妝・7-358
日晚湘水綠・5-418
一面紅妝惱殺人・7-194
一鳴卽朱紱・3-296
日暮岸幘歸・4-178
日暮紫鱗躍・7-263
日暮長江空自流・5-11
日暮千里隔・6-153
日暮醉酒歸・1-31
日沒大江西・6-131
日沒鳥雀喧・4-463
一聞歌玉樹・7-273
一門骨肉散百草・6-465

一半是秦聲·7-96
一半已成霜·2-114
一杯不啻千鈞金·2-338
一拜五官郎·7-286
一杯一杯復一杯·6-312
一百四十年·1-147
一番流水滿溪春·7-401
日邊攀垂蘿·6-144
一別隔千里·3-307
一別武功去·6-22
一別蹉跎朝市間·3-145
一報佳人知·2-151
日本晁卿辭帝都·7-239
一夫當關·1-198
日斜孤吏過·7-356
一辭金華殿·5-46
一射兩虎穿·3-418
一辭玉階下·2-102
一使有苗平·1-109
一使胡塵清·7-266
一上玉關道·1-371
日色明桑枝·3-14
日色欲盡花含煙·2-214
日色促歸人·4-403
一生淚盡丹陽道·7-245
一生傲岸苦不諧·5-294

一生欲報主·3-382
一生好入名山遊·4-138
日西月復東·1-93
一書值千金·7-142
日夕連秋聲·4-80
日夕長鳴悲·7-168
日夕聽猿怨·5-238
逸勢如飛翔·7-382
一笑皆生百媚·7-361
一笑傾城歡·1-91, 6-414
一笑復一歌·5-231
一掃不足論·6-34
一掃四野空·5-320
一笑雙白璧·1-171
一掃清大漠·2-126
一飡歷萬歲·1-132
一水牽愁萬里長·2-309
一隨王喬去·6-453
一輸一失關下兵·2-217
一獸走百獸驚·1-267
一水中分白鷺洲·6-50
一樹忽先摧·7-247
一乘無倪舟·5-49
一時相逢樂在今·5-278
一食駐玄髮·7-119
一身竟無託·3-127

一身自瀟灑 · 5-231
一雙金齒屐 · 7-227
一夜飛度鏡湖月 · 4-223
一夜絮征袍 · 2-195
日夜向陽臺 · 7-130
一揚眉 · 2-272
一語不入意 · 1-283
一語已道意 · 3-111
日憶明光宮 · 5-31
一言懺盡波羅夷 · 2-322
日與化工進 · 7-379
一葉飛銀牀 · 3-407
日映水成空 · 5-407
一誤傷千金 · 4-393
一往桃花源 · 1-102
一往屛風疊 · 7-213
一往不可復 · 6-444
一往不見歸 · 7-204
日用心不倦 · 7-347
一遇浮丘斷不還 · 2-27
逸韻宏寥廓 · 5-441
逸韻動海上 · 5-433
日月更出沒 · 3-220
日月無偏照 · 3-308
日月秘靈洞 · 5-86
日月逝矣吾何之 · 7-327

日月照耀金銀臺 · 4-223
日月照之何不及此 · 1-322
日月終銷毀 · 6-390
日月慘光晶 · 1-109
一尉居倏忽 · 5-169
一爲雲雨別 · 7-136
日爲蒼生憂 · 3-115
一爲滄波客 · 6-362
一爲遷客去長沙 · 6-319
日隱西赤沙 · 6-471
一日傾千觴 · 3-296
一日劇三年 · 4-116
一一生綠苔 · 1-424
一一書來報故人 · 2-414
一日須傾三百杯 · 2-235
一一誰成功 · 1-93
日日醉如泥 · 7-215
一一銜蘆枝 · 1-452
日入牛渚晦 · 5-160
日入向國清 · 4-345
一長復一少 · 4-362
一丈荷花開 · 6-288
一嶂橫西天 · 4-52
一箭落旄頭 · 3-310
一戰靜妖氛 · 2-44
日靜無雲時 · 5-311

一朝各飛去 · 5-160
一條江練橫 · 7-294
一朝開光曜 · 1-37
一朝去京國 · 3-167
一朝去金馬 · 2-96, 4-246
一朝君王垂拂拭 · 3-82
日照錦城頭 · 6-3
一條藤徑綠 · 7-302
一遭龍顔君 · 3-137
一朝攀龍去 · 5-221
一朝富貴如有神 · 7-327
一朝不得意 · 2-30
一朝復一朝 · 4-421
一朝飛去青雲上 · 1-447
一鳥死百鳥鳴 · 1-267
一朝謝病遊江海 · 3-361
一朝颯已衰 · 2-349
日照新妝水底明 · 1-404
一朝讓寶位 · 3-375
一朝語笑隔 · 4-133
一朝烏裵敝 · 3-6
一朝長鳴去 · 5-20
一朝將聘茂陵女 · 1-391
一朝再覽大人作 · 1-398
一朝天霜下 · 7-42
一朝摧玉樹 · 6-342

一朝風化清 · 3-281
日照香爐生紫煙 · 6-56
一朝向蓬海 · 6-61
一鳥花間鳴 · 6-313
一朝和殷人 · 6-224
日足森海嶠 · 4-27
一種爲人妻 · 2-416
日從海旁沒 · 3-187
一坐度小劫 · 5-386
一州笑我爲狂客 · 5-264
一樽齊死生 · 6-272
一枝紅豔露凝香 · 2-82
一振高名滿帝都 · 2-411
一餐感素誠 · 4-88
一餐咽瓊液 · 6-16
日慘慘兮雲冥冥 · 1-187
一唱都護歌 · 2-137
一尺重山嶽 · 4-430
一忝青雲客 · 3-308
一體更變易 · 1-34
日出東方隈 · 1-312
日出宿霧歇 · 4-202
日出遠海明 · 6-288
日出照萬戶 · 2-86
日出瞻佳氣 · 5-356
日出布穀鳴 · 4-1

日出紅光散・6-16
一醉累月輕王侯・4-98
日墮歷陽川・7-233
一罷廣陵散・7-247
一破夫差國・6-169
一風鼓群有・3-240
一風三日吹倒山・2-307
日下空亭暮・6-332
一鶴東飛過滄海・2-421
逸翰凌長風・5-31
一行復一行・7-128
一行數字大如斗・2-445
一行佐明雨・6-179
一行書也無・7-418
一向黃河飛・1-176
一呼三軍皆披靡・3-93
一惑巧言子・7-90
一惑登徒言・6-438
一化北溟魚・3-333
一迴日月顧・4-298
一回花落一回新・2-206
一揮成風斤・1-114
逸興臨華池・5-195
逸興滿吳雲・4-345
逸興橫素襟・3-309
入郭登高樓・7-265

入洞過天地・3-407
入幕推英選・5-15
入門不拜騁雄辯・1-206
入門上高堂・1-61
入門二十年・7-101
入門紫鴛鴦・6-365
入門且一笑・5-311
入剡尋王許・4-345
入獸不亂群・3-158
入侍瑤池宴・6-337
入遠搆石室・4-52
入掌銀臺護紫微・3-80
入楚鞭平王・3-246
仍憐故鄉水・4-319
仍留一隻箭・6-127
仍要鼓刀者・3-337
仍爲負霜草・3-308

【자】

自可緩歸橈・5-368
紫閣連終南・2-9
自居漆園北・4-1
子傾我文章・7-165
自古共悲辛・6-378
自顧寡籌略・3-195

自古多艱辛・3-465
自古多怨尤・1-61
自顧無所用・4-44
自古有秀色・6-369
鷓鴣啼南園・4-467
自古帝王宅・6-321
自古妒蛾眉・1-358
自古豪烈胡爲此擊・6-465
自媿非仙才・5-324
自君一挂無由披・1-399
紫宮誇蛾眉・6-436
紫宮夫人絕世歌・1-345
紫闕落日浮雲生・4-444
自矜林湍好・7-70
紫氣何逶迤・4-273
自道安期名・1-28
紫藤挂雲木・7-16
自來白沙上・6-481
自憐非劇孟・3-287
自憐十五餘・1-429
茲嶺不可匹・6-61
雌弄秦草芳・1-391, 1-398
紫騮嘶入落花去・1-404
紫騮行且嘶・2-157
子明與浮丘・6-285
子房空謝病・4-363

子房未虎嘯・6-191
茲山何峻秀・1-69
紫塞嚴霜如劍戟・2-439
子胥旣棄吳江上・1-259
紫書儻可傳・3-149
子胥昔乞食・3-246
子胥鴟夷・6-465
自笑客行久・4-145
自笑鏡中人・6-475
自笑東郭履・3-433
自笑我非夫・3-195
自笑何區區・3-390
紫綬不挂身・2-5
紫綬歡情洽・4-183
自是客星辭帝座・5-243
子安在蒼茫・3-449
自愛丘壑美・7-53
自愛名山入剡中・6-151
子野善聽・3-97
子夜吳歌動君心・1-447
子若同斯遊・5-201
紫陽之眞人・4-99
茲焉可濯纓・7-263
自言管葛竟誰許・3-82
自言度千秋・1-61
自言歷天台・3-240

구절 찾아보기 - 자・293

自言花相似・1-358
自言羲皇人・5-234
自與清波閑・6-169
自餘囂囂直可輕・2-421
紫燕櫪下嘶・3-127
自然成妙用・3-220
紫燕黃金瞳・1-419
紫髥若戟冠崔嵬・1-409
自詠猛虎詞・5-311
自宛適京國・5-215
子雲叨侍從・3-86
子雲不曉事・1-31
雌雄終不隔・1-56
自爲天外賓・5-234
自謂羲皇人・3-237
子猷佳興發・5-294
自有兩少妾・4-258
子猷聞風動窗竹・3-415
自有思歸嘆・6-481
自有羽翼生・4-34
自有雲霄萬里高・7-18
子猷意已深・4-362
自倚顏如花・2-102
字字凌風颷・5-247
字字有委曲・7-142
自作英王胄・5-444

紫電明雙瞳・6-95
紫殿紅樓覺春好・2-251
自從建安來・1-3
自從離別久・2-226
自從爲夫妻・2-416
自從天地開・4-131
紫芝高詠罷・6-183
自知未應還・7-128
自此長江內・7-317
自此風塵遠・7-439
自妾爲君妻・2-225
藉草依流水・5-130
刺蹙爭一餐・1-129
自嘆妾緣業・2-226
自挾兩青龍・1-69
紫皇乃賜白兔所擣之藥方
・1-236
作簡音書能斷絕・2-416
昨觀荊峴作・5-169
作橋傷萬人・1-153
昨來猶帶冰霜顏・6-111
昨來荷花滿・5-231
酌醴奉瓊筵・5-207
酌醴繪神魚・6-382
昨夢江花照江日・4-470
昨夢見惠連・4-145

昨夢先歸越・4-380
昨發南都城・3-127
昨發委羽朝度關・1-452
作賦凌相如・3-390
作寺南江濱・7-75
灼爍瑤臺春・6-380
作書報鯨鯢・2-134
昨宵夢裏還・4-389
作詩調我驚逸興・5-264
昨夜狂風度・1-429
昨夜東風入武昌・4-167
昨夜梁園裏・3-179
昨夜巫山下・6-217
昨夜誰爲吳會吟・6-161
昨夜吳中雪・5-294
昨夜秋聲閶闔來・4-405
酌玉坐相召・6-253
昨翫西城月・5-246
作尹幷州遏戎虜・4-99
作人不倚將軍勢・2-271
昨日東樓醉・6-263
昨日登高罷・5-455
昨日方爲宣城客・2-217
昨日北湖梅・4-113
昨日城上人・7-323
昨日繡衣傾綠樽・3-353

昨日朱顏子・6-321
昨日之日不可留・5-139
昨日破產今朝貧・3-251
灼灼芙蓉姿・1-156
酌酒絃素琴・5-201
昨下閶風岑・6-395
剗卻君山好・5-416
潺湲淚難收・6-448
潺湲成音・1-367
殘霞飛丹映江草・2-428
簪裾爛明星・2-86
岑公相門子・5-62
潛光臥幽草・3-449
潛光愚其德・6-224
潛光隱嵩岳・3-149
潛光皖水濱・6-453
潛虯隱尺水・3-407
蠶飢妾欲去・2-189
蠶女墮纓簪・3-212
潛匿遊下邳・6-191
暫到下邳受兵略・2-217
蠶老客未歸・7-115
暫伴月將影・6-267
暫別廬江守・5-108
岑夫子丹丘生・1-225
暫時不動聚白雲・7-282

| | |
|---|---|
| 暫與人俗疏・5-307 | 長傾萬歲杯・1-297 |
| 暫因蒼生起・3-167 | 長卿慕藺久・4-362 |
| 蠶涓桑柘空・5-174 | 長鯨噴湧不可涉・1-385 |
| 蠶叢及魚鳧・1-197 | 長鯨湧溟海・4-14 |
| 暫出東城邊・5-363 | 長鯨正崔嵬・1-13 |
| 暫就東山賒月色・5-70 | 長空去鳥沒・6-299 |
| 暫行新林浦・4-376 | 張公多逸興・5-410 |
| 潛行七澤連・6-103 | 張公兩龍劍・1-207 |
| 暫向瀛洲訪金闕・4-406 | 長郊北路難・5-124 |
| 潛輝臥幽鱗・5-62 | 章仇尙書倒屣迎・5-277 |
| 雜花間平陸・6-237 | 長驅靜鐵關・2-181 |
| 長歌歸去來・6-265 | 將軍兼領霍嫖姚・1-317 |
| 長歌陶令前・4-116 | 將軍空爾爲・1-222 |
| 長歌謝金闕・6-479 | 將軍發白馬・2-126 |
| 長歌吟松風・5-351 | 將軍分虎竹・2-42 |
| 長歌盡落日・5-307 | 將軍少年出武威・3-80 |
| 長歌懷舊遊・6-222 | 將軍自起舞長劍・1-409 |
| 長干吳兒女・7-221 | 將軍出使擁樓船・4-451 |
| 長江流寒聲・4-322 | 長跪問寶訣・1-22 |
| 長江萬里情・5-165 | 長歸狐兔窟・6-342 |
| 長江萬里清・3-193 | 長叫天可聞・6-471 |
| 長劍挂空壁・4-56 | 長戟三十萬・3-308 |
| 長劍旣照曜・2-148 | 將寄萬里懷・6-408 |
| 長劍復歸來・4-82 | 將期報恩榮・4-321 |
| 長劍一杯酒・3-140 | 將期軒冕榮・3-306 |
| 長劍託交親・3-460 | 長年玉天賓・6-453 |

腸斷朗江猿・3-337
腸斷白楊聲・1-267
腸斷不見君・7-181
腸斷非關隴頭水・2-217
腸斷若剪絃・7-123
腸斷憶連枝・3-179
腸斷玉關聲・6-306
腸斷正西看・5-401
腸斷枝上猿・4-120
長短盡成絲・2-349
腸斷聽秋砧・3-140
長短春草綠・7-140
腸斷絃亦絶・2-30
章臺走馬著金鞭・3-292
長得君王帶笑看・2-84
張燈宴華池・5-340
將登太行雪暗天・1-250
長樂聞疏鍾・4-68
裝鸞駕鶴又復遠・6-112
張良未遇韓信貧・2-217
張良未逐赤松去・2-272
長流玉琴聲・4-35
長留一片月・5-55
漳流直南奔・6-205
長望杳難見・5-204
長鳴似相託・7-280

長鳴在九皋・7-412
將無七擒略・4-43
長門一步地・1-456
薔薇幾度花・6-346
薔薇緣東窗・6-277
壯髮凋危冠・3-162
張伯英・2-445
張帆當濟川・3-457
張兵奪秦旗・4-43
丈夫賭命報天子・5-1
丈夫立身有如此・3-93
丈夫未可輕年少・3-156
丈夫相見且爲樂・2-218
壯夫所素輕・2-14
壯夫時屈厄・2-148
將赴雲南征・1-109
丈夫何事空嘯傲・3-251
丈夫好新多異心・1-391
壯夫或未達・3-246
將奔宛陵道・3-211
將飛天地陣・5-15
將比通塘渠見羞・2-450
將非惠連誰・4-274
長沙去何窮・4-310
壯士激素衿・3-465
壯士多摧殘・3-457

壯士伏草間・3-127
長沙不足舞・4-273
壯士憤雄風生・1-406
壯士不可輕・4-195
壯士悲吟寧見嗟・2-259
壯士心飛揚・5-195
長沙陳太守・5-42
壯士呼聲動九垓・1-409
壯士懷遠略・5-20
壯士揮金槌・5-94
長桑晚洞視・4-387
長相思・1-264, 6-112
將船買酒白雲邊・5-424
將船遠行役・2-200
長嘯開巖扉・4-335
長嘯輕衣簪・4-389
長嘯歸故園・4-82
長嘯登崑崙・7-379
長嘯梁甫吟・1-206
長嘯臨淸颸・5-227
長嘯萬里風・4-314
長嘯無一言・3-115
長嘯尋豪英・3-127
長嘯倚孤劍・3-187
長嘯倚天梯・5-160
長嘯絶人群・6-347

長嘯出原野・5-195
長松鳴夜風・6-186
長松爾何知・6-293
長松入霄漢・5-335
長松自吟哀・5-455
長松之下列羽客・2-368
長隨君君入楚山裏・2-326
長袖拂面爲君起・1-444
長愁心已摧・4-306
長垂嚴陵釣・4-131
腸隨回文結・7-156
長繩難繫日・6-378
長嘶向淸風・3-191
藏身以爲寶・6-390
壯心屈黃綬・5-169
壯心剖出酬知己・3-145
壯心惜暮年・2-255
壯心遂與功名疏・3-361
壯心有所憑・3-137
長安去・4-412
長安宮闕九天上・4-421
長安大道橫九天・2-411
長安白日照春空・1-345
長安復攜手・3-140
長安不見使人愁・6-50
長安如夢裏・5-123

長安一相見·6-350
長安一片月·2-193
長安青綺門·4-463
長安春色歸·6-428
長楊掃地不見日·4-405
長與君兮相親·2-291
長與鳳爲群·3-125
長與韓衆親·1-18
長往南山幽·3-187
將欲繼風雅·6-205
將欲辭君挂帆去·6-111
長吁莫錯還閉關·3-82
長吁望靑雲·3-162
長吁別吳京·4-321
長吁不整綠雲鬟·1-398
長吁相勸勉·3-246
將遊京兆天·5-108
長吟到五更·7-294
長吟白雪望星河·2-450
悵飮雪朝醒·7-266
長吟愁鬢斑·2-243
悵飮與君別·4-389
長吟字不滅·5-291
長吟播諸天·5-255
長揖萬乘君·1-42
長揖蒙垂國士恩·3-145

長揖不受官·3-108
長揖辭成功·2-96, 4-246
長揖山東隆準公·1-206
長揖二千石·3-158
長揖韓荊州·3-175
張儀所以只掉三寸舌·2-332
將貽陶公誚·4-28
將炙啖朱亥·1-326
張子勇且英·4-460
鏘鏘振金玉·6-213
長在玉京懸·5-34
長才猶可倚·4-246
壯哉造化功·6-52
帳殿開雲衢·5-373
張顚老死不足數·2-445
長亭連短亭·2-120
樟亭望潮還·4-345
長啼無盡時·7-168
長條一拂春風去·4-76
長洲孤月向誰明·6-64
莊周空說劍·6-337
莊周夢胡蝶·1-34
長周旋·2-268
壯志竟誰宣·3-418
壯志恐蹉跎·3-175
壯志呑咸京·3-75

張陳竟火滅・1-180
將進酒君莫停・1-225
長此鎭吳京・6-41
長策掃河洛・5-20
杖策尋英豪・5-195
長策馭胡戎・5-285
長策委蒿萊・5-221
杖策還蓬藜・4-1
長川瀉落月・6-200
長川豁中流・3-441
仗出金宮隨日轉・2-251
長醉歌芳菲・6-297
長嘆令人愁・6-448
長嘆卽歸路・4-35
將投霍冠軍・5-20
長波寫萬古・5-390
丈八蛇矛出隴西・5-3
長風鼓橫波・6-66
長風挂席勢難廻・2-385
長風幾萬里・1-331
長風萬里送秋雁・5-139
長風入短袂・3-137
長風吹月渡海來・4-406
長風破浪會有時・1-250
張翰江東去・4-342
張翰黃花句・5-36

長鋏歸來乎・3-445
張衡殊不樂・5-261
長兄行不在・7-174
長呼結浮雲・4-163
長號別嚴親・1-109
長號易水上・3-457
長虹日中貫・6-481
章華亦傾倒・6-471
再歌千黃金・1-171
才高竟何施・6-213
才高幕下去・5-118
才高世難容・4-363
再顧重千金・3-140
載妓隨波任去留・2-247
再睹漢儀新・3-381
再動遊吳棹・5-36
再得論心胸・4-254
再得洗囂煩・7-66
才力猶可倚・2-96
再禮渾除犯輕垢・2-322
才微惠渥重・3-227
裁縫寄遠道・2-195
宰相作霖雨・5-160
在世復幾時・1-69
才術信縱橫・3-220
材是棟梁餘・7-11

再食留紅顏 · 7-119
載玉女 · 1-236
才雄草聖凌古人 · 2-300
宰邑艱難時 · 4-35
才將聖不偶 · 3-441
在長安 · 1-264
載酒五松山 · 5-154
載酒任所適 · 4-178
才華冠世雄 · 5-31
再歡天地淸 · 5-380
再欣海縣康 · 3-284
爭博勿相欺 · 2-159
爭拂酒筵飛 · 5-416
諍訟淸玉堂 · 3-296
崢嶸鏡湖裏 · 4-345
崢嶸丞相府 · 7-320
崢嶸若可陟 · 7-35
爭雄鬪死繡頸斷 · 1-293
鎗鎗突雲將 · 3-418
爭戰若蜂攢 · 2-1
爭池奪鳳凰 · 6-385
低擧拂羅衣 · 7-7
杵臼及程嬰 · 7-265
低頭禮白雲 · 2-367
低頭不出氣 · 6-369
低頭思故鄕 · 2-174

低頭向暗壁 · 1-424
著論窮天人 · 3-108
著論談興亡 · 3-407
著書卻憶伊陽好 · 2-300
著書獨在金鑾殿 · 3-361
貯之黃金屋 · 1-456
儲皇守扶風 · 3-374
敵可摧 · 1-317
積甲應將熊耳齊 · 5-3
赤車駟馬生輝光 · 1-398
謫居我何傷 · 3-407
赤車蜀道迎相如 · 3-361
狄犬吠淸洛 · 3-276
赤雞白狗賭梨栗 · 1-254
迹高想已綿 · 3-149
積骨成巴陵 · 6-471
謫官桃源去 · 3-367
敵國空無人 · 3-382
跡屈道彌敦 · 3-432
積德爲厚地 · 1-414
適來往南浦 · 2-416
寂歷似千古松 · 1-367
寂寥無所歡 · 6-155
赤鯉涌琴高 · 5-444
寂寞道爲貴 · 3-34
寂寞謝公宅 · 6-235

| | |
|---|---|
| 寂寞綴道論・1-45 | 寂靜娛清暉・5-337 |
| 寂滅不成春・7-75 | 赤精斬白帝・6-95 |
| 赤眉立盆子・1-297 | 適遭雲羅解・4-298 |
| 赤壁樓船掃地空・2-414 | 笛奏龍鳴水・2-68 |
| 赤壁爭雄如夢裏・3-354 | 笛奏梅花曲・2-181 |
| 赤伏起頹運・3-75 | 笛中聞折柳・2-34 |
| 跡謝雲臺閣・3-167 | 摘盡庭蘭不見君・2-201 |
| 謫仙遊梁園・4-362 | 積此萬古恨・1-267 |
| 積雪明遠峰・5-215 | 謫竄天南垂・4-273 |
| 積雪曜陰壑・7-78 | 積蓄萬古憤・3-195 |
| 積雪照空谷・6-144 | 赤霞動金光・4-27 |
| 赤城漸微沒・4-346 | 積恨淚如雨・3-466 |
| 赤城霞氣蒼梧烟・2-368 | 赤縣揚雷聲・3-432 |
| 笛聲諠沔鄂・4-148 | 積毀銷金・3-97 |
| 賊勢騰風雨・3-308 | 田家養老馬・4-414 |
| 赤松若可招・4-346 | 田家擁鋤犁・4-1 |
| 赤水非寥廓・5-207 | 田家有美酒・5-380 |
| 赤心用盡爲知己・2-206 | 田家酒應熟・6-444 |
| 適與佳興幷・4-88 | 田家秋作苦・6-155 |
| 跡與古賢幷・4-344 | 前溪伐雲木・6-163 |
| 跡與星辰高・3-204 | 戰鼓驚山欲傾倒・2-217 |
| 寂然芳靄內・7-300 | 戰鼓遙相聞・6-66 |
| 赤羽連天明・4-321 | 箭空在・1-322 |
| 寂寂聞猿愁・6-257 | 戰國多荊榛・1-3 |
| 寂寂珠簾生網絲・7-172 | 戰國何紛紛・1-165 |
| 寂寂還寂寂・3-445 | 前軍細柳北・1-437 |

剪棘樹蘭芳・3-204
前期難預圖・3-191
前期浩漫漫・4-23
前途儻相思・4-367
田竇相傾奪・1-180
傳得鳳凰聲・2-179
翦落青梧枝・6-79
剪虜若草收奇功・5-13
餞離駐高駕・4-398
胘麻素絹排數箱・2-445
纏綿成一家・2-436
纏綿亦如之・7-204
纏綿會有時・2-140
傳聞武安將・3-300
傳聞敕書至・3-309
前門長揖後門關・3-361
傳聞海水上・7-119
箭發石開・6-457
轉背落雙鳶・3-418
戰夫若熊虎・4-460
戰士如群蟻・7-323
戰士臥龍沙・2-42
前賞逾所見・6-205
前賞跡可見・6-202
傳觴青玉案・6-481
傳書蕊珠宮・3-181

前星遂淪匿・6-179
電掃洛陽川・3-270
前水復後水・1-61
全勝白接䍦・5-183
全勝若耶好・3-42
全身以爲寶・3-67
田氏倉卒骨肉分・1-267
田野醉芳樽・5-354
前榮後枯相翻覆・2-259
田園久蕪沒・6-479
前有吳時井・7-63
篆字若丹蛇・7-382
戰爭有古蹟・6-95
轉戰渡黃河・2-50
轉戰略朝那・2-126
專征出海隅・3-287
剪爪投河湄・6-421
剪竹掃天花・5-433
剪竹繞芳叢・4-310
前志庶不易・4-262
戰地何昏昏・7-323
剪鑿竹石開・3-309
田千秋才智不出人・7-327
前瞻南嶺分・7-55
箭逐雲鴻落・7-94
戰罷沙場月色寒・7-98

戰艦森森羅虎士・2-383
前行無歸日・2-110
前行若無山・6-22
前行遇知音・4-393
傳呼隘阡陌・4-178
田橫海島邊・6-123
前後更嘆息・6-393
前後兩遷逐・3-374
浙江八月何如此・2-312
絕景無不經・3-241
絕怪安可悉・6-5
折斷綠楊枝・5-143
竊弄章華臺・1-409
折麻恨莫從・4-68
折芳愧遙憶・5-207
折芳怨歲晚・4-317
折芳洲之瑤花・7-177
絕壁臨巨川・6-245
節變流鶯啼・4-1
節士悲秋淚如雨・1-406
折旋消得君主・7-358
竊笑有狂夫・4-14
竊藥駐雲髮・6-436
折楊皇華合流俗・5-294
絕耳非世有・7-408
節制非桓文・3-308

竊聽琴聲碧窗裏・7-228
折取對明鏡・7-32
絕筆於獲麟・1-3
折翮翻飛隨轉蓬・4-421
折花門前劇・1-424
折花不見我・4-127
折花倚桃邊・4-127
折花調行客・7-222
點額不成龍・3-91
點滴昭陽淚・7-374
蝶弄美人釵・7-345
蹀躞浮雲驄・6-365
蹀足懼驊騮・5-169
停歌罷笑雙蛾摧・1-322
精感石沒羽・2-166
征客無歸日・2-187
鄭客西入關・1-102
正見當壚女・2-416
頂高元氣合・6-31
鄭公詩人秀・5-441
亭空千霜月・4-346
精光乃堪掇・5-185
精光射天地・1-56
精光暗往時・3-303
旌卷曙霜飛・5-18
旌旗連海門・6-34

旌旗繽紛兩河道・2-217
旌旗颯凋傷・2-105
靜談金匱篇・3-270
靜談秋水篇・3-419
正當今夕斷腸處・4-444
正當今日迴・5-390
正當白下門・4-294
停桿依林巒・4-171
精覽萬殊入・6-103
精靈竟何能・1-340
丁令辭世人・6-247
汀柳細依依・7-313
征馬無由攀・4-435
征馬百度嘶・4-398
井無桔橰事・3-158
停杯投筯不能食・1-250
亭伯去安在・6-125
亭伯流離放遼海・4-421
精魄漸蕪穢・4-262
征帆不動亦不旋・2-368
征帆一一引龍駒・2-383
征帆一片繞蓬壺・7-239
征帆逐吹開・5-59
征帆飄空中・7-35
情不極兮意已深・7-146
停梭悵然憶遠人・1-217

停觴淚盈巾・2-5
井上二梧桐・3-257
正西望長安・2-344
政成心已閑・5-363
精誠與天通・5-285
精誠有所感・1-121
情性有所習・1-25
正聲何微茫・1-3
情聲合兩無違・1-283
精誠合天道・3-277
定掃鬼方還・6-24
庭樹落紅滋・4-145
正是桃花流・6-139
精神四飛揚・5-330
貞心比古松・7-174
貞心常自保・6-241
情與舊遊疏・7-435
情亦不可及・4-101
亭午暗阡陌・1-83
定王垂舞袖・5-44
停橈向餘景・7-307
精衛費木石・1-340
正有乘軒樂・7-320
征衣卷天霜・2-105
精義忘朝昏・3-433
情人道來竟不來・4-76

| | |
|---|---|
| 征人行不歸・7-181 | 正好銜杯時・6-291 |
| 靜者伏草間・5-160 | 征鴻務隨陽・6-408 |
| 定長三五枝・4-347 | 征麾拂彩虹・5-15 |
| 定將誰擧杯・6-354 | 齊歌空復情・4-80 |
| 庭前看玉樹・3-179 | 齊歌送淸觴・5-444 |
| 征戰無已時・1-222 | 帝車信迴轉・4-322 |
| 庭前廢井今猶在・7-428 | 齊公鑿新河・7-59 |
| 旌節渡黃河・2-126 | 齊珪安肯分・5-20 |
| 旌節鎭雄藩・5-118 | 製錦不擇地・3-14 |
| 亭亭凌霜雪・3-64 | 帝圖終冥沒・6-8 |
| 靜坐觀衆妙・6-444 | 題來消得好篇章・7-402 |
| 庭中繁樹乍含芳・7-402 | 提籠畫成群・3-115 |
| 停驂爲之傷・2-110 | 啼流玉筯盡・7-156 |
| 精彩化朝雲・6-402 | 啼無眼中人・7-204 |
| 情催泛海船・4-380 | 帝旁投壺多玉女・1-206 |
| 定醉金陵月・4-376 | 帝不去・1-273 |
| 正值傾家無酒錢・3-251 | 齊相殺之費二桃・1-207 |
| 正值朝日光・7-309 | 齊瑟彈東吟・1-171 |
| 正值秋風時・4-342 | 題詩留萬古・2-356 |
| 情親不避馬・6-137 | 題詩與惠連・5-133 |
| 旌旆何繽紛・6-66 | 齊心戴朝恩・3-270 |
| 旌旆夾兩山・3-310 | 題興何俊發・5-444 |
| 庭寒老芝朮・6-61 | 諸王若鸞虬・4-273 |
| 鼎湖流水清且閑・1-236 | 齊有倜儻生・1-37 |
| 鼎湖夢渌水・5-190 | 濟人不利己・5-455 |
| 鼎湖飛龍安可乘・1-340 | 帝子隔洞庭・4-230 |

| | |
|---|---|
| 帝子金陵訪古丘・2-379 | 朝去洛陽殿・5-221 |
| 帝子瀟湘去不還・5-427 | 鳥去凌紫煙・5-204 |
| 帝子泣兮綠雲間・1-188 | 鳥去天路長・4-155 |
| 帝子許專征・3-308 | 朝見裴叔則・3-88 |
| 制作參造化・5-195 | 朝沽金陵酒・5-246 |
| 濟濟雙闕下・2-86 | 朝共琅玕之綺食・7-146 |
| 帝寵賢王入楚關・2-389 | 彫戈鬘胡纓・4-321 |
| 弟寒兄不知・3-179 | 朝過博浪沙・2-217 |
| 際海俱澄鮮・6-70 | 朝光散花樓・6-3 |
| 帝鄉三千里・6-91 | 糟丘是蓬萊・6-274 |
| 諸賢沒此地・7-265 | 雕弓控鳴弦・5-320 |
| 提壺莫辭貧・6-378 | 早起見日出・6-90 |
| 諸侯拜馬首・3-381 | 早起思鳴雞・5-160 |
| 諸侯不救河南地・2-380 | 朝騎五花馬・2-140 |
| 諸侯盡西來・1-13 | 朝起赤城霞・6-16 |
| 提攜袴中兒・7-265 | 趙女不冶容・3-115 |
| 提攜館娃宮・6-169 | 趙女長歌入彩雲・2-259 |
| 提攜凌太清・7-49 | 早達勝晚遇・6-365 |
| 提攜訪神仙・7-70 | 釣臺碧雲中・4-346 |
| 提攜四黃口・2-117 | 操刀良在茲・3-14 |
| 提攜採鉛客・6-163 | 鳥度屏風裏・2-426 |
| 提攜出南隅・1-174 | 祖道擁萬人・3-307 |
| 朝歌鼓刀叟・1-361 | 鳥道絶往返・5-190 |
| 朝歌屠叟辭棘津・1-206 | 操刀振風雷・3-211 |
| 糟糠養賢才・1-53 | 趙得寶符盛・3-432 |
| 趙客縵胡纓・1-326 | 朝登大庭庫・6-8 |

朝登北湖亭・3-246
早落豫章山・2-166
照來空淒然・7-189
朝來果是滄洲逸・6-161
組練明秋浦・3-287
組練照楚國・6-34
朝弄紫泥海・1-132
祖龍浮海不成橋・2-387
早晚凌蒼山・3-450
早晚下三巴・1-424
早晚向關西・3-154
早晚向天台・4-370
朝鳴崑丘樹・1-129
雕盤綺食會衆客・2-271
朝發汝海東・4-72
趙璧無緇磷・1-158
趙璧爲誰點・4-448
趙北美嘉政・3-116
朝別凌烟樓・4-153
朝別朱雀門・4-110
朝別黃鶴樓・4-138
朝步落花閑・4-21
早服還丹無世情・4-138
遭逢聖明主・3-167
遭逢二明主・3-374
鳥拂瓊簷度・6-31

鳥飛不到吳天長・4-138
繰絲鳴機杼・3-115
朝辭明主出紫宮・4-453
朝辭白帝彩雲間・6-149
吊死不及哀・7-245
繰絲憶君頭緒多・1-378
早署丹臺名・7-49
祖席留丹景・5-15
朝涉白水源・5-307
租稅遼東田・4-266
調笑可以安儲皇・3-369
調笑來相謔・2-130
調笑當時人・4-43
調笑二千石・4-178
趙俗愛長劍・7-266
朝飡石中髓・2-280
趙叟得秘訣・4-387
釣水路非遠・3-122
潮水定可信・4-113
潮水還歸海・3-40
鳥宿蘆花裏・6-233
趙瑟初停鳳凰柱・2-214
照心勝照井・1-399
鳥愛碧山遠・4-242
朝野盛文物・2-9
朝憶相如臺・4-56

祖余白下亭・4-287
朝如青絲暮成雪・1-225
嘈然宛似鸞鳳鳴・4-99
凋葉落半空・4-428
照影玉潭裏・4-21
早臥早行君早起・5-72
朝雲落夢渚・4-230
朝雲夜入無行處・7-45
朝爲斷腸花・1-61
朝遊明光宮・5-195
趙有豫讓楚屈平・2-332
朝吟謝公詩・4-145
朝飮潁川之淸流・2-268
朝飮王母池・5-337
朝飮蒼梧泉・3-111
鳥吟簷間樹・5-207
趙倚兩虎鬪・1-165
漕引救關輔・5-160
朝日豔且鮮・1-89
朝日正杲杲・7-408
朝入天苑中・6-365
朝作猛虎行・2-217
鳥雀噪簷帷・4-273
阻積雪兮心煩勞・2-289
嘈嘈天樂鳴・6-41
朝坐有餘興・5-255

釣周獵秦安黎元・4-237
照之可以事明主・1-406
操持難與群・3-34
遭此兩重陽・5-455
凋此簷下芳・4-317
凋此紅芳年・1-89
朝策犁眉騧・4-405
徂川去悠悠・4-107
造天關・1-236
朝天數換飛龍馬・2-255
稠疊千萬峰・3-450
早出海雲來・5-59
雕蟲喪天眞・1-114
朝吹歸秋雁・5-23
鳥聚疑聞法・4-150
朝馳余馬於靑樓・7-177
朝罷沐浴閑・2-86
朝避猛虎・1-199
朝披夢澤雲・7-382
朝下散皇州・1-61
操割有餘閑・4-435
鳥銜野田草・2-146
朝降夕叛幽薊城・2-217
早行子午關・5-190
造化開靈泉・6-103
造化闢川岳・6-66

| | |
|---|---|
| 造化夙所稟・6-272 | 終期龍伯國・3-122 |
| 造化爲悲傷・1-121 | 終年風雨秋・5-433 |
| 造化合元符・3-220 | 終當過江去・6-11 |
| 朝歡更勝昨・5-100 | 終當起巖野・5-221 |
| 鳥還人亦稀・6-329 | 終當滅衛謗・4-44 |
| 早懷經濟策・3-233 | 終當遇安期・5-335 |
| 朝攜月光子・4-345 | 終當遊五湖・6-133 |
| 足繫一書札・7-181 | 種桃齊蛾眉・1-441 |
| 足著遠遊履・7-87 | 種落自奔亡・2-105 |
| 足下遠遊履・5-80 | 終流泣玉啼・3-26 |
| 存亡任大鈞・2-5 | 終留赤玉舃・1-69 |
| 拙薄謝明時・5-231 | 鐘峰五雲在軒牖・6-111 |
| 拙薄遂疏絕・6-337 | 從師方未還・5-328 |
| 卒歲長相隨・3-455 | 縱死俠骨香・1-326 |
| 拙妻莫邪劍・4-298 | 鐘山對北戶・6-41 |
| 拙妻好乘鸞・7-70 | 鍾山龍盤走勢來・2-328 |
| 鍾鼓不爲樂・3-18 | 鍾山臨北湖・4-363 |
| 鐘鼓饌玉不足貴・1-225 | 鍾山危波瀾・4-287 |
| 種瓜復幾時・4-298 | 鐘山抱金陵・6-45 |
| 從君老煙水・5-208 | 終成南山皓・6-475 |
| 從君萬曲梁塵飛・1-283 | 鐘聲萬壑連・4-150 |
| 從君不相饒・3-411 | 終歲長翕歙・7-40 |
| 從軍玉門道・2-181 | 終身棲鹿門・4-60 |
| 從軍向臨洮・2-23 | 終言本峰壑・7-70 |
| 終歸茂陵田・7-104 | 終與同出處・3-72 |
| 鐘期久已沒・6-304 | 終與安社稷・3-58 |

| | |
|---|---|
| 終然獨不見 • 1-441 | 從此謝魏闕 • 5-347 |
| 終然無心雲 • 4-467 | 從此一投釣 • 6-440 |
| 終然保淸眞 • 6-453 | 從他生網絲 • 1-391, 1-39833 |
| 終然不受賞 • 5-174 | 從風各消散 • 6-481 |
| 終然謝珠簾 • 7-208 | 從風渡溟渤 • 3-11 |
| 終宴敍前識 • 5-215 | 從風欲傾倒 • 6-428 |
| 宗英乃禪伯 • 5-255 | 從風縱體登鸞車 • 1-233 |
| 宗英佐雄郡 • 3-441 | 終協龍虎精 • 4-34 |
| 終願惠金液 • 7-49 | 縱好君嫌惡 • 7-286 |
| 終爲樂禍人 • 6-453 | 縱橫兩無疑 • 5-142 |
| 縱爲夢裏相隨去 • 3-403 | 縱橫逸氣走風雷 • 3-93 |
| 縱有鷹鸇奈爾何 • 1-286 | 坐看飛霜滿 • 1-89 |
| 從戎向邊北 • 7-343 | 坐客論悲辛 • 2-5 |
| 終日淡無味 • 6-59 | 座客三千人 • 5-358 |
| 從玆得蕭散 • 7-35 | 左顧右盼生光輝 • 3-145 |
| 從玆一別武陵去 • 5-278 | 佐郡浙江西 • 4-273 |
| 縱酒酣淸輝 • 3-255 | 坐來黃葉落四五 • 4-421 |
| 縱酒開愁容 • 5-110 | 坐令鼻息吹虹霓 • 5-294 |
| 縱酒無休歇 • 6-342 | 左盤右蹙如驚電 • 2-445 |
| 縱酒復談玄 • 3-420 | 坐思行嘆成楚越 • 7-138 |
| 縱酒鸚鵡洲 • 4-17 | 坐惜故人去 • 4-340 |
| 從之摩天遊 • 4-314 | 坐嘯廬江靜 • 4-208 |
| 從之復何難 • 4-23 | 左掃因右拂 • 3-374 |
| 從此鍊金藥 • 7-70 | 坐愁群芳歇 • 2-183 |
| 從此鍊眞骨 • 5-347 | 坐愁青天末 • 4-133 |
| 從此凌倒景 • 5-195 | 坐愁湖陽水 • 7-130 |

坐愁紅顏老・1-424
左右洗青壁・6-52
左右清風來・5-455
坐月觀寶書・4-121
坐泣秋風寒・1-91
坐嘆荇菲詩・1-141
坐恨金閨切・7-156
佐漢解鴻門・3-381
罪乃孔多・3-97
酒酣舞長劍・5-94
酒酣心自開・6-274
酒酣欲起舞・6-288
酒酣益爽氣・6-285
酒客十數公・5-246
酒客愛秋蔬・5-311
舟車日奔衝・4-254
酒傾無限月・5-130
酒傾愁不來・6-274
駐景揮戈・1-312
奏曲有深意・7-123
周公負斧扆・6-421
周公稱大聖・1-289
酒徒詞客滿高堂・2-445
酒來笑復歌・6-301
周覽無不極・6-70
珠淚濕羅衣・7-181

周流試登覽・6-5
周流行太易・3-220
酒臨遠水傾・4-291
走馬輕風雪・7-156
走馬紅陽城・2-243
朱明驟回薄・1-163
周穆八荒意・1-137
朱門擁虎士・3-309
珠箔懸銀鉤・6-3
走傍寒梅訪消息・4-167
舟浮瀟湘月・3-168
朱紱白銀章・5-100
朱紱遺塵境・4-150
主司得球琳・4-393
酒肆藏名三十春・5-188
走山莫騎虎・1-289
疇昔未識君・6-288
疇昔相知幾人在・3-361
疇昔雄豪如夢裏・3-80
疇昔紫芳意・5-136
疇昔在嵩陽・4-82
周旋小字挑燈讀・7-311
酒星不在天・6-270
周粟猶不顧・5-20
朱顏君未老・3-175
朱顏謝春暉・4-95

朱顏成死傷・7-90
朱顏凋落盡・7-128
晝夜尙不閑・7-119
晝夜生風雷・7-29
鑄冶火精與水銀・1-296
珠玉買歌笑・1-53
珠玉不鮮・3-96
酒爲劍歌雄・5-405
週遊孤光晚・6-144
周瑜於此破曹公・2-414
主人碧巖裏・3-397
主人若不顧・3-296
主人有酒且莫斟・2-338
主人情未極・3-309
主人蒼生望・5-215
主人出美酒・5-157
主人何爲言少錢・1-225
酒臨遠水傾・4-291
周子橫山隱・3-44
主將動讒疑・6-481
舟在空中行・4-345
躊躇未得往・7-132
躊躇未忍去・4-398
躊躇日將曛・5-23
躊躇紫宮戀・4-467
躊躇忽不見・5-330

洲渚曉寒凝・6-200
珠殿鎖鴛鴦・2-66
廚竈無靑煙・3-52
朱鳥張炎威・3-220
舟從廣陵去・4-285
舟從南浦回・5-372
周周亦何幸・1-176
酒中樂酣宵向分・4-406
舟中指可掬・6-481
舟檝閣中逵・4-274
周秦保宗社・3-300
酒盡一帆飛・7-313
珠袍曳錦帶・1-419
走海無停川・5-320
朱亥已擊晉・5-28
舟行若在虛・5-90
朱火始改木・5-207
周迴數千里・6-362
酒後競風采・2-23
朱曦爍河堤・5-160
竹裏無人聲・6-235
竹林七子去道賖・4-406
竹馬數小兒・3-419
竹帛已光榮・2-13
竹帛將何宣・2-211
竹粉千腰白・7-405

竹上之淚乃可滅・1-188
竹色溪下綠・4-285
竹實滿秋浦・3-372
竹暗辟疆園・4-304
竹影掃秋月・4-6
奠酹遙相知・5-444
駿馬驕行踏落花・7-160
駿馬不勞鞭・3-457
駿馬似風飇・2-38
駿發跨名駒・5-320
樽成山岳勢・7-11
峻節貫雲霄・3-212
峻節凌遠松・4-389
尊酒謝離居・7-435
樽酒表丹誠・7-317
準平天地心・4-393
重價求山雞・4-1
中間小謝又清發・5-139
中間最高頂・7-425
中見愁猿弔影而危處兮・1-367
中國有七聖・1-296
中貴多黃金・1-83
衆女妒蛾眉・7-90
中年不相見・3-265
中年謁漢主・4-95
仲尼亡兮誰爲出涕・2-434

仲尼欲浮海・1-95
仲尼將奈何・6-224
仲尼且不敬・4-430
仲尼七十說・3-187
中途寡名山・3-449
中途莫先退・3-441
中途不遇人・3-205
中途偶良朋・3-127
重瞳孤墳竟何是・1-188
中流鵝鸛鳴・4-88
中流漾綵鷁・5-149
衆毛飛骨上凌青天・3-96
仲文了不還・5-154
中逢元丹丘・5-227
中峰倚紅日・6-61
中奔吳隔秦・3-381
中山孺子妾・1-375
衆星羅青天・6-45
衆星羅秋旻・1-3
中巢雙翡翠・2-436
中宵出飲三百杯・2-259
衆神衛我形・5-333
中夜四五嘆・3-310
中夜臥山月・3-240
中夜天中望・3-265
中夜忽驚覺・6-279

重陽不相知・4-178
仲雍揚波濤・3-204
中原走豺虎・4-27
中有孤鳳雛・5-23
重有金樽開・4-437
中有綠髮翁・1-22
中有蓬海客・3-148
中有不死者・4-14
中有不死丹丘生・2-263
中有三元章・7-382
中有一雙白羽箭・1-322
重吟眞曲和清吹・2-27
中藏寶訣峨眉去・5-172
衆鳥各已歸・6-297
衆鳥高飛盡・6-328
衆鳥集榮柯・1-180
中天度落月・5-154
中天謝雲雨・4-43
中天摧兮力不濟・2-434
重疊遙山隔霧看・7-311
衆草共蕪沒・1-124
衆草凌孤芳・1-121
中台竟三析・5-62
中涵玉醴虛・7-11
中闊道萬里・5-136
中迴聖明顧・4-266

卽事能娛人・7-35
卽事已如夢・6-378
卽知蓬萊石・5-39
卽知朱亥爲壯士・4-237
則知惠愛深・3-212
贈劍刻玉字・5-110
贈君卷施草・4-304
贈君表相思・1-398
曾無一夜樂・7-286
曾無好事來相訪・5-178
曾無黃石公・6-191
曾聞玉井金河在・7-423
贈微所費廣・4-35
曾陪時龍躍天衢・1-240
曾上山公樓・3-175
曾是無心雲・5-271
贈我栗岡硯・7-347
贈我數百字・5-247
贈我慰相思・5-261
贈我以微言・4-328
贈我以新詩・5-195
贈言鏤寶刀・4-218
贈言若可重・3-182
贈余琴溪鶴・7-280
贈爾慰離析・4-56
贈爾托交親・5-28

曾照吳王宮裏人・6-176
曾參豈是殺人者・5-294
曾參寧殺人・3-401
曾青澤古苔・7-29
曾標橫浮雲・3-419
贈行不及言・4-430
曾向長生說息機・4-446
池開照膽鏡・5-403
只見桃花不見人・7-401
知見一何高・7-415
地古雲物在・6-34
地古遺草木・6-61
地古寒雲深・5-190
地古寒陰生・6-41
池館清且幽・6-285
池光蕩華軒・7-66
知君獨坐青軒下・5-178
知君先負廟堂器・3-132
知君在秋浦・7-204
知君好賢才・6-288
持鉤慰風俗・4-44
枳棘棲鴛鸞・1-126
至今空揚高蹈名・5-277
至今芳洲上・6-213
至今不出烟欝口・7-399
至今三載聞餘香・7-144

至今西二河・4-43
祇今惟見青陵臺・1-391, 1-399
只今惟有西江月・6-176
只今惟有鷓鴣飛・6-178
至今秦淮間・4-287
至今天壇人・4-347
至今憔悴空荷花・4-406
至今平原客・3-181
至今緘愁不忍窺・7-138
志氣橫嵩丘・1-61
池南柳色半青青・2-251
地多靈草木・7-353
池臺空有月・7-251
只待長風吹・5-340
只賭珠璣滿斗・7-358
知登吳章嶺・7-217
地冷葉先盡・7-302
持袂把蟹螯・4-367
地白風色寒・6-326
持斧佐三軍・3-432
地崩山摧壯士死・1-197
知非伴儜人・4-347
持觴勸侯嬴・1-326
知上太行道・3-67
地扇鄒魯學・4-287
只愁歌舞散・2-64

| | |
|---|---|
| 池水階下明・7-49 | 至人達機兆・5-62 |
| 知是謝楊兒・3-396 | 至人洞玄象・1-95 |
| 知是蔣徵君・7-251 | 遲日明歌席・2-76 |
| 知我在磻溪・4-1 | 智者可卷愚者豪・1-207 |
| 鷙鶚啄孤鳳・6-213 | 之子合逸趣・7-55 |
| 地若不愛酒・6-270 | 地將幽興愜・7-435 |
| 只言期一載・2-416 | 祗將疊嶂鳴秋猿・2-277 |
| 持鹽把酒但飲之・2-283 | 志在窮遐荒・4-229 |
| 枝葉萬里長・1-296 | 志在清中原・6-482 |
| 枝葉拂青烟・4-127 | 地底爍朱火・6-103 |
| 地擁金陵勢・6-196 | 地底興雲雷・5-324 |
| 智勇冠終古・5-94 | 地轉錦江成渭水・2-398 |
| 志願不及申・1-18 | 志存解世紛・5-20 |
| 地遠松石古・5-450 | 蜘蛛結網生塵埃・1-322 |
| 地遠虞翻老・3-303 | 池中虛月白・6-235 |
| 地遠清風來・1-178 | 地卽鼎湖鄰・4-430 |
| 持爲我神通・3-240 | 地卽帝王宅・6-194 |
| 持爲寒者薪・3-227 | 持贈解人憂・5-267 |
| 只有敬亭山・6-328 | 枝枝相糾結・2-436 |
| 知音不易得・3-441 | 枝枝相接連・5-255 |
| 知音安在哉・3-265 | 持此道密意・2-140 |
| 地應無酒泉・6-270 | 持此願投贈・3-457 |
| 只應自索漠・3-26 | 持此意何如・4-373 |
| 遲爾玩清暉・5-49 | 至此腸斷彼心絶・1-387 |
| 遲爾早歸旋・5-133 | 持此足爲樂・5-393 |
| 至人貴藏暉・2-170 | 地窄不回身・5-44 |

| | |
|---|---|
| 地窄三湘道・6-471 | 直是爲君儉不得・7-311 |
| 咫尺不可親・4-179 | 直爲斬樓蘭・2-34 |
| 咫尺宸居・7-374 | 直爲銜恩甚・2-36 |
| 池草暗生春・2-72 | 織作玉床席・7-5 |
| 池草豔春色・7-40 | 直至長風沙・1-424 |
| 地逐名賢好・3-261 | 職此之由・3-97 |
| 枝下無俗草・3-432 | 直斬長鯨海水開・1-409 |
| 地閑諠亦泯・4-121 | 直出浮雲間・6-22 |
| 地形連海盡・6-332 | 直下見溟渤・6-13 |
| 池花春映日・6-222 | 直割鴻溝半・6-481 |
| 指揮戎虜坐瓊筵・2-391 | 直向使君灘・5-132 |
| 指揮楚漢如旋蓬・1-206 | 直向彭湖東・4-143 |
| 指揮回青天・1-147 | 晉家南渡日・6-194 |
| 直挂雲帆濟滄海・1-250 | 秦家李斯早追悔・2-338 |
| 直驅雞犬入桃花・7-399 | 晉家望安石・3-460 |
| 織錦心草草・7-162 | 秦家丞相府・7-87 |
| 織錦作短書・7-156 | 秦家築城備胡處・1-222 |
| 直到扶桑津・6-380 | 眞堪寫懷抱・3-445 |
| 直到爾門前・3-205 | 秦開蜀道置金牛・2-404 |
| 直木忌先伐・1-118, 6-416 | 秦客爲之搖・5-246 |
| 直上西山去・2-89 | 眞訣自從茅氏得・4-446 |
| 直上數千尺・7-9 | 晉君聽琴枉清角・5-294 |
| 直上天門山・5-328 | 秦宮桃李向明開・3-292 |
| 直上青雲生羽翼・3-82 | 振窮溪水灣・3-246 |
| 直上青天掃浮雲・4-406 | 珍禽在羅網・7-320 |
| 穉契和天人・3-52 | 秦欺趙氏璧・4-310 |

塵濃鳥跡深・6-29
震沓百川滿・4-155
振大雅於東洛・2-290
晉代衣冠成古丘・6-50
振綠髮・1-240
秦鹿奔野草・6-95
秦樓月・2-123
秦樓出佳麗・7-309
塵累忽相失・6-5
秦穆五羊皮・1-361
珍木蔭瑤池・7-341
珍盤薦彫梅・5-455
進帆天門山・4-202
盡付酒家錢・3-419
晉祠流水如碧玉・4-100
眞山可以全吾身・2-368
秦桑低綠枝・2-185
珍色不貴道・1-171
振錫還孤峰・5-74
秦水別隴首・1-76
珍羞亦兼之・4-274
眞僧法號號僧伽・2-322
眞僧閉精宇・7-35
晉室昔橫潰・6-34
秦心與楚恨・7-123
秦娥夢斷秦樓月・2-123

塵縈遊子面・7-345
秦吳眇天涯・5-143
陳王徒作賦・6-405
陳王昔時宴平樂・1-225
秦王掃六合・1-13
秦雲起嶺樹・6-27
秦雲連山海相接・4-470
縉雲川谷難・4-346
晉爲六卿分・1-165
盡爲愁媒・6-458
盡爲入幕珍・3-381
秦人雞犬桃花裏・2-450
秦人半作燕地囚・2-217
秦人相謂曰・1-102
秦人失金鏡・6-179
秦人如舊識・3-367
盡日感事傷懷・7-363
盡日扶犂叟・7-296
盡日飄揚無定時・4-76
秦帝淪玉鏡・5-94
秦帝如我求・1-69
晉朝羊公一片石・2-236
秦趙虎爭血中原・4-237
秦趙興天兵・6-481
眞珠簾箔掩蘭堂・2-201
珍重歲寒姿・7-315

秦地見碧草・4-467
秦地羅敷女・2-189
秦地無草木・5-160
秦川得及此間無・2-395
津妾一棹歌・2-13
秦出天下兵・4-321
眞趣非外借・6-308
進退成行・1-297
陳平終佐漢・6-481
震風擊齊堂・1-121
晉風日已頹・1-168
陣解星芒盡・2-38
秦絃弄西音・1-171
秦皇按寶劍・1-153
秦皇太后・3-97
秦皇漢武空相待・1-340
秩滿歸咸陽・3-307
疾心若火焚・5-23
叱咤開帝業・3-374
叱咤經百戰・2-23
叱咤四海動・1-297
叱咤入關中・6-95
嘯咤從此興・3-137
疾風吹片帆・6-153
執樞相管轄・3-220
徵歌出洞房・2-66

徵古絶遺老・5-433
澄慮觀此身・6-253
澄明洗心魂・5-395
徵聲列齊謳・4-426
徵樂昌樂館・3-307
徵辛空九寓・1-153
澄清洛陽水・3-390

【차】

此江若變作春酒・2-235
此去爾勿言・5-174
此去何時還・4-435, 5-68
此去或未返・6-301
此曲乃是昇天行・1-273
此曲不可奏・2-166
此曲有意無人傳・2-214
借君西池遊・5-380
且寄一書札・3-450
此女傾壺漿・3-246
姹女乘河車・3-220
且對一壺酒・6-299
此度別離何日見・4-333
且得洗塵顏・6-52
且樂生前一杯酒・1-259
此樂世中稀・3-413

此樂最爲甚・6-272
且留琥珀枕・1-391, 1-398
遮莫姻親連帝城・2-206
遮莫枝根長百丈・2-206
借問久疏索・3-348
借問幾時還・5-143
借問幾時迴・6-265
借問單樓與同穴・7-411
借問盧耽鶴・3-359
借問別來太瘦生・7-284
借問剡中道・4-285
借問笑何人・4-414
借問誰家地・1-267
借問誰陵虐・1-49
借問承恩初・4-362
借問新安江・2-426
借問往昔時・5-390
借問欲棲珠樹鶴・4-446
借問陰山候・7-343
借問宗黨間・2-5
借問此何時・6-313
借問此何爲・1-109
借問漢宮誰得似・2-82
此物雖過時・2-20
且放白鹿青崖間・4-224
此別未遠別・4-363

此別又千里・5-143
此別何時遇・4-412
且復歸去來・1-126
且復歸碧山・3-58
且復命酒樽・6-277
且悲就行役・1-49
此事不可得・5-320
此席忘朝飢・5-311
此石巍巍活像牛・7-437
且須歌舞寬離憂・3-354
且須酣暢萬古情・5-294
此樹我所種・4-127
且須飲美酒・6-274
且須一盡杯中酒・2-338
且述陵陽美・3-449
此僧本住南天竺・2-322
此時結念同所懷・5-178
此時惜別詎堪聞・2-27
此時阿嬌正嬌妒・1-391
此時重一去・7-302
此時此夜難爲情・7-117
此時何處最幽清・7-432
此時行樂難再遇・4-100
此身乃毫末・3-195
此心難具論・3-195
此心誰見明・3-127

此心鬱悵誰能論・6-111
嵯峨三角髻・6-174
嵯峨蔽榛莽・1-49
此夜曲中聞折柳・7-103
嗟予落泊江淮久・2-322
借予一白鹿・1-69
嗟余沈迷・3-96
且與荷衣樂・3-337
此亦一時・2-319
且願束心秋毫裏・4-237
且有一翁錢少陽・3-369
且隱屏風疊・3-265
且飲美酒登高樓・2-283
且吟白紵停綠水・1-444
此意與誰論・1-160
嗟爾遠道之人胡爲乎來哉
　　1-198
此人古之仙・2-197
此人不可見・5-191
此人已成灰・3-48
且將斤斧疏・7-11
且將換酒與君醉・3-251
此情難具論・4-463
此情難具陳・5-231
此情不可道・4-412
且從康樂尋山水・5-439

且從傲吏遊・5-433
此中久延佇・4-344
此中豈是久留處・5-277
此中多逸興・4-370
此中得佳境・5-395
此中冥昧失晝夜・2-368
此中積龍象・4-11
此中忽見峨眉客・2-411
此地果摧輪・3-67
此地舊長安・6-194
此地君自過・5-191
此地多英豪・2-243
此地方悠哉・6-283
此地別夫子・3-175
此地悲風愁白楊・2-304
此地相看未忍分・2-27
此地傷心不能道・2-328
差池相哀鳴・4-35
此地生秋草・7-136
且知我愛君・4-347
此地一爲別・5-76
差池宰兩邑・3-432
此地卽平天・2-361
此地曾經爲近臣・4-421
此地忽芳菲・3-255
且盡秉燭歡・4-380

且盡手中杯・4-437
嗟嗟失歡客・1-180
此處別離同落葉・4-186
此草最可珍・7-5
且逐東門兔・3-233
且就洞庭賒月色・5-424
且醉習家池・2-61
蹉跎君自惜・3-303
蹉跎不得意・3-307
蹉跎復來歸・3-418
蹉跎成兩失・2-211
蹉跎身世違・4-44
蹉跎人間世・3-111
蹉跎凋朱顔・5-330
蹉跎淮海秋・3-265
且耽田家樂・4-6
且探虎穴向沙漠・4-237
且學南山豹・4-27
且諧宿所好・6-52
此行俱有適・5-133
此行不爲鱸魚鱠・6-151
此行殊訪戴・5-368
且向山客笑・5-227
且向燕然山・6-24
此花非我春・1-18
此歡竟莫遂・5-267

且換金陵酒・6-301
此歡焉可忘・5-363
且欣登眺美・7-70
錯落石上松・4-218
錯落千丈松・3-432
著令山水含清暉・2-428
鑿石營池臺・6-288
鑿井當及泉・3-457
鑿齒屯洛陽・2-110
著鞭跨馬涉遠道・4-331
攢峰入霄漢・7-35
竄身南國避胡塵・2-217
竄身魯門東・3-18
粲若瓊林敷・5-373
粲然啓玉齒・1-22
粲然大義明・2-13
粲然有辯才・5-455
粲粲吳與史・3-449
竄逐勿復哀・4-306
竄逐我因誰・3-303
餐霞臥舊壑・6-448
察予之貞堅・3-96
慘見當塗墳・7-379
讒巧生緇磷・3-227
慚君錦繡段・5-261
慚君能衛足・7-33

구절 찾아보기 - 차 · 323

憨君湍波苦・4-298
憨君問寒灰・4-306
慚君垂拂拭・7-11
斬虜素不閑・2-166
斬首掉國門・2-13
巉巖凌穹蒼・2-110
巉巖容儀・1-296
讒言三及慈母驚・5-294
斬鰲翼媧皇・4-298
巉絶稱人意・6-59
欃槍掃河洛・6-481
慘慽冰雪裏・2-110
參差老謝安・5-124
參差遠岫連・5-106
參差遠天際・6-249
斬胡血變黃河水・5-5
讒惑英主心・5-270
滄江無雲煙・5-100
滄江泝流歸・4-202
蒼穹寧匪仁・2-5
蒼穹浩茫茫・2-114
猖獗已久・3-96
窗落敬亭雲・6-93
滄浪吾有曲・5-165
滄浪有釣叟・2-170
滄浪罷釣竿・6-83

愴離各自居・7-201
蒼茫空四鄰・3-382
蒼茫宮觀平・6-41
悵望金屛空・7-126
悵望涼風前・6-398, 7-187
蒼茫愁邊色・7-181
蒼茫雲海間・1-331
滄溟湧濤波・2-126
蒼山容偃蹇・4-242
蒼生竟何罪・3-308
蒼生望斯存・6-34
蒼生疑落葉・4-27
蒼蠅貝錦喧謗聲・5-294
蒼顏耐風雪・7-426
蒼崖渺難涉・6-257
悵然悲謝安・2-319
蒼然夕煙迷・5-160
悵然若有失・4-83
蒼然五情熱・1-22
蒼梧大火落・2-20
蒼梧山崩湘水絶・1-188
蒼梧欲巢難背違・2-439
愴爲山陽別・7-59
蒼鷹搏攫・6-457
蒼鷹八九毛・7-18
蒼鷹下平疇・4-426

倉卒解漢紛・5-94
滄洲違宿諾・5-444
滄州卽此地・3-134
窓竹夜鳴秋・6-222
蒼榛蔽層丘・1-168
蒼蒼金陵月・7-273
蒼蒼幾萬里・6-27
蒼蒼但煙霧・1-69
蒼蒼三珠樹・1-98
蒼蒼雲松・1-354
蒼蒼遠樹圍荊門・7-25
蒼蒼之天・6-466
蒼蒼橫翠微・5-351
蒼天感精誠・2-13
蒼翠日在眼・4-66
蒼苔上壁生・7-302
滄波杳難期・4-342
滄波眇川汜・4-171
蒼波蕩日・3-96
菖蒲猶短出平沙・5-26
菖蒲花紫茸・5-55
閶闔九門不可通・1-206
滄海得壯士・6-191
採薇行笑歌・5-208
採服潤肌骨・5-255
採桑綠水邊・2-189

採桑向城隅・2-130
採秀辭五嶽・4-383
採秀臥王屋・4-345
採秀行歌詠芝草・5-277
採薪隴坂長・2-110
採藥窮山川・4-266
採魚水中宿・2-366
採鉛靑溪濱・1-18
綵雲思作賦・6-332
採爾幙中畫・5-95
綵章五色分・5-23
彩鳥昔未名・5-437
採珠勿驚龍・5-49
彩質疊成五色雲・5-172
採緝作絺絟・2-20
彩錯疑畫出・6-5
蔡澤嵌枯詭怪之形狀・7-327
策馬望山月・5-227
策馬搖涼月・4-274
悽其流浪情・6-450
萋斐暗成・3-96
處世忌太潔・2-170
處世若大夢・6-313
處世余龍蠖・5-207
悽然傷我情・6-352
妻子亦何辜・2-14

妻子張白鵬・2-366
悽愴摧心肝・1-433
萋萋柳垂榮・1-76
萋萋滿行跡・7-204
處處笙歌發・5-337
處處生波瀾・5-401
淒清聞四鄰・7-204
淒清橫吹曲・5-142
擲果定盈車・4-373
倜儻假騰騫・3-433
倜儻魯仲連・3-418
倜儻流英音・7-106
惕想結宵夢・4-34
撫拭欲贈之・3-26
惕然意不盡・4-362
戚戚愁人腸・7-90
滌蕩千古愁・6-295
尺布不掩體・2-110
尺布之謠・1-267
戚姬髡髮入舂市・1-375
天開白龍潭・3-449
天開雲雨歡・5-277
天開帝王居・6-45
天開青雲器・3-115
遷客此時徒極目・6-64
千去不一回・1-109

天傾欲墮石・2-354
天雞已先鳴・5-333
千古應無愧・7-415
千古風流事・6-79
天公見玉女・2-114
天空綵雲滅・1-178
天關自開張・1-297
川光秀菰蒲・3-44
天光遙空碧・5-335
川光淨麥隴・3-14
川光晝昏凝・4-121
天驕毒威武・1-49
天驕五單于・2-1
天驕躑中原・6-34
天宮水西寺・5-441
千金裘・1-225
千金答漂母・3-137
千金買賦要君王・1-398
千金買一醉・6-382
千金散義士・3-227
千金散盡還復來・1-225
千金市駿馬・5-142
千金一擲買春芳・4-158
千金駿馬換小妾・2-235
千金恥爲輕・4-88
千旗揚彩虹・1-437

千年未擬還·5-431
千年一淸聖人在·2-263
天落白玉棺·3-345
天狼窺紫宸·3-381
天狼正可射·6-24
千廬機杼鳴·3-31
千齡光本支·4-273
天路將何因·3-227
天老坐三臺·5-390
天籟鳴虛空·4-310
天籟何參差·4-273
千里江陵一日還·6-149
千里獨徘徊·1-53
千里同此心·7-142
千里望風顏·4-460
千里碧山對·3-441
千里不留行·1-326
千里瀉吳會·3-441
千里相思明月樓·3-415
千里肅雷霆·4-321
千里失所依·3-127
千里遠從之·4-298
千里一迴首·3-168
千里提攜長憶君·5-172
千里阻同奔·3-277
千里幸相思·4-342

天馬來出月支窟·1-240
天馬白銀鞍·4-448
天馬奔·1-241
天馬呼·1-240
天末如見之·7-142
天網重恢·6-458
川明屢迴顧·4-192
天明送客迴·5-59
天命有所懸·4-153
天命有定端·2-117
天明爾當去·5-57
天姥連天向天橫·4-223
天門九重謁聖人·3-361
千門桃與李·1-61
天文列宿在·7-273
千門萬戶皆春聲·2-251
天門一長嘯·5-324
天門中斷楚江開·6-88
千門閉秋景·3-284
天未喪文·3-97
千杯綠酒何辭醉·7-194
遷白日於秦西·6-465
天邊看綠水·4-271
天兵照雪下玉關·1-317
天兵出漢家·2-40
天兵下北荒·2-36

| | |
|---|---|
| 千峰爭攢聚·5-335 | 天樂鳴不歇·6-315 |
| 千峰照積雪·5-395 | 天樂下珠樓·2-74 |
| 千峰夾水向秋浦·5-277 | 天涯去不歸·1-371 |
| 千山望鬱陶·7-412 | 天涯寄一歡·4-199 |
| 天山三丈雪·1-441 | 千崖萬嶺相縈鬱·2-428 |
| 天上白玉京·3-306 | 天涯失鄕路·6-479 |
| 天上接行杯·6-74 | 天涯安可尋·7-106 |
| 天上墜玉棺·7-241 | 天涯有度鳥·7-165 |
| 天上何所有·6-200 | 天涯弔鶴來·7-247 |
| 天霜下嚴威·1-9 | 天涯忽相逢·5-110 |
| 天生我材必有用·1-225 | 天若不愛酒·6-270 |
| 天書降問迴恩榮·5-277 | 天與百尺高·3-64 |
| 天書降紫泥·3-154 | 天然去雕飾·3-309 |
| 天書美片善·2-96, 4-246 | 天影落江虛·6-332 |
| 天書訪江海·6-337 | 天迎駟馬車·4-363 |
| 千聲萬字情何限·7-418 | 天外賈客歸·6-233 |
| 千歲庶不滅·4-218 | 天外飛霜下葱海·4-453 |
| 泉漱階下石·6-308 | 天外常求太白老·5-245 |
| 天雖長地雖久·2-338 | 天外恣飄揚·1-132 |
| 喘息餐妙氣·7-49 | 天爲國家孕英才·3-93 |
| 千尋見底淸·7-80 | 天維中摧·6-457 |
| 川岳涵餘淸·4-88 | 天維蕩覆·3-97 |
| 千巖萬轉路不定·4-223 | 遷人同衛鶴·3-433 |
| 千巖烽火連滄海·2-382 | 天人弄綵毬·2-78 |
| 千巖泉灑落·4-370 | 遷人返躬耕·3-281 |
| 天樂流香閣·5-407 | 遷人發佳興·5-90 |

| | |
|---|---|
| 天人秉旄鉞・6-481 | 千載空石室・6-61 |
| 天人信森羅・5-7 | 千載獨知名・3-75 |
| 天人借樓船・3-270 | 千載落風塵・1-18 |
| 天人慙妙工・3-181 | 千載方來旋・4-52 |
| 天人清且安・1-433 | 千載不相忘・5-201 |
| 天子刻玉杖・1-307 | 千載庶不滅・6-45 |
| 天子居未央・2-93 | 千載仰雄名・7-276 |
| 天子九九八十一萬歲・1-297 | 千載爲悲辛・1-153 |
| 天子龍沉景陽井・2-328 | 千載長守一・6-410 |
| 天子分玉帛・3-108 | 千載跡猶存・5-395 |
| 天子憑玉几・2-86 | 天際法鼓吹・7-341 |
| 天子思茂宰・3-211 | 天際復有雲・7-181 |
| 天子昔避狄・5-285 | 天際自舒卷・4-66 |
| 天子巡劍閣・3-374 | 天造洞仙家・7-426 |
| 天子遙分龍虎旗・2-373 | 穿廚孤雉過・7-302 |
| 天子一行遺聖迹・2-404 | 泉中掩龍章・7-241 |
| 天子借高名・3-193 | 天地皆得一・1-109 |
| 天作雲與雷・7-110 | 天地皆振動・6-191 |
| 天長落日遠・6-27 | 天地旣愛酒・6-270 |
| 天長路遠魂飛苦・1-264 | 天地賭一擲・3-306 |
| 川藏明月輝・7-395 | 天地同枯槁・6-390 |
| 天長水闊厭遠涉・2-283 | 天地動風雲・5-94 |
| 川長信風來・4-202 | 天地同朽滅・7-59 |
| 天張雲卷有時節・4-237 | 天枝得英才・3-211 |
| 天長音信斷・2-62 | 天地無彫換・2-197 |
| 天長音信短・7-132 | 天地爲欄夜不收・7-439 |

天地爲橐籥 · 3-220
天地有反覆 · 6-220
天地一浮雲 · 3-195
天地一逆旅 · 6-393
天地再新法令寬 · 3-353
天地卽衾枕 · 6-295
天地至廣大 · 1-380
天地何漫漫 · 1-126
天津流水波赤血 · 2-271
天津三月時 · 1-61
天津成塞垣 · 3-276
天借綠雲迎 · 2-179
天借一明月 · 5-401
天塹淨波瀾 · 6-194
千千石楠樹 · 2-358
賤妾將何爲 · 1-141
賤妾何能久 · 2-226
天淸江月白 · 3-348
天淸白露下 · 3-246
天淸遠峰出 · 6-186
天淸一雁遠 · 4-342
千秋竟不還 · 6-169
天秋木葉下 · 2-183
千秋二壯士 · 1-326
千秋在古墳 · 7-251
天竺森在眼 · 5-344

千春隔流水 · 1-102
千春秘麟閣 · 3-108
千春傷我情 · 6-213
千春臥蓬闕 · 6-13
薦枕嬌夕月 · 2-30
天奪壯士心 · 4-321
天台國淸寺 · 7-349
天台連四明 · 4-345
天台綠蘿月 · 3-265
天台鄰四明 · 6-13
天台四萬八千丈 · 4-223
踐苔朝霜滑 · 5-190
天風難與期 · 4-113
天風拔大木 · 6-421
天下皆籍籍 · 3-58
天河挂綠水 · 3-263
天河落曉霜 · 6-211
天下無人知我心 · 2-338
天下傷心處 · 7-65
天下爲四絶 · 7-349
天河從中來 · 7-336
天下稱豪貴 · 4-254
天寒悲風生 · 1-105
天寒素手冷 · 3-201
天寒水不凍 · 7-347
天行乘玉輦 · 7-149

| | |
|---|---|
| 天香生虛空・6-315 | 簷楹挂星斗・3-397 |
| 天險自玆設・7-59 | 簷花落酒中・3-257 |
| 天險橫荊關・4-460 | 妾家夫與兒・7-323 |
| 川逈洞庭開・6-74 | 妾家三作相・7-204 |
| 泉戶何時明・6-342 | 輒繼謝公作・4-195 |
| 淺畫雲垂帔・7-374 | 妾勸新豐酒・1-348 |
| 千花畫如錦・6-272 | 妾讀蘼蕪書・7-286 |
| 千喚不一回・1-424 | 疊嶺礙河漢・6-285 |
| 天回北斗挂西樓・7-152 | 妾望白登臺・2-187 |
| 天迴玉壘作長安・2-398 | 妾夢越風波・1-429 |
| 天回玉輦繞花行・2-251 | 妾髮初覆額・1-424 |
| 天迴日西照・4-131 | 妾本洛陽人・7-156 |
| 川橫三峽流・3-309 | 妾本秦羅敷・2-130 |
| 鐵冠白筆橫秋霜・3-369 | 妾本叢臺女・2-102 |
| 鐵騎若雪山・2-126 | 妾似井底桃・7-204 |
| 掇頭裏許便乘仙・7-282 | 妾侍卷衣裳・2-93 |
| 哲匠感頹運・6-34 | 妾欲辭君去・7-286 |
| 徹底見秋色・6-70 | 妾有秦樓鏡・1-399 |
| 哲兄錫茅土・4-273 | 妾意逐君行・7-204 |
| 哲后起康濟・5-270 | 妾作兔絲花・2-436 |
| 瞻光惜頹髮・6-70 | 疊嶂隔遙海・5-344 |
| 忝列歲星臣・3-227 | 疊嶂列遠空・6-237 |
| 瞻望清路塵・7-59 | 疊嶂憶清猿・5-354 |
| 檐飛宛溪水・6-93 | 妾在春陵東・7-136 |
| 添成萬行淚・4-153 | 妾處苔生紅粉樓・2-201 |
| 簷燕語還飛・2-76 | 妾寵豈能專・7-101 |

聽歌舞銀燭・4-252
清歌遏流雲・2-243
清歌繞飛梁・3-307
請歌邯鄲詞・5-358
清歌絃古曲・6-365
請看陳后黃金屋・7-172
請開蕊珠宮・5-285
清景南樓夜・6-211
清景不同遊・6-81
清鏡燭無鹽・5-255
青溪非隴水・2-346
青溪勝桐廬・5-437
青桂隱遙月・6-205
清溪澄素光・5-201
青溪清我心・2-426
聽曲知寗戚・1-361
清管隨齊謳・1-61
清光奈愁何・6-301
清光獨映君・3-125
清光洞毫髮・3-116
清光了在眼・3-246
清曠諧宿好・6-133
聽君歌・1-283
請君贖獻穆天子・1-242
請君試問東流水・4-292
清琴弄雲月・3-465

青泥何盤盤・1-198
清湍鳴回溪・5-441
青黛畫眉紅錦靴・7-170
清都綠玉樹・6-380
清都在咫尺・3-220
青橙拂戶牖・3-14
青蘿嫋嫋挂煙樹・2-450
青蘿拂行衣・5-351
青鸞不獨去・2-177
清凉潤肌髮・6-76
青蓮居士謫仙人・5-188
青蓮出塵埃・5-455
清論旣抵掌・5-201
青龍見朝暾・6-34
青龍白虎車・6-16
青龍山後日・5-59
青樓見舞人・2-72
青樓寂寂空明月・7-138
青樓何所在・7-126
青樓夾兩岸・4-254
清流順歸風・5-405
青冥倚天開・6-5
青冥天倪色・2-9
青冥浩蕩不見底・4-223
青門種瓜人・1-34
清芬播無窮・2-96, 4-246

靑絲結金絡・2-130
靑史舊名傳・6-183
靑莎白石長江邊・4-470
靑山落鏡中・5-407
靑山謁梵筵・4-150
靑山映輦道・6-365
靑山欲銜半邊日・1-219
靑山日將暝・6-235
靑山漢陽縣・4-163
靑山橫北郭・5-76
淸霜零免絲・7-168
淸賞亦何窮・4-143
淸霜入曉鬢・3-227
靑歲歇芳洲・4-78
靑松古廟存・4-403
靑松交女蘿・7-123
靑松豈知春・6-393
靑松來風吹古道・2-300
靑松靏明霞・7-379
靑松摧古丘・7-273
淸水見白石・3-181
淸水白石何離離・2-272
淸水本不動・7-165
淸水出芙蓉・3-309
靑蠅屢前・3-96
靑蠅遂成冤・3-167

靑蠅易相點・6-440
靑蠅一相點・4-310
淸晨各飛去・5-149
淸晨徑流欲奚爲・1-192
淸晨鼓枻過江去・3-415
淸晨起長歎・1-91, 4-23
淸晨登巴陵・6-70
淸晨鳴天鼓・2-424
淸晨白頭吟・1-398
淸晨西北轉・4-113
聽我一曲悲來吟・2-338
靑娥凋素顏・1-98
靑蛾紅粉妝・7-227
淸樂九天聞・5-356
淸樂動諸天・5-455
淸晏皖公山・6-59
淸夜方歸來・5-395
淸揚杳莫覯・4-60
聽如三峽流・5-433
淸如淸唳蟬・3-418
靑煙蔓長條・2-20
淸宴逸雲霄・5-247
請纓不繫越・6-24
淸英神仙骨・4-274
靑雲當自致・6-279
晴雲散遠空・4-143

| | |
|---|---|
| 靑雲少年子 • 2-155 | 晴天散餘霞 • 6-358 |
| 靑雲之交不可攀 • 3-145 | 靑天掃畫屛 • 2-356 |
| 淸猿斷人腸 • 5-363 | 靑天垂玉鉤 • 5-246 |
| 淸猿響啾啾 • 6-144 | 靑天若可捫 • 6-144 |
| 淸幽倂在君 • 6-93 | 淸泉映疏松 • 6-348 |
| 淸陰亦可託 • 7-42 | 靑天有月來幾時 • 5-383 |
| 淸耳敬亭猿 • 4-328 | 靑天中道流孤月 • 5-294 |
| 請以雙白璧 • 4-20 | 淸淺嗟三變 • 3-345 |
| 聽者皆歡娛 • 5-373 | 靑天何歷歷 • 6-372 |
| 靑嶂憶遙月 • 6-202 | 靑天懸玉鉤 • 6-81 |
| 淸齋三千日 • 5-333 | 靑靑蘆葉齊 • 6-131 |
| 淸箏何繚繞 • 5-358 | 淸秋何以慰 • 3-48 |
| 淸切鳳凰池 • 7-320 | 靑春幾何時 • 6-479 |
| 淸切紫霄迴 • 2-96, 4-246 | 靑春流驚湍 • 1-163 |
| 聽鳥臨晴山 • 5-104 | 靑春臥空林 • 7-53 |
| 靑鳥明丹心 • 3-309 | 靑春已復過 • 7-130 |
| 靑鳥海上來 • 5-204 | 靑春長別離 • 2-416 |
| 淸晝殺雛家 • 2-89 | 靑苔久磨滅 • 2-59 |
| 淸晝疑卷幔 • 7-35 | 靑萍匣中鳴 • 3-127 |
| 聽之卻罷松間琴 • 6-161 | 淸風奈愁何 • 3-168 |
| 聽此更腸斷 • 6-70 | 淸風朗月不用一錢買 • 2-236 |
| 靑天騎白龍 • 5-55 | 淸風動百里 • 3-14 |
| 靑天無到時 • 6-142 | 淸風動窓竹 • 5-393 |
| 靑天無片雲 • 6-229 | 靑楓滿瀟湘 • 4-230 |
| 靑天白日摧紫荊 • 1-267 | 淸風無閑時 • 7-9 |
| 靑天削出金芙蓉 • 6-57 | 淸風北窓下 • 3-237 |

淸風生虛空・6-253
淸風灑蘭雪・4-218
淸風灑六合・1-42
淸風佐鳴琴・3-34
淸風吹歌入空去・4-100
淸風蕩萬古・3-204
淸風播人天・5-46
淸香隨風發・7-7
靑軒桃李能幾何・1-278
靑軒秘晚霞・5-403
靑熒玉樹色・7-78
淸曉騎白鹿・5-328
淸曉方來旋・5-320
淸曉方言還・6-257
淸輝能留客・4-189
淸輝凌白虹・4-310
淸輝滿江城・4-345
淸暉映竹日・4-68
淸輝照海月・1-174
棣華儻不接・3-6
棣華不復同・4-72
楚歌對吳酒・4-362
楚歌吳語嬌不成・7-228
楚客羞山雞・3-26
初驚河漢落・6-52
愀空山而愁人・2-290

草裹烏紗巾・5-246
貂裘非季子・5-250
楚國一老人・7-241
楚國靑蠅何太多・1-361
初拳幾枝蕨・6-360
樵女洗素足・7-63
初當學舞時・7-320
超騰若流星・2-13
超騰若飛雪・2-350
初登翠微嶺・5-190
草綠霜已白・1-93
楚滅無英圖・6-95
草木皆天香・6-260
草木結悲緖・4-133
樵牧徒悲哀・1-178
草木度前知・4-161
草木不剪伐・6-45
草木不可飡・2-110
草木雖無情・2-146
草木搖殺氣・3-307
草木爲我儔・3-187
草木有所託・1-141
草木日零落・1-163
草木長數尺・6-277
草木盡欲言・2-211
草木含榮滋・5-149

| | |
|---|---|
| 楚舞醉碧雲・3-167 | 楚人每道張旭奇・2-217 |
| 初發强中作・5-133 | 楚人不識鳳・4-1 |
| 初發臨滄觀・4-322 | 楚趙兩相存・4-414 |
| 楚邦有壯士・5-238 | 初從雲夢開朱邸・2-389 |
| 樵夫與耕者・7-355 | 楚地由來賤奇璞・5-294 |
| 草不謝榮於春風・1-312 | 草擲二孩・6-457 |
| 楚山邈千重・1-56 | 草草客中悲・4-113 |
| 楚山亦此分・6-400 | 迢迢見明星・1-66 |
| 楚山秦山皆白雲・2-326 | 稍稍來吳都・4-346 |
| 楚山秦山多白雲・5-72 | 迢迢白玉繩・6-200 |
| 初霜刈渚蒲・7-5 | 迢迢五原關・2-144 |
| 草書天下稱獨步・2-445 | 楚楚且華身・1-114 |
| 樵蘇泣遺老・6-220 | 草草出近關・6-481 |
| 草樹雲山如錦繡・2-395 | 梢梢風葉聲・5-201 |
| 楚水清若空・4-338 | 楚逐伍胥去章華・3-342 |
| 楚臣傷江楓・5-347 | 鯷嶺幾時迴・4-306 |
| 草深苗且稀・6-419 | 憔悴成醜士・3-433 |
| 招我飯胡麻・7-338 | 憔悴一身在・1-351 |
| 楚王臺榭空山丘・2-247 | 草合人蹤斷・6-29 |
| 楚王放却屈大夫・2-338 | 初行若片雲・5-68 |
| 楚王神女徒盈盈・7-25 | 草玄鬢若絲・1-31 |
| 岧嶢廣成子・3-418 | 楚懷亦已昏・1-160 |
| 楚謠對清樽・4-467 | 楚懷奏鍾儀・4-56 |
| 岧嶢四荒外・4-346 | 蜀國多仙山・6-5 |
| 招邀青雲客・4-210 | 蜀國曾聞子規鳥・7-113 |
| 初謂鵲山近・5-368 | 蜀琴欲奏鴛鴦絃・2-214 |

蜀道之難・1-197, 1-198, 1-199
燭龍棲寒門・1-322
蜀僧抱綠綺・7-3
燭我金縷之羅衣・7-191
燭前一見滄洲清・2-277
蜀主思孔明・3-460
促酒喜得月・3-309
促織念歸期・4-274
寸心貴不忘・4-317, 4-340
寸心無疑事・4-266
寸心於此足・6-356
寸心終自疑・1-180
寸心增煩紆・1-174
寵極愛還歇・1-456
叢老卷綠葉・5-255
總是玉關情・2-193
總爲浮雲能蔽日・6-50
總爲從前作詩苦・7-284
總爲秋風摧紫蘭・5-277
總戎向東巡・3-381
蔥蔥繞聖君・5-356
摧却魯連舌・4-218
崔公生民秀・5-195
崔令學陶令・3-259
摧輪不道羊腸苦・4-99
摧眉伏泥沙・2-89

摧伏傷羽翮・3-220
崔生何傲岸・3-420
摧心肝・1-264
崔嵬飛迅湍・6-83
崔嵬鹽車上峻坂・1-241
崔子賢主人・4-27
摧殘梧桐葉・2-40
摧殘檻中虎・3-137
催絃拂柱與君飮・1-281
抽卻死還生・7-140
秋江正北看・4-199
推車轉天輪・1-296
抽劍步霜月・4-163
推轂出猛將・2-105
秋期到仙山・4-363
秋氣方寂歷・4-56
醜女來效顰・1-114
醜女效之徒累身・2-255
抽刀斷水水更流・5-139
秋來桐暫落・6-239
秋來百草生・3-281
醜虜無遺魂・6-34
秋露白如玉・1-79
醜虜安足紀・3-381
秋霖劇倒井・3-52
秋髮已衰改・1-40

秋髮已種種・4-258
秋變江上春・5-259
推分固辭讓・3-465
秋山綠蘿月・6-337
秋山宜落日・5-108
秋山入遠海・6-11
秋霜不惜人・2-211
秋霜切玉劍・2-23
秋色老梧桐・6-86
秋色無遠近・3-359
秋色碧海雲・4-82
秋色何蒼然・6-70
秋蟬號階軒・1-105
推誠結仁愛・3-441
秋聲落吳山・4-133
秋水落金池・5-388
秋水明落日・6-20
秋深暝猿悲・5-149
秋深宋玉悲・3-303
秋顏入曉鏡・3-162
鄒衍復齊來・1-53
鄒衍慟哭・6-457
秋葉黃梧桐・4-310
騶虞不折生草莖・1-207
騶虞不虛來・1-45
秋雨草沿城・7-317

秋雲暗幾重・7-3
秋月照白壁・4-202
秋月照沙明・7-263
鄒子一吹律・7-305
秋渚晦寒姿・5-136
搥鍾速嚴妝・2-86
秋坐金張館・3-48
椎秦博浪沙・6-191
雛盡巢亦空・1-351
惆悵落日暉・7-181
惆悵意無窮・3-257
惆悵一何深・5-92
惆悵至明發・2-102
惆悵清路塵・4-421
秋草日上階・4-43
秋草秋蛾飛・7-136
啾啾夜猿起・3-397
啾啾搖綠鬢・1-419
鄒脫吳災・6-457
秋波落泗水・4-437
秋浦舊蕭索・3-255
秋浦錦駝鳥・2-348
秋浦多白猿・2-350
搥炰列珍羞・6-285
秋浦玉爲人・3-261
秋浦猿夜愁・2-346

秋浦長似秋・2-344
秋浦田舍翁・2-366
秋浦千重嶺・2-354
秋風渡江來・5-157
秋風思歸客・3-445
秋風散楊柳・2-226
秋風淸秋月明・7-117
秋風吹落紫綺冠・2-319
秋風吹不盡・2-193
秋風吹胡霜・4-317
秋風忽憶江東行・1-259
秋毫不犯三吳悅・2-377
抽毫頌淸風・6-365
秋花冒綠水・1-89
秋黃春轉碧・7-204
蹴鞠瑤臺邊・1-147
蹴踏燕趙傾・4-321
蹴踏五藏行・2-13
築臺象半月・6-11
逐虜金微山・2-181
逐虜蕩邊陲・7-156
蓄洩數千載・2-442
築室在人境・4-328
逐日巡海右・1-153
蹙入靑綺門・2-140
筑中置鉛魚隱刀・1-417

逐之若飛蓬・6-95
蓄此煩醜・3-96
築土接響山・5-444
春江繞雙流・6-3
春去秋復來・6-243
春光半道催・4-456
春光白門柳・5-36
春光掃地盡・3-64
春氣變楚關・4-133
春潭瓊草綠可折・4-470
春流遶蜀城・5-82
春芳辭秋條・5-178
春逢翰林伯・4-362
春思結垂楊・4-340
春事已不及・4-127
春賞楚江流・5-429
春色未曾看・2-34
春色偏萋萋・7-298
春水月峽來・6-139
春申一何愚・4-414
春心亦自持・2-416
春心自搖蕩・7-340
春陽如昨日・2-183
春容捨我去・1-40
春日遙看五色光・2-377
春蠶起中閨・4-1

구절 찾아보기 - 차 · 339

春至桃還發・6-239
春天和白日暖・1-293
春草不復生・1-267
春草颯已生・5-380
春草生黃河・7-134
春草如有意・6-293
春草如有情・5-207
春風開紫殿・2-74
春風狂殺人・4-116
春風卷入碧雲去・2-251
春風東來忽相過・1-278
春風柳上歸・2-76
春風復無情・2-62, 7-132
春風不相識・2-185
春風拂檻露華濃・2-80
春風三十度・5-165
春風惜遠別・6-45
春風笑於人・6-382
春風笑人來・6-321
春風試暖昭陽殿・2-379
春風語流鶯・6-313
春風餘幾日・4-9, 5-84
春風與醉客・6-291
春風玉顏畏銷歇・7-138
春風逸樹頭・7-379
春風爾來爲阿誰・1-354

春風入黃池・5-143
春風傳我意・4-161
春風正澹蕩・2-140
春風知別苦・7-65
春風吹落君王耳・1-273
春蕙忽秋草・1-441
春華宜照灼・6-388
春華滄江月・4-82
春還事蠶作・2-130
出望黃雲蔽・4-133
出牧歷三郡・3-432
出沒繞通塘・2-450
出舞兩美人・5-320
出門見南山・4-66
出門望帝子・2-151
出門無遠道・7-289
出門迷所適・3-445
出門不顧後・2-1
出門悲路窮・3-6
出門盡寒山・3-359
出門妻子強牽衣・7-198
出陪玉輦行・6-337
出山揖牧伯・4-389
出時山眼白・7-294
出入擁平原・3-432
出入畏人知・4-274

出入淸禁中・4-210
出入畫屛中・7-355
出自苧蘿山・6-169
出處未云殊・3-58
出解床前帳・7-101
出戶笑相迎・3-367
忠讜醖輿蒩・3-308
沖賞歸寂寞・7-69
忠誠難可宣・1-25
忠臣死爲刖足鬼・1-361
忠信誰明之・6-421
忠義非外奬・5-238
醉歌驚白鷺・5-61
驟歌蘭蕙芳・4-229
醉看風落帽・5-452
醉客滿船歌白苧・5-427
醉客迴橈去・6-194
醉歸託宿吳專諸・3-251
醉騎白花駱・7-265
醉起步溪月・6-329
吹度玉門關・1-331
醉倒月下歸・3-413
取樂不求餘・6-382
吹落山上月・5-157
取樂銷人憂・4-426
吹落章華臺・4-306

取樂平生年・3-205
醉來臥空山・6-295
醉來脫寶劍・6-279
聚舞共謳吟・3-211
醉舞紛綺席・3-307
醉發吳越調・4-27
醉別復幾日・4-437
吹散萬里雲・3-72
聚散百萬人・3-270
醉殺洞庭秋・5-416
醉上山公馬・2-352
翠色落波深・6-241
翠色明雲松・4-68
吹笙舞松風・5-285
吹笙吟松風・6-412
醉棲征虜亭・4-322
吹簫舞彩鳳・6-382
吹愁落天涯・3-21
吹我夢魂斷・7-132
吹我夢魂散・2-62
就我石上飯・6-301
翠娥嬋娟初月輝・4-100
就我簷下宿・6-444
吹我鄕思飛・6-430
翠崖丹谷高掌開・2-263
翠影紅霞映朝日・4-138

| | |
|---|---|
| 醉月頻中聖・3-3 | 側足焦原未言苦・1-207 |
| 取意任無絃・3-259 | 側慚狐白溫・3-433 |
| 吹人舞袖迴・6-74 | 惻愴竟何道・2-5 |
| 醉入田家去・7-32 | 惻愴淚沾臆・2-9 |
| 吹折江頭樹・1-429 | 惻愴心自悲・6-448 |
| 取酒會四鄰・6-378 | 惻愴何時平・1-76 |
| 醉酒懷山公・6-186 | 側疊萬古石・6-137 |
| 就中與君心莫逆・4-98 | 惻惻不忍言・1-105 |
| 就中仍見繁桑麻・6-111 | 惻惻泣路歧・1-180 |
| 醉著金鞍上馬歸・5-219 | 層標遏遲日・7-78 |
| 醉着鸞鳳衣・7-379 | 層飆振六翮・3-167 |
| 取醉不辭留夜月・4-221 | 緇磷及此年・6-133 |
| 取醉月中歸・6-324 | 置書雙袂間・5-204 |
| 醉罷同所樂・5-231 | 恥涉太行險・2-117 |
| 醉罷弄歸月・5-380 | 恥隨龍虎爭・1-354 |
| 醉罷欲歸去・7-66 | 稚子道相宜・5-183 |
| 醉後各分散・6-267 | 雉子斑奏急管絃・1-293 |
| 醉後涼風起・6-74 | 雉子斑之奏曲成・1-380 |
| 醉後發清狂・5-413 | 恥作易水別・4-237 |
| 醉後失天地・6-272 | 恥將雞並食・3-125 |
| 側見綠水亭・3-227 | 恥從駑馬群・5-20 |
| 側石不容舠・6-157 | 置酒窮躋攀・5-433 |
| 側身西望長咨嗟・1-199 | 置酒同臨眺・4-27 |
| 側身西望阻秦關・2-300 | 置酒凌歊臺・4-43 |
| 惻然爲我悲・1-241 | 置酒望白雲・6-11 |
| 側足履半月・4-345 | 置酒勿復道・5-390 |

置酒送惠連・5-149
置酒延落景・5-390
置酒正相宜・5-378
恥掇世上豔・6-380
嗤嗤阮嗣宗・6-95
恥學瑯琊人・3-127
敕賜鏡湖水・6-352
敕賜飛龍二天馬・5-277
敕賜珊瑚白玉鞭・2-255
親見安期公・4-95
親見日沒雲・3-240
親承明主歡・4-448
七郡長沙國・5-44
七步繼陳思・4-273
七十紫鴛鴦・1-61
七葉仕漢餘・5-221
七葉運皇化・4-273
七雄成亂麻・1-95
七元洞豁落・3-181
七日鬢毛斑・6-129
沈湎呼豎子・6-95
沈冥道所群・6-416
沈冥道爲群・1-118
枕石拂莓苔・6-288
枕席生流泉・2-225
枕席響風水・3-397

沈憂能傷人・2-30
沈憂亂縱橫・3-127
沈憂心若醉・3-466
沈憂作歌・3-97
沈鬱富才力・5-215
枕月臥青松・7-430
沈吟久坐坐北堂・1-283
沈吟碧雲間・6-169
沈吟爲誰故・1-69
沈吟至此願挂冠・7-20
沈吟此事淚滿衣・2-283
沈吟綵霞沒・4-133
沈吟何足悲・1-156
沈吟黃絹語・4-345
沈泉笑探珠・3-44
沈沈憂恨催・3-48
沈嘆終永夕・1-9
枕下五湖連・3-308
沈香亭北倚闌干・2-84
沈魂北羅酆・3-181
沈懷丹丘志・7-69
稱是秦時避世人・1-354
稱賢爾爲最・3-212

【카】

快意且爲樂・6-365

【타】

他妓古墳荒草寒・2-319
他年來訪南山皓・2-328
他年爾相訪・4-1
他年一攜手・3-42
墮淚峴山頭・3-175
拖船一何苦・2-137
他筵不下筯・5-311
他人方寸間・1-289
他人於此擧銘旌・1-267
他人縱以疏・3-465
他日更相求・5-429
他日見張祿・4-430
他日共翻飛・3-86
他日觀軍容・4-163
他日南陵下・5-74
他日相思一夢君・5-88
他日誰憐張長公・4-421
他日一來遊・3-212
他日靑雲去・3-460
他日閑相訪・4-242

他日還相訪・4-383
託交從劇孟・1-419
濯錦淸江萬里流・2-401
託夢遼城東・6-428
擢髮續罪・3-97
託勢隨風翻・4-82
啄粟坐樊籠・5-285
託宿犛雷霆・3-240
託宿話胸襟・3-140
啄食飲泉勇氣滿・1-293
託心自有處・2-130
濯纓掬淸洌・6-103
濯纓想淸波・5-190
託陰當樹李・4-430
托意在經濟・3-75
卓絶道門秀・4-310
卓絶二公外・3-418
卓絶二道人・4-17
濯足弄滄海・5-195
濯足滄浪泉・6-133
琢之詩禮間・1-98
託諷含神祇・5-195
託興每不淺・4-66
彈劍歌苦寒・4-35
彈劍徒激昂・3-6
彈劍拂秋蓮・3-420

彈劍謝公子・3-48
彈劍作歌奏苦聲・1-254
嘆君倜儻才・3-306
坦腹東床下・4-373
吞象臨江島・6-471
吞聲何足道・1-74
嘆息空悽然・1-74
歎息光陰逝・5-270
嘆息兩客鳥・6-301
嘆息龍門下・6-279
嘆息滿山川・6-8
嘆息未應閑・1-331
嘆息損朱顔・4-174
嘆息將安歸・1-176
嘆息此人去・6-191
嘆息蒼梧鳳・5-149
嘆我萬里遊・2-5
嘆我遠移根・7-33
彈爲三峽流泉音・5-278
彈作陌上桑・6-375
嘆此北上苦・2-110
坦蕩君子・3-97
吞討破萬象・6-260
彈絃寫恨意不盡・1-293
彈絃醉金罍・5-390
脫巾挂石壁・6-311

脫劍膝前橫・1-326
脫落隱簪組・3-115
脫父於嚴刑・2-13
脫屣歸西秦・4-398
脫繡歸田園・3-432
脫身若飛蓬・5-285
脫我牢狴・6-466
脫余北門厄・3-204
脫吾帽・2-272
奪寵恨無窮・2-30
探古窮至妙・6-440
探得明月珠・4-14
探元入窅默・5-62
探元化群生・1-45
貪而好殺・1-308
探玄窮化先・3-111
探玄有奇作・3-108
塔形標海日・4-150
蕩漾寄君愁・4-110
蕩漾不可期・2-151
蕩漾不成圓・6-398, 7-187
蕩漾遊子情・5-309
湯池流大川・6-103
太階得夔龍・3-167
太古共今時・7-265
太古歷陽郡・2-442

太公渭川水 · 4-237
台嶺陰長松 · 5-250
太微廓金鏡 · 5-270
太白夜食昴 · 6-481
太伯讓天下 · 3-204
太白與我語 · 6-22
太白入月敵可摧 · 1-317
太白晝經天 · 4-27
太白出東方 · 6-385
太白何蒼蒼 · 1-22
苔似昔年衣 · 7-300
太山一擲輕鴻毛 · 1-417
太山嵯峨夏雲在 · 5-178
台星再朗 · 6-458
太守耀清威 · 7-94
苔深不能掃 · 1-424
太陽爲徘徊 · 5-455
太陽移中昃 · 2-9
太尉杖旄鉞 · 4-321
汰絶目下事 · 4-23
台鼎何陸離 · 4-298
泰清之歲來關囚 · 2-328
苔侵豈堪讀 · 6-237
太虛可包括 · 3-195
太華三芙蓉 · 5-250
太華生長松 · 3-64

胎化呈仙質 · 7-412
太皇乃汝翁 · 6-95
宅近青山同謝朓 · 7-82
澤被魚鳥悅 · 3-381
撐折萬張篙 · 6-157
兔起馬足間 · 4-426
吐諾終不移 · 5-195
吐論多英音 · 3-309
土扶可成牆 · 1-414
土墳三尺蒿棘居 · 5-294
兔絲故無情 · 1-391
兔絲斷人腸 · 2-436
吐辭又炳煥 · 4-34
吐言貴珠玉 · 3-296
土風固其然 · 1-25
吐花竟不言 · 1-86
慟哭來時路 · 2-225
慟哭爲之傾 · 2-13
慟哭兮遠望 · 1-188
通塘不忍別 · 2-450
通塘勝耶溪 · 2-450
通塘在何處 · 2-450
通方堪遠大 · 3-212
統兵捍吳越 · 5-142
通宵出郊坼 · 4-274
痛飲龍笻下 · 5-61

退耕春陵東・3-6
頹思如循環・4-133
退食無外事・3-211
頹陽掩餘照・4-27
頹然白雲歌・5-154
頹然臥前楹・6-313
頹然淸歌發・6-342
槌牛撾鼓會衆賓・2-218
頹波激淸・1-267
投閣良可歎・1-31
投竿也未遲・4-9, 5-84
投竿佐皇極・5-215
鬪雞金宮裏・1-147, 4-448
鬪雞事萬乘・2-23
投軀豈全生・1-109
投軀寄天下・3-127
投軀紫髯將・4-460
投汨笑古人・3-168
投分三十載・3-162
投沙弔楚臣・3-261
投身竄荒谷・3-374
妬深情卻疏・1-456
鬪壓闌干・7-372
投刃應桑林・3-211
投筋解鸕鷀・3-52
投杼惑慈親・3-401

投跡歸此地・6-59
投珠冀有報・3-466
投贈有佳篇・5-255
投贈卽分離・3-303
投佩向北燕・3-418
投鞭可塡江・6-34
投壺接高宴・4-163
投壺破愁顔・6-24
特生勤將軍・2-442
特秀驚鳳骨・6-45
特受龍顔顧・3-233
特以色見珍・1-375
特異陽臺雲・5-80
特以風期親・3-227

【파】

頗驚人世喧・4-345
破鏡懸淸秋・5-267
頗高祖迯言・6-482
波光搖海月・4-110
巴國盡所歷・6-144
頗窮理亂情・3-306
叵耐薄情夫・7-418
波滔天・1-192
波濤何足論・6-202

波動巨鰲沒・6-13
波連浙西大・4-346
巴陵無限酒・5-416
灞陵傷別・2-123
巴陵定近遠・5-267
簸林蹶石鳴風雷・4-405
把袂苦不早・5-201
頗聞列仙人・6-61
波翻曉霞影・6-231
把臂君爲誰・5-311
頗似今之人・5-238
頗似龍驤下三蜀・1-409
頗似楚漢時・2-217
破産不爲家・6-191
波上對瀛洲・6-196
巴船去若飛・7-236
波小聲而上聞・2-290
巴水急如箭・7-236
巴水流若茲・6-142
灞水流浩浩・4-444
巴水忽可盡・6-142
巴水橫天更不流・7-45
頗失軒冕情・7-49
播於八埏・3-96
波搖石動水縈洄・5-316
巴月三成弦・6-133

巴人皆卷舌・6-438
巴人誰肯和陽春・5-294
派作九龍盤・6-83
破敵誰能料・4-27
破敵有餘閑・4-460
把酒輕羅霜・4-252
把酒領美人・5-358
把酒望遠山・6-299
把酒爾何思・4-467
波蕩落星灣・2-166
波蕩雙鴛鴦・1-391, 1-398
波蕩搖春光・7-165
頗悒隱淪諾・7-70
破胡必用龍韜策・5-3
頗懷拯物情・3-75
八角輝星虹・3-181
八公攜手五雲去・2-280
八極恣遊憩・3-149
八極縱遠舵・5-49
八十西來釣渭濱・1-206
八月九月天氣涼・2-445
八月枚乘筆・4-370
八月邊風高・7-17
八月西風起・1-429
八月胡蝶來・1-424
八荒馳驚飈・1-144

| | |
|---|---|
| 貝錦且成詩・4-273 | 扁舟敬亭下・5-157 |
| 貝錦粲然・3-96 | 扁舟方渺然・5-207 |
| 霸氣昔騰發・6-45 | 扁舟隨海風・4-362 |
| 霸圖各未立・3-75 | 扁舟尋釣翁・4-247 |
| 敗馬號鳴向天悲・1-222 | 翩翩弄春色・4-145 |
| 霸業大江流・7-273 | 翩翩舞廣袖・2-172 |
| 霈然德澤開・7-110 | 片片吹落春風香・2-428 |
| 沛然乘天遊・4-344 | 片片吹落軒轅臺・1-322 |
| 彭蠡當中州・5-100 | 萍開出水魚・6-332 |
| 彭蠡將天合・5-106 | 平衢騁高足・5-31 |
| 烹羊宰牛且爲樂・1-225 | 平臺爲客憂思多・2-283 |
| 彭越醢醢・6-465 | 平頭奴子搖大扇・2-283 |
| 彭澤縱名杯・3-211 | 平虜將軍婦・7-101 |
| 彭咸久淪沒・1-160 | 平林漠漠烟如織・2-120 |
| 偏得王母嬌・6-174 | 平明空嘯咤・3-72 |
| 偏令遊子傷・4-340 | 平明及西塞・4-155 |
| 片辭貴白璧・3-309 | 平明登日觀・5-330 |
| 偏傷周顗情・7-276 | 平明別我上山去・4-333 |
| 片石寒青錦・5-388 | 平明拂劍朝天去・3-80 |
| 偏承明主恩・5-118 | 平明相馳逐・1-419 |
| 鞭尸辱已及・5-238 | 平生多感激・5-238 |
| 片言苟會心・6-440 | 平生不下淚・4-338 |
| 片言貴情通・3-6 | 平生不解謀此身・2-332 |
| 片言道合惟有君・3-82 | 平生心事中・5-201 |
| 偏宜謝客才・4-370 | 平生渭水曲・1-361 |
| 偏照懸懸離別・7-363 | 平生有微尙・6-5 |

平生以此足 • 5-207
平生種桃李 • 7-75
平生風雲人 • 4-362
平原君安在 • 5-358
平原三千客 • 7-265
平鋪湘水流 • 5-416
平湖泛澄流 • 5-267
閉劍琉璃匣 • 4-229
閉骨茅山岡 • 7-241
閉關無世諠 • 4-328
閉關草太玄 • 1-147
弊裘恥妻嫂 • 3-460
蔽目不得語 • 3-466
閉門木葉下 • 4-430
廢井曾未竭 • 6-239
廢井蒼苔積 • 6-235
陛下萬古垂鴻名 • 1-274
陛下應運起 • 1-297
陛下之壽三千霜 • 1-318
廢興雖萬變 • 1-3
抱劍辭高堂 • 5-20
苞卷金縷褐 • 4-14
抱琴時弄月 • 3-259
抱琴出深竹 • 5-418
包納無小大 • 3-441
褒女惑周 • 3-97

蒲萄開景風 • 4-310
蒲萄酒 • 7-170
蒲桃出漢宮 • 2-68
布帛如雲煙 • 3-419
布帆無恙挂秋風 • 6-151
浦邊清水明素足 • 2-450
浦沙淨如洗 • 4-171
鮑生薦夷吾 • 3-465
抱石恥獻玉 • 3-44
抱玉入楚國 • 1-118
抱甕灌秋蔬 • 3-158
布衣侍丹墀 • 3-227
拋人遠泛瀟湘 • 7-365
抱子弄白雲 • 3-127
炮炙宜霜天 • 5-320
蒲鞭挂簷枝 • 3-115
包虎戰金戈 • 2-126
包荒匿瑕 • 3-96
咆哮萬里觸龍門 • 1-192
咆哮七十灘 • 4-346
曝成仙人掌 • 5-255
瀑水灑天半 • 7-35
瀑布挂北斗 • 4-346
瀑布落太清 • 4-287
標擧冠群英 • 3-306
飇車絶回輪 • 1-18

飄落成飛蓬・2-96, 4-246
飄落欲何依・6-434
飄落天南垂・5-149
飄落之瀟湘・3-407
飄零隨風・1-334
縹緲山下村・7-379
縹緲羽人家・7-78
縹緲晴霞外・6-249
飄拂昇天行・1-66
飄若浮雲且西去・3-88
飄若螢之光・2-93
飄揚竟何託・1-163
飄如隨風落天邊・2-368
飄如遠行客・4-56
飄然落巖間・5-328
飄然無心雲・5-215
飄然若流星・1-28
飄然欲相近・5-100
飄然陟方壺・3-391
飄然忽相會・3-441
飄然揮手凌紫霞・1-233
飄颻江風起・4-107
飄颻來南洲・4-314
飄颻龍虎衣・5-337
飄颻不言歸・6-372
飄颻三十春・2-5

飄颻雪爭飛・6-405
飄颻若雲仙・5-320
飄颻紫霞想・5-363
飄颻紫霞心・4-229
飄颻將安託・1-144
飄颻浙江汜・4-345
飄颻下九垓・5-324
標出海雲長・6-31
飄蕩迷河洲・3-187
飄飄不得意・3-127
飄飄神仙氣・3-34
飄飄入無倪・1-132
飄飄限江裔・4-133
飄風驟雨驚颯颯・2-445
飄風吹雲霓・3-466
飄忽不相待・1-40
飄忽悵徂征・4-88
飇欻騰雙龍・2-424
風開湖山貌・4-27
風景每生愁・6-222
風高初選將・3-287
風光去處滿笙歌・2-206
風光和暖勝三秦・2-406
風卷繞飛梁・6-375
風期暗與文王親・1-206
風期宛如昨・4-195

風暖煙草綠・6-356
風濤儻相因・3-91
風動荷花水殿香・7-185
風落吳江雪・6-265
風流肯落他人後・3-292
風流奈若何・5-154
風流少年時・3-204
風流若未減・5-410
風流五百年・5-36
風流自簸蕩・5-311
風流在武昌・6-211
風流天下聞・3-3
風流賀季眞・6-350
風流還與遠公齊・4-333
風減籟歸寂・6-308
風帆茫茫隔河洲・4-470
風帆何森然・7-433
風悲猿嘯苦・6-471
風沙淒苦顏・4-133
風霜無久質・2-211
風霜推獨坐・5-118
風生萬壑振空林・6-161
風生松下涼・6-260
風線重難牽・7-296
風掃石楠花・7-211
風俗久已成・7-49

風俗猶太古・3-115
風水無定準・5-267
風水如見資・5-215
風隨惠化春・3-261
風揚絃管清・5-450
風嚴清江爽・5-238
風煙接鄰里・7-130
楓葉落紛紛・6-229
楓葉綠未脫・4-171
風雲感會起屠釣・1-207
風雲激壯志・3-382
風雲四海生・3-75
風韻逸江左・4-11
風雲何靃靡・2-442
風雲何足論・3-433
風月長相知・6-395
風義未淪替・5-270
馮異獻赤伏・3-381
風引龍虎旗・6-24
風日似長沙・2-351
風入松下清・4-56
風積韻彌高・7-412
風靜楊柳垂・7-315
風情漸老見春羞・7-441
風潮爭洶湧・6-13
風塵蕭瑟多苦顏・3-82

風淸長沙浦・6-70
風催寒梭響・1-441
風吹挂竹溪・7-298
風吹綠琴去・7-165
風吹柳花滿店香・4-292
風吹芳蘭折・4-463
風吹西到長安陌・2-411
風吹松桂香・5-201
風吹繞鐘山・7-106
風吹遍地無毛動・7-437
風波浩難止・6-233
風飄落日去・4-1
風飄大荒寒・1-126
風飄香袂空中擧・1-404
風胡歿已久・1-56
風號沙宿瀟湘浦・1-406
披君貂襜褕・5-393
彼物皆有託・6-297
彼美佞邪子・1-171
彼美漢東國・7-395
披髮之叟狂而癡・1-192
疲兵良可嘆・2-1
皮膚劇枯桑・2-110
彼婦人之淫昏・3-97
彼婦人之猖狂・3-97
彼我俱若喪・6-253

彼亦一時・2-319
彼翁羽翼成・1-354
披雲睹靑天・3-58
披雲臥松雪・1-22
疲人免塗泥・5-160
疲人散幽草・3-211
披香殿前花始紅・1-345
筆鋒殺盡中山兔・2-445
匹夫何傷・3-97
必死耀丹誠・7-265
筆精妙入神・6-172
筆題月支書・7-142
筆蹤起龍虎・3-411


【하】

下却魯連節・4-218
下看南極老人星・5-114
下見江水流・2-344
下顧東方朔・3-149
下窺夫子不可及・2-428
下窺天目松・4-383
河難馮・1-192
何乃愁自居・6-382
何年卻向帝城飛・4-446
何年是歸日・2-346

| | |
|---|---|
| 何年閉玉泉・6-183 | 何不令皐繇擁篲橫八極・4-406 |
| 何能保其身・3-337 | 何事去天庭・4-258 |
| 何當駕此物・7-280 | 何辭鼓青蘋・3-382 |
| 何當共攜手・3-111 | 何事空摧殘・3-162 |
| 何當來此地・4-153 | 下士大笑・2-46 |
| 何當凌雲霄・7-9 | 何事來吳關・3-246 |
| 下堂辭君去・7-286 | 何事歷衡霍・5-46 |
| 何當餘蔭照・7-426 | 何似魯仲尼・4-43 |
| 何當移白足・3-450 | 何似籠中鶉・4-398 |
| 何當一來遊・5-441 | 何似龍驤出峽來・2-385 |
| 何當造幽人・4-66 | 何事馬蹄間・5-118 |
| 何當脫屣謝時去・6-111 | 何謝新安水・7-80 |
| 何當破月氏・2-36 | 何似陽臺雲雨人・7-230 |
| 河東郭有道・3-125 | 何事入羅帷・2-185 |
| 霞連繡栱張・6-31 | 何事坐交戰・3-345 |
| 何論珠與金・6-395 | 霞想遊赤城・6-450 |
| 何論繪長鯨・4-321 | 河上喜相得・3-134 |
| 何六龍之浩蕩・6-465 | 霞色赤城天・5-36 |
| 下馬不作威・3-419 | 下敘農圃言・5-231 |
| 下望靑山郭・4-195 | 何惜刀尺餘・4-393 |
| 下撫謝朓肩・3-419 | 何惜樹君園・7-42 |
| 何無情而雨絶・7-177 | 何惜逢物情・1-380 |
| 河伯見海若・5-190 | 何惜餘光及棣華・2-259 |
| 何煩過虎谿・4-296 | 下笑世上士・3-181 |
| 何煩笙與竽・5-393 | 何須徇書受貧病・2-206 |
| 何不斷犀象・3-303 | 何須徇節甘風塵・2-206 |

何須身後千載名・1-259
何須醉別顏・4-271
何時更杯酒・4-254
何時見歸軒・3-337
何時見陽春・1-206
何時到栗里・3-237
何時騰風雲・3-137
下視白日晚・5-190
何時復更還・6-22
何時復來此・7-66
何時石門路・4-437
下視瑤池見王母・1-236
下視宇宙間・4-23
何時一杯酒・4-428
何時入宣室・7-110
何時竹林下・4-398
何時天狼滅・2-1
何曾風流到剡溪・5-318
何時黃金盤・3-52
何時迴光一相盼・7-257
河陽富奇藻・3-211
河陽花作縣・3-261
何言西北至・3-191
何言一水淺・3-420
何言謫南國・4-448
何如牽白犢・6-477

何如月下傾金罍・2-236
何如聽訟時・3-348
何如鴟夷子・1-61
何如投水中・6-408
下映雙溪水・4-11
霞外倚穹石・6-144
何用孤高比雲月・1-259
何用悠悠身後名・2-206
何用還故鄉・1-132
下愚忽壯士・5-174
霞月遙相思・5-136
何爲眷南翔・6-385
何由覿蓬萊・1-13
下有淥水之波瀾・1-264
下有陵陽祠・5-149
何由返初服・5-354
下有白玉堂・6-375
下有傷心之春草・4-444
何由成名・1-334
何由稅歸鞅・5-238
何由訴蒼昊・3-308
下有五丈床・7-63
何由一相見・7-136
何由縱鵬鯤・3-433
何由秦庭哭・3-374
下有衝波逆折之回川・1-197

| | |
|---|---|
| 何由討靈異・6-59 | 何日平胡虜・2-193 |
| 何意到陵陽・5-285 | 何爭西輝匿・2-9 |
| 荷衣落古池・4-6 | 河堤弱柳鬱金枝・4-76 |
| 何意上東門・4-27 | 河堤繞淥水・3-115 |
| 何意蒼梧雲・3-441 | 何曾別主人・6-172 |
| 何以折相贈・4-63 | 何曾在鄉土・2-416 |
| 何以佐良圖・3-287 | 何慚宓子賤・3-281 |
| 何以贈遠遊・5-126 | 何憨聶政姐・2-89 |
| 何異清涼山・5-386 | 何慚蘇子卿・2-13 |
| 何異太常妻・7-215 | 何慚七里瀨・6-159 |
| 何人繼其蹤・1-289 | 何慚許郡賓・7-261 |
| 何人共醉新豐酒・4-76 | 何處可爲別・4-463 |
| 何人不起故園情・7-103 | 何處得秋霜・2-365 |
| 何人不相從・4-254 | 何處名僧到水西・4-333 |
| 何人先見許・3-75 | 何處聞秋聲・6-444 |
| 何因揚清芬・3-72 | 何處是歸程・2-120 |
| 何日可攜手・5-285 | 何處我思君・3-265 |
| 何日更攜手・3-241 | 何處夜行好・5-399 |
| 何日金雞放赦回・3-292 | 何處浣紗人・6-231 |
| 何日覿清光・4-192 | 何處滄浪垂釣翁・2-450 |
| 何日到彭澤・4-116 | 荷秋珠已滿・4-150 |
| 何日背淮水・4-205 | 何憚去人近・4-121 |
| 何日是歸期・5-123 | 下瓢酌潁水・3-149 |
| 何日是歸年・6-123 | 何必求神仙・6-270 |
| 何日王道平・2-110 | 何必求知音・6-279 |
| 何日清中原・3-233 | 何必貴龍鬚・7-5 |

何必金與錢・3-457
何必東遊入會稽・5-439
何必問牽牛・7-388
何必嵩丘山・5-196
何必兒女仁・4-317
何必要公孫大娘渾脫舞・2-445
何必長劍拄頤事玉階・5-294
何必長從七貴遊・6-112
何必組與珪・5-418
何必滄浪去・7-263
何必探禹穴・6-362
何必向天台・7-29
何必侯嬴長抱關・3-145
河漢挂戶牖・5-221
河漢女・7-369
河漢復縱橫・4-322
何許最關人・1-348
荷花鏡裏香・4-285
荷花嬌欲語・2-175
荷花羞玉顏・6-169
荷花初紅柳條碧・2-259
何況壯士當群雄・1-206
學哥舒橫行青海夜帶刀・5-294
學劍來山東・5-174
學劍翻自哂・3-306
學劍越處子・2-13

學道北海仙・3-181
學道飛丹砂・6-358
學道三十春・5-234
學道愛神仙・7-213
學得崑丘彩鳳鳴・2-27
謔浪肯居支遁下・4-333
謔浪掉海客・5-246
謔浪萬古賢・3-460
謔浪赤墀青瑣賢・2-255
謔浪偏相宜・5-311
鶴似飛玉京・7-49
學禪白眉空・3-240
涸水吐清泉・2-211
鶴氅似王恭・5-250
涸轍思流水・3-333
學妾淚珠相續・7-365
寒歌寗戚牛・2-352
漢家陵闕・2-123
閑歌面芳林・6-293
漢家兵馬乘北風・5-13
漢家戰士三十萬・1-317
漢家秦地月・1-371
漢家天子馳駟馬・3-361
漢家草綠遙相待・4-453
漢家還有烽火燃・1-222
漢甲連胡兵・3-307

| | |
|---|---|
| 漢江廻萬里・6-83 | 漢東太守醉起舞・4-99 |
| 閑居淸風亭・5-455 | 寒燈厭夢魂欲絶・7-146 |
| 閑傾魯壺酒・4-258 | 閑來東武吟・4-246 |
| 閑階有鳥跡・6-283 | 閑來垂釣碧溪上・1-250 |
| 寒苦不忍言・2-30 | 翰林秉筆迴英盼・3-361 |
| 寒苦坐相仍・3-137 | 漢武尋陽空射蛟・2-387 |
| 韓公吹玉笛・7-106 | 恨無左車略・4-321 |
| 寒瓜蔓東籬・5-311 | 閑聞進玉觴・4-208 |
| 閑過信陵飮・1-326 | 恨不當此時・6-288 |
| 漢求季布魯朱家・3-342 | 恨不三五明・5-267 |
| 漢口雙魚白錦鱗・3-351 | 漢妃恃麗天庭去・7-327 |
| 恨君流沙去・7-162 | 漢使玉關回・2-187 |
| 恨君情悠悠・2-416 | 寒山饒積翠・4-125 |
| 恨君阻歡遊・4-189 | 寒山一帶傷心碧・2-120 |
| 閑窺石鏡淸我心・4-138 | 寒山秋浦月・6-306 |
| 閑騎駿馬獵・3-418 | 韓生信英彦・4-389 |
| 漢女嬌朱顔・2-243 | 寒蟬聒梧桐・7-168 |
| 邯鄲能屈節・3-337 | 寒雪梅中盡・2-76 |
| 邯鄲四十萬・3-399 | 寒城鎭春色・5-215 |
| 邯鄲先震驚・1-326 | 寒沼落芙蓉・2-226 |
| 漢道昔云季・3-75 | 寒松蕭颯如有聲・7-25 |
| 漢道昌・1-318 | 漢水舊如練・6-200 |
| 閑讀山海經・4-6 | 漢水旣殊流・6-400 |
| 恨獨宿兮傷離居・7-177 | 漢水東連揚子津・2-310 |
| 寒冬十二月・7-18 | 漢水臨襄陽・2-62 |
| 漢東太守來相迎・4-99 | 閑隨白鷗去・6-93 |

漢水齧古根・4-294
漢水亦應西北流・2-247
漢水元通星漢流・2-404
閑垂一溪釣・4-28
漢水波浪遠・4-169
閑時當採掇・7-140
閑時田畝中・3-168
韓信羞將絳灌比・5-294
韓信在淮陰・3-137
寒鴉棲復驚・7-117
恨我阻此樂・4-116
閑夜坐明月・6-304
漢陽江上柳・4-161
漢陽復相見・3-345
閑與鳳吹簫・6-174
閑與仙人掃落花・4-95
閑臥瞻太淸・6-450
漢謠一斗粟・1-289
罕遇眞僧說空有・2-322
閑雲隨舒卷・3-44
寒雲夜捲霜海空・1-444
閑雲入窓牖・6-237
閑園養幽姿・5-311
寒月搖淸波・6-348
漢月還從東海出・1-371
閑爲疇昔言・5-354

閒吟步竹石・3-433
閒倚欄下嘯・6-440
漢日舊稱賢・5-46
閑作東武吟・2-96
寒螿愛碧草・2-130
閑在腰間未用渠・3-251
漢殿夜涼吹玉笙・7-369
漢帝不憶李將軍・2-338
漢帝長楊苑・3-86
漢帝重阿嬌・1-456
漢朝公卿忌賈生・1-254
漢祖呂氏・3-97
寒早悲歲促・1-79
漢祖昇紫極・6-179
閑從博徒遊・7-266
漢主爲緹縈・2-13
韓衆騎白鹿・5-285
寒泉湛孤月・6-239
閑綴羽陵簡・3-52
閒聽松風眠・3-419
漢酺聞奏鈞天樂・7-108
寒風生鐵衣・5-18
漢下白登道・1-331
瀚海寂無波・2-50
漢皇乃復驚・1-354
漢皇萬乘尊・1-137

漢皇按劍起・2-44
寒灰寂寞憑誰暖・2-259
寒灰重暖生陽春・3-353
漢興有成功・6-95
割據資豪英・3-75
割鮮若虎餐・2-1
割壤開吳京・4-287
割珠兩分贈・4-317
函谷如玉關・6-129
函谷絶飛鳥・4-321
函谷正東開・1-13
函谷忽驚胡馬來・3-292
函關壯帝居・3-308
含光混世貴無名・1-259
含丹照白霞色爛・6-111
菡萏金芙蓉・4-383
菡萏發荷花・2-191
含桃落小園・7-340
銜得雲中尺素書・2-201
銜木空哀吟・6-425
銜盃大道間・4-271
銜杯惜未傾・5-165
銜杯映歌扇・2-140
銜飛上挂枯樹枝・1-222
含悲想舊國・6-430
銜悲上隴首・7-181

銜書來見過・7-123
銜書且虛歸・1-18
含笑誇白日・1-151
含笑凌倒景・1-69
含笑問使君・3-419
含笑引素手・5-324
含笑坐明月・6-436
含笑出簾櫳・3-309
含愁帶曙輝・7-300
銜哀投夜郎・3-296
咸陽古道音塵絶・2-123
咸陽市中嘆黃犬・2-236
咸陽二三月・1-31
咸陽天下樞・4-43
含煙映江島・6-241
含情詎相違・6-405
含情弄柔瑟・6-375
含情欲誰待・2-197
銜出紫泥書・3-333
含哺七子能平均・1-307
合沓牽數峰・7-425
合沓㸌龍文・6-66
合沓出溟海・5-444
抗手凜相顧・5-18
行數雖不多・7-142
嫦娥孤棲與誰鄰・5-383

項王氣蓋世 · 6-95
骯髒不能就珪組 · 5-277
骯髒辭故園 · 3-108
骯髒在風塵 · 4-439
降足漢營旗 · 7-325
行行淚盡楚關西 · 7-200
解渴同瓊樹 · 4-192
海客去已久 · 1-45
海客談瀛洲 · 4-223
海客無心隨白鷗 · 2-247
海客乘天風 · 2-200
解巾行作吏 · 7-435
海鯨東蹙百川迴 · 2-315
海氣侵肌涼 · 7-382
海內故人泣 · 7-247
海內賢豪青雲客 · 4-98
駭膽悸魄群呼而相號 · 2-289
解帶挂橫枝 · 4-215
解道澄江淨如練 · 2-317
海動山傾古月摧 · 2-385
解領得明珠 · 4-11
海榴世所稀 · 7-7
海凌三山 · 2-46
海邊觀者皆辟易 · 1-230
海上見青山 · 4-271
海上同飛翻 · 4-467

海上碧雲斷 · 2-187
海上五百人 · 3-445
海上青山隔暮雲 · 4-221
海塞無交兵 · 3-127
海色動遠山 · 5-333
海色明徂徠 · 4-437
海色照宮闕 · 6-45
解釋春風無限恨 · 2-84
海水落斗門 · 7-59
海水落眼前 · 5-335
海水浡潏 · 6-465
海水不可解 · 5-57
海水不滿眼 · 5-39
海水爍龍龜 · 4-274
海水三淸淺 · 6-395
海水昔飛動 · 4-287
海樹成陽春 · 3-11
海水照秋月 · 6-76
海水直下萬里深 · 1-187
海神來過惡風迴 · 2-312
解我紫綺裘 · 6-301
海岳尚可傾 · 5-195
海若不隱珠 · 4-17
海燕還秦宮 · 6-428
蟹螯卽金液 · 6-274
海雲迷驛道 · 4-78

海月明可掇・4-171
海月十五圓・6-144
海月破圓景・4-113
海潮南去過尋陽・2-309
海潮亦可量・2-436
海鳥知天風・3-18
解此長渴飢・5-227
咳唾落九天・1-456
解榻時相悅・5-363
解珮欲西去・6-405
海風吹不斷・6-52
海鶴一笑之・5-285
海寒多天風・1-385
海闊孤帆遲・4-342
海懷結滄洲・6-450
行歌歸咸陽・2-105
行歌明月宮・5-15
行歌躡紫煙・5-34
行歌入谷口・5-361
行歌荒野中・7-32
幸君持取無棄捐・7-258
行樂須及春・6-267
行樂爭晝夜・1-61
行樂好光輝・2-76
行來北京歲月深・4-99
行路難・1-250

行路難歸去來・1-254
幸陪鸞輦出鴻都・3-82
幸逢禪居人・6-253
行上南渡橋・5-246
行上東大樓・2-344
行憂報國心・4-441
幸遇聖明主・5-354
幸遇王子晉・1-129
行雲難重尋・7-165
行雲本無蹤・2-424
行雲且莫去・5-405
行融亦俊發・4-17
行吟道上篇・7-101
行人皆辟易・1-61
行人皆躑躅・6-375
行人皆怵惕・1-83
行人在何處・1-429
行人歌金裝・7-63
行入新都若舊宮・2-396
行子期曉發・5-157
行子愁歸旋・6-133
行將泣團扇・7-90
行啼入府中・7-217
幸遭聖明時・5-195
行至上留田・1-267
行盡綠潭潭轉幽・2-450

| | |
|---|---|
| 行墮紫羅襟・1-398 | 響入百泉去・5-433 |
| 行行見雲收・6-257 | 香駿搖綠絲・7-156 |
| 行行昧前筭・6-481 | 香塵動羅襪・6-405 |
| 行行未能已・1-102 | 香風留美人・7-16 |
| 行行芳桂叢・4-383 | 香風送紫蕊・6-380 |
| 香閣凌銀闕・6-76 | 香風引趙舞・1-61 |
| 鄉關眇安西・5-136 | 香風吹人花亂飛・3-145 |
| 向君發皓齒・3-201 | 虛過重陽時・5-444 |
| 向君笑・2-272 | 虛對鸚鵡洲・3-308 |
| 香氣三天下・4-150 | 虛名撥向身之外・2-338 |
| 香氣爲誰發・1-124 | 虛名安用哉・6-274 |
| 向來送行處・4-294 | 虛名何處有・2-332 |
| 香爐滅彩虹・4-143 | 虛沒秦帝宮・1-419 |
| 鄉路遠山隔・4-56 | 虛無齊始終・3-181 |
| 香爐紫烟滅・4-287 | 虛步躡太清・1-66 |
| 香爐瀑布遙相望・4-138 | 虛負雨露恩・3-167 |
| 向晚狌狌啼・2-426 | 虛聲帶寒早・6-241 |
| 向晚竹林寂・5-104 | 虛言誤公子・3-401 |
| 向暮春風楊柳絲・6-112 | 虛作同心結・2-226 |
| 向誰得開豁・3-195 | 虛作離騷遣人讀・2-332 |
| 香心澹薄・7-372 | 虛栽五株柳・6-326 |
| 向余東指海雲生・2-314 | 虛傳宋玉文・6-402 |
| 香亦竟不滅・7-144 | 虛傳一片雨・3-403 |
| 香雲徧山起・6-283 | 虛點盛明意・5-270 |
| 向月樓中吹落梅・1-409 | 虛舟渺安繫・5-270 |
| 香凝光不見・7-412 | 虛舟不繫物・3-240 |

虛舟信洄沿・3-419
虛持三獻君・6-416
虛彈落驚禽・3-140
虛行歸故林・3-69
噓吸竟安在・4-14
軒蓋宛若夢・5-234
軒蓋一何高・2-23
軒車若飛龍・4-254
軒車且徘徊・6-288
獻君君按劍・1-174
獻納少成事・4-229
獻納青雲際・5-270
獻賦甘泉宮・2-96, 4-246
獻賦有光輝・3-86
軒師廣成・2-46
獻書入金闕・5-207
獻聖壽・1-297
巘崿上攢叢・5-285
軒轅去時有弓劍・1-236
憲章亦已淪・1-3
獻主昔云是・4-1
軒后上天時・4-430
軒后爪牙常先太山稽・1-414
歇馬旁春草・6-131
歇鞍憩古木・4-215
赫怒我聖皇・1-49

赫怒震威神・1-153
奕世皆夔龍・5-62
赫如鑄鼎荊山前・5-277
赫然稱大還・3-220
革侯遁南浦・3-158
絃歌對前楹・3-31
絃歌詠唐堯・3-115
絃歌播清芬・4-347
絃歌欣再理・3-211
玄談又絶倒・5-201
峴山臨漢江・2-59
賢相燮元氣・3-284
賢甥卽明月・3-195
賢聖旣已飲・6-270
賢聖遇讒慝・6-421
絃聲何激烈・6-375
賢彦多逢迎・4-34
玄猿綠羆舐談崟岌危柯振石・2-289
玄元包橐籥・4-273
賢人豈悲吟・4-393
賢人當重寄・3-193
賢人有素業・4-6
賢人宰吾土・3-115
絃將手語彈鳴箏・1-273
賢哉四公子・4-414

| | |
|---|---|
| 玄珠寄罔象・5-207 | 兄九江兮弟三峽・6-465 |
| 懸知樂客遙相待・6-111 | 刑徒七十萬・1-13 |
| 縣之山之巔・7-417 | 蘅蘭方蕭瑟・6-448 |
| 賢哲棲棲古如此・2-217 | 荊門倒屈宋・3-265 |
| 玄風變太古・1-98 | 螢飛秋窗滿・2-40 |
| 懸河與微言・3-181 | 衡山望五峰・5-42 |
| 賢豪間青娥・3-307 | 荊山長號泣血人・1-361 |
| 賢豪多在門・7-66 | 衡山朝九疑・5-136 |
| 賢豪滿行舟・4-153 | 衡山蒼蒼入紫冥・5-114 |
| 賢豪相追餞・4-435 | 炯心如凝丹・6-414 |
| 懸胡青天上・1-317 | 衡岳有闍士・6-76 |
| 玄暉難再得・6-200 | 荊人泣美玉・3-21 |
| 血流征戰場・3-284 | 兄弟尚路人・1-289 |
| 血染蓬蒿紫・7-323 | 兄弟八九人・4-274 |
| 夾轂相借問・2-140 | 荊州麥熟繭成蛾・1-378 |
| 夾道起朱樓・6-196 | 逈出江上山・6-249 |
| 夾道垂青絲・4-113 | 逈向高城隅・6-11 |
| 峽裏聞猿叫・7-315 | 馨香誰爲傳・1-89 |
| 俠士堂中養來久・2-206 | 蟪蛄蒙恩・2-46 |
| 峽石入水花・5-157 | 蟪蛄啼青松・6-390 |
| 挾矢不敢張・3-307 | 彗星揚精光・6-385 |
| 愜我雪山諾・5-441 | 惠施不肯干萬乘・2-339 |
| 狹如一匹練・4-163 | 惠與清漳流・3-115 |
| 挾此生雄風・1-419 | 蕙草留芳根・6-34 |
| 挾彈章臺左・2-155 | 惠澤及飛走・4-35 |
| 荊卿一去後・3-457 | 惠好相招攜・3-26 |

| | |
|---|---|
| 惠好庶不絶・4-202 | 胡馬渡洛水・3-284 |
| 惠化聞京師・3-14 | 胡馬翻銜洛陽草・2-217 |
| 浩歌待明月・6-313 | 胡馬西北馳・7-156 |
| 浩歌望嵩岳・1-354 | 胡馬欲南飲・2-36 |
| 虎可搏・1-192 | 胡馬一何驕・2-50 |
| 好客留軒蓋・3-212 | 胡馬秋肥宜白草・1-230 |
| 虎溪懷遠公・4-72 | 胡馬風漢草・6-34 |
| 好古笑流俗・2-96, 4-246 | 浩漫將何之・5-311 |
| 虎鼓瑟兮鸞回車・4-224 | 胡無人・1-317 |
| 胡公能輒贈・4-21 | 毫墨時灑落・3-108 |
| 胡關饒風沙・1-49 | 虎變磻溪中・1-361 |
| 湖光搖碧山・5-370 | 胡兵沙塞合・2-187 |
| 胡驕馬驚沙塵起・3-353 | 胡兵出月窟・3-374 |
| 狐裘獸炭酌流霞・2-259 | 虎伏避胡塵・3-460 |
| 虎口何婉孌・1-160 | 虎符合專城・1-109 |
| 昊穹降元宰・3-381 | 胡沙驚北海・3-270 |
| 胡窺青海灣・1-331 | 胡沙埋皓齒・1-358 |
| 湖南七郡凡幾家・2-445 | 豪士無所用・5-390 |
| 胡乃自結束・1-79 | 虎士秉金鉞・5-118 |
| 好道心不歇・6-13 | 好士不盡心・3-337 |
| 呼童烹雞酌白酒・4-331 | 豪士集新亭・7-276 |
| 呼來上雲梯・3-309 | 湖山信爲美・4-363 |
| 湖連張樂地・5-165 | 胡霜拂劍花・2-42 |
| 呼盧百萬終不惜・2-206 | 胡霜蕭颯繞客衣・2-259 |
| 胡虜三嘆息・3-418 | 胡牀紫玉笛・4-27 |
| 胡馬顧朔雪・1-76 | 胡塞塵清計日歸・4-453 |

| | |
|---|---|
| 好色傷大雅・6-405 | 好與山公群・4-347 |
| 皓色遠迷庭砌・7-367 | 皓如山陰雪・4-202 |
| 湖西正有月・5-370 | 湖與元氣連・6-233 |
| 虎石踞西江・4-363 | 浩然媚幽獨・6-444 |
| 豪聖思經綸・6-453 | 胡燕別主人・7-208 |
| 胡星耀精芒・2-105 | 浩然與溟涬同科・1-313 |
| 豪聖凋枯・6-457 | 皓月未能寢・6-295 |
| 虎嘯谷而生風・2-290 | 胡月入紫微・5-95 |
| 虎嘯俟騰躍・5-142 | 湖月照我影・4-223 |
| 好乘浮雲驄・1-429 | 胡爲兩地遊・4-414 |
| 虎視何雄哉・1-13 | 好爲廬山謠・4-138 |
| 湖心泛月歸・5-416 | 胡爲勞其生・6-313 |
| 呼兒拂机霜刃揮・5-219 | 胡爲守空閨・2-140 |
| 呼兒掃中堂・2-5 | 胡爲雜凡禽・5-23 |
| 好鵝尋道士・7-66 | 胡爲啄我葭下之紫鱗・1-308 |
| 呼我遊太素・1-132 | 好爲蕩舟劇・7-222 |
| 好我者恓我・6-465 | 呼鷹過上蔡・4-242 |
| 呼兒長跪緘此辭・4-101 | 胡鷹白錦毛・7-17 |
| 呼兒將出換美酒・1-225 | 呼鷹白河灣・2-243 |
| 呼我謫仙人・6-350 | 胡人叫玉笛・5-444 |
| 胡顏見雲月・3-58 | 胡人吹玉笛・7-96 |
| 胡雁鳴・1-452 | 呼作白玉盤・1-433 |
| 胡雁拂海翼・3-187 | 壺漿半成土・2-137 |
| 胡雁飛沙洲・6-27 | 虎將如雷霆・3-381 |
| 胡雁亦北度・1-334 | 壺漿候君來・3-211 |
| 好鞍好馬乞與人・2-206 | 胡蝶爲莊周・1-34 |

| | |
|---|---|
| 蝴蝶忽然滿芳草・1-354 | 浩蕩難追攀・5-330 |
| 好鳥迎春歌後院・7-82 | 浩蕩弄雲海・4-344 |
| 好鳥集珍木・3-204 | 浩蕩深謀噴江海・3-93 |
| 扈從金城東・2-96, 4-246 | 浩蕩若流波・7-134 |
| 湖州司馬何須問・5-188 | 狐兔多肥鮮・5-320 |
| 虎竹光南藩・3-432 | 湖平見沙汭・7-59 |
| 虎竹光藩翰・6-481 | 胡風結飛霜・6-385 |
| 虎竹救邊急・2-105 | 胡風吹代馬・2-166 |
| 壺中見底清・3-116 | 好風吹落日・4-441 |
| 胡中無花可方比・1-358 | 胡風吹天飄塞鴻・1-444 |
| 胡中美女多羞死・1-358 | 薃下盈萬族・1-168 |
| 壺中別有日月天・6-111 | 好閑復愛仙・4-52 |
| 壺中趣每同・3-134 | 浩浩驚波轉・3-52 |
| 胡地無春暉・7-181 | 浩浩洪流之詠何必奇・2-319 |
| 胡塵輕拂建章臺・2-393 | 湖闊數十里・5-370 |
| 呼天哭昭王・3-307 | 毫揮魯邑訟・3-34 |
| 呼天野草間・2-166 | 呼吸走百川・3-307 |
| 呼天而啼・6-465 | 呼吸八千人・6-95 |
| 湖清霜鏡曉・4-370 | 胡姬貌如花・1-281 |
| 胡雛更長嘯・4-27 | 胡姬招素手・4-463 |
| 胡雛綠眼吹玉笛・2-218 | 或冀一人生・3-399 |
| 胡雛飲馬天津水・3-353 | 或弄宛溪月・3-419 |
| 呼取江南女兒歌棹謳・3-353 | 或時清風來・6-440 |
| 皓齒信難開・6-169 | 或云・1-187 |
| 皓齒終不發・1-156 | 或有夢來時・1-391 |
| 浩蕩寄南征・4-80 | 昏霧橫絕巘・3-52 |

魂隨越鳥飛南天・4-470
渾身裝束皆綺羅・2-206
婚娶殊未畢・4-83
忽見無端倪・3-195
忽見浮丘公・5-285
忽見子猷船・5-100
忽見滄浪枻・5-270
忽蒙白日迴景光・3-82
忽聞悲風調・6-304
忽聞岸上踏歌聲・4-50
忽逢江上春歸燕・2-201
忽逢靑雲士・6-260
忽復歸嵩岑・4-465
忽復乘舟夢日邊・1-250
忽思剡溪去・4-27
忽憶范野人・5-311
忽憶繡衣人・5-246
忽與秋蓬飛・6-419
忽然高詠涕泗漣・2-255
忽然隨風飄・6-174
忽有一鳥從天來・2-450
忽遺蒼生望・7-55
忽之如遺塵・3-465
忽此相逢遇・3-233
忽耽笙歌樂・7-49
忽向窗前落・7-280

忽魂悸以魄動・4-224
紅巾拭淚生氤氳・2-201
鴻鵠復矯翼・5-261
鴻溝勢將分・5-94
紅錦重重翦作囊・7-402
紅泥亭子赤欄干・4-405
洪濤爲簸揚・1-297
紅羅袖裏分明見・7-44
洪爐不鑄囊中錐・2-332
紅肥花落白雪霏・5-219
紅星亂紫煙・2-363
紅顏棄軒冕・3-3
紅顏老昨日・7-189
紅顏未相識・6-231
紅顏悲舊國・4-78
紅顏愁落盡・7-201
紅顏隨霜凋・5-178
紅顏逐浪無・7-391
鴻雁向西北・2-144
洪燄爍山・3-96
紅榮已先老・3-455
虹霓掩天光・5-270
紅妝白日鮮・2-189
紅妝欲醉宜斜日・4-100
紅妝二八年・2-416
洪亭臨道旁・7-63

| | |
|---|---|
| 洪波噴流射東海·2-263 | 華髮同衰榮·3-75 |
| 洪波振大壑·1-144 | 華發長折腰·4-28 |
| 洪波浩蕩迷舊國·2-283 | 火焚崑山·6-457 |
| 洪波洶湧山崢嶸·2-277 | 花飛出谷鶯·6-139 |
| 洪河凌兢不可以徑度·2-289 | 華鬢不耐秋·1-93 |
| 畫角悲海月·2-105 | 禾黍咸傷萎·6-421 |
| 花間一壺酒·6-267 | 化石竟不返·6-400 |
| 花開大堤暖·2-62 | 化城若化出·5-455 |
| 華蓋垂下睫·1-296 | 花性飄揚不自持·7-172 |
| 華館陪遊息·5-215 | 化心養精魄·5-86 |
| 花光不減上陽紅·2-396 | 花顏笑春紅·2-30 |
| 火旗雲馬生光彩·4-453 | 華陽春樹似新豐·2-396 |
| 花暖青牛臥·6-317 | 花豔驚上春·1-375 |
| 畫堂晨起·7-367 | 花雨從天來·6-283 |
| 火落金風高·5-221 | 花月奈愁何·7-232 |
| 花落成枯枝·1-441 | 花月使人迷·2-55 |
| 花落時欲暮·6-358 | 花月醉雕鞍·2-1 |
| 花落窗下書·5-207 | 化爲狼與豺·1-199 |
| 和樂醉人心·3-211 | 化爲繞指柔·4-314 |
| 禍連積怨生·5-238 | 化爲洪川在·2-442 |
| 和淚淹紅粉·7-418 | 和者乃數千·1-74 |
| 驊騮拳踢不能食·5-294 | 化作梅花妝·7-382 |
| 花蔓宜陽春·7-16 | 化作綵雲飛·2-64 |
| 花明淥江暖·7-132 | 花將色不染·5-386 |
| 花明玉關雪·2-153 | 華頂高百越·6-13 |
| 花貌些子時光·7-365 | 華頂窺絕溟·5-347 |

華頂殊超忽・4-345
華亭鶴唳詎可聞・1-259
華池淡碧虛・7-435
花枝拂人來・5-380
花枝宿鳥喧・7-66
花處復添香・7-309
畫出樓臺雲水間・2-382
花紅北闕樓・2-78
化洽一邦上・3-212
蠖屈雖百里・3-211
廓落無所合・2-5
廓落青雲心・5-118
還家驚四鄰・1-114
還家守清眞・4-266
還見新人有故時・7-172
還傾四五酌・5-311
桓公名已古・6-239
還過苴若聽新鶯・2-252
還歸空山上・3-149
還歸富春山・1-42
還歸守故園・7-33
還歸布山隱・4-335
還期如可訪・5-250
還道滄浪濯吾足・2-332
還同謝朓望長安・5-277
還同月下鵲・3-372

還來雁沼前・5-108
還來荊山中・4-310
還望巖下石・6-277
還聞天竺寺・4-378
還浮入海船・5-36
還山迷舊蹤・4-68
還山非問津・5-62
桓山之禽別離苦・1-267
還山秋夢長・3-407
還相隨・4-98
歡賞夜方歸・7-94
還惜詩酒別・6-108
還召李將軍・2-44
歡笑相拜賀・3-212
歡笑自此畢・6-5
還須結伴遊・2-74
還須黑頭取方伯・2-339
歡言得所憩・5-351
還如對君面・7-347
還與萬方同・2-68
還如世中人・6-378
歡餘情未終・4-72
還如太階平・4-35
歡娛樂恩榮・2-86
歡娛每相召・4-27
歡娛未終朝・3-307

歡娛未曾歇・4-43
還有夢來時・1-398
歡愉恓惶萎・4-274
還應倒接羅・6-263
還應掃釣磯・7-313
還應釀老春・7-249
還依蒿與蓬・4-428
還從方士遊・4-387
換酒醉北堂・3-52
還知塞上人・7-343
還唱石潭歌・5-190
還逐賈人船・7-433
還合炎蒸留爍景・7-402
還向隴西飛・7-14
豁然披雲霧・3-233
豁此佹儽憤・2-13
黃葛生洛溪・2-20
黃犬空歎息・1-61
怳驚起而長嗟・4-224
荒徑隱蓬蒿・2-23
黃雞啄黍秋正肥・4-331
黃姑與織女・6-372
黃口爲人羅・3-374
皇穹雪冤枉・3-167
皇穹竊恐不照余之忠誠・1-187
黃金高北斗・6-378

黃金久已罄・3-195
黃金拳拳兩鬢紅・1-296
黃金絡頭白玉鞍・5-277
黃金絡馬頭・1-61
黃金滿高堂・3-181
黃金買尺薪・4-430
黃金買醉未能歸・2-283
黃金白璧買歌笑・4-98
黃金報主人・3-460
黃金不肯博・7-280
黃金不惜栽桃李・2-206
黃金四屋起秋塵・7-154
黃金獅子乘高座・2-411
黃金散盡交不成・5-294
黃金消衆口・4-414
黃金數百鎰・4-254
黃金逐手快意盡・3-251
黃金充轅軛・3-220
黃旗一掃蕩・4-287
況乃狂夫還・7-162
況乃尋常人・4-430
況乃效其曝・6-369
黃女持謙齒髮高・7-327
況對木瓜山・6-90
黃頭奴子雙鴉鬟・5-185
恍來報曉鐘・7-430

| | |
|---|---|
| 荒涼千古蹟・6-183 | 荒淫竟淪沒・1-178 |
| 黃鸝愁醉啼春風・5-342 | 況爾悠悠人・7-119 |
| 黃鸝啄紫椹・7-115 | 荒庭衰草徧・6-235 |
| 黃龍邊塞兒・1-441 | 黃帝鑄鼎於荊山・1-233 |
| 況聞清猿哀・6-283 | 黃祖斗筲人・6-213 |
| 況復論秋胡・2-130 | 黃鳥鳴不歇・6-479 |
| 黃山堪白頭・2-346 | 黃鳥坐相悲・7-162 |
| 黃山過石柱・5-285 | 黃河當中流・3-310 |
| 黃山望石柱・3-449 | 黃河落天走東海・3-88 |
| 黃山四千仞・4-383 | 黃河萬里觸山動・2-263 |
| 黃石借兵符・3-287 | 黃河捧土尚可塞・1-322 |
| 荒城空大漠・1-49 | 黃河三尺鯉・3-91 |
| 荒城虛照碧山月・2-283 | 黃河西來決崑崙・1-192 |
| 況屬臨泛美・6-205 | 黃河若不斷・4-347 |
| 怳若空而夷猶・7-177 | 黃河如絲天際來・2-263 |
| 皇輿成播遷・3-270 | 黃河飲馬竭・4-321 |
| 黃牛過客遲・4-298 | 黃河從西來・5-330 |
| 黃雲結暮色・6-448 | 黃河走東溟・1-40 |
| 黃雲萬里動風色・4-138 | 黃河之水天上來・1-225 |
| 黃雲城邊烏欲棲・1-217 | 黃鶴高樓已搥碎・5-264 |
| 皇運有返正・6-34 | 黃鶴久不來・3-449 |
| 黃雲慘無顏・2-166 | 黃鶴東南來・5-227 |
| 黃雲蔽龍山・6-301 | 黃鶴樓前月華白・2-411 |
| 黃雲海戍迷・2-157 | 黃鶴樓中吹玉笛・6-319 |
| 況有錦字書・1-387 | 黃鶴不復來・3-168 |
| 皇恩雪憤懣・4-298 | 黃鶴上天訴玉帝・5-264 |

黃鶴西樓月・5-165
黃鶴仙人無所依・5-264
黃鶴之飛尙不得過・1-197
黃鶴振玉羽・5-126
黃鶴呼子安・4-23
恍惚不憶歸・5-337
恍惚入靑冥・3-240
黃花不掇手・6-66
黃花笑逐臣・5-452
黃花逸興催・4-183
黃花自綿冪・2-20
恍恍如聞神鬼驚・2-445
恍恍與之去・1-66
迴車竟何託・6-388
迴車挂扶桑・2-114
回車渡天津・2-109
迴車避朝歌・3-418
會見蓬萊十丈花・7-423
悔傾連理杯・2-226
迴溪碧流寂無喧・2-277
會稽素舸郎・7-224
回溪十六度・4-383
會稽愚婦輕買臣・4-331
會稽風月好・3-265
懷古醉餘觴・6-211
懷古欽英風・6-191

會公眞名僧・3-449
廻光燭微躬・2-96, 4-246
懷君戀明德・3-372
懷君未忍去・3-257
懷君芳歲歇・4-145
懷君不可見・4-107
懷歸路綿邈・4-230
懷歸傷暮秋・6-27
淮南望江南・3-441
淮南少年游俠客・2-206
淮南小山白毫子・2-280
回頭笑紫燕・1-241
回頭語小姑・2-226
迴巒引群峰・4-155
回祿睢盱揚紫煙・5-277
會面不可得・4-82
迴薄萬古心・6-444
懷寶空長吁・1-174
懷沙去瀟湘・5-347
迴山轉海不作難・4-98
迴旋寄輪風・3-240
回旋若流光・3-418
迴首故人情・4-125
回首淚成行・7-63
淮水不絕波瀾高・3-132
迴首牛渚沒・4-202

| | |
|---|---|
| 迴首泣迷津・5-130 | 廻合千里昏・6-205 |
| 回首意何如・6-332 | 會向瑤臺月下逢・2-80 |
| 會須一飮三百杯・1-225 | 懷賢盈夢想・5-238 |
| 淮水入南榮・6-41 | 獲笑汶上翁・5-174 |
| 淮水帝王州・4-229 | 橫江館前津吏迎・2-314 |
| 迴首阻笑言・4-294 | 橫江西望阻西秦・2-310 |
| 懷袖且三年・5-291 | 橫江欲渡風波惡・2-309 |
| 迴崖沓嶂凌蒼蒼・4-138 | 橫戈從百戰・2-36 |
| 懷余對酒夜霜白・5-293 | 橫潰豁中國・6-83 |
| 迴輿入咸京・3-374 | 橫琴倚高松・6-299 |
| 淮王愛八公・4-205 | 橫流涕而長嗟・7-177 |
| 廻橈楚江濱・4-346 | 橫石蹙水波潺湲・2-368 |
| 懷恩未得報・1-129 | 橫垂寶幄同心結・2-201 |
| 懷恩未忍辭・3-14 | 橫爲白馬磯・6-137 |
| 懷恩欲報主・3-418 | 橫笛弄秋月・4-252 |
| 淮陰市井笑韓信・1-254 | 橫絕歷四海・1-18 |
| 會入天地春・5-128 | 橫天流不息・2-9 |
| 悔作商人婦・2-416 | 橫天聳翠壁・5-363 |
| 迴作玉鏡潭・5-395 | 橫蹙楚山斷・4-155 |
| 回舟不待月・2-191 | 橫吞百川水・1-107 |
| 懷中茂陵書・5-201 | 橫河跨海與天通・2-268 |
| 迴瞻赤城霞・4-346 | 橫行起江東・6-95 |
| 迴波自成浪・6-245 | 橫行負勇氣・2-44 |
| 迴鞭指長安・6-91 | 橫行陰山側・2-50 |
| 廻飇吹散五峰雪・5-114 | 曉峰如畫參差碧・7-421 |
| 回風送天聲・1-28 | 曉雪河冰壯・6-279 |

| | |
|---|---|
| 梟首當懸白鵲旗・5-5 | 喧呼鞍馬前・5-320 |
| 曉戰隨金鼓・2-34 | 喧呼傲陽侯・5-246 |
| 曉吹員管隨落花・2-201 | 喧喧唯道三數公・4-453 |
| 後宮嬋娟多花顔・1-236 | 揮劍決浮雲・1-13 |
| 後宮親得照娥眉・2-399 | 揮鐮若轉月・7-5 |
| 後騎甘泉東・1-437 | 揮手凌蒼蒼・4-229 |
| 後來繼之有殷公・2-428 | 揮手緬含情・4-287 |
| 後來道空存・6-202, 6-205 | 揮手謝公卿・4-322 |
| 後來我誰身・6-378 | 揮手遂翺翔・3-407 |
| 後世仰末照・1-37 | 揮手自茲去・5-76 |
| 後世稱其賢・3-465 | 揮手再三別・4-340 |
| 候時救炎旱・4-155 | 揮手折若木・1-132 |
| 侯嬴尚隱身・5-28 | 揮手杭越間・4-345 |
| 後人得之傳此・2-434 | 揮刃斬樓蘭・2-105 |
| 後庭朝未入・2-70 | 揮策揚子津・4-346 |
| 後天而老凋三光・1-236 | 揮策還孤舟・6-144 |
| 欻起匡社稷・6-279 | 揮涕且復去・1-76 |
| 欻起生羽翼・6-179 | 揮鞭萬里去・2-157 |
| 欻起雲蘿中・2-96, 4-246 | 揮鞭直就胡姬飲・2-164 |
| 欻起佐太子・1-354 | 揮鞭布獵騎・4-426 |
| 欻起持大鈞・3-381 | 揮筆如振綺・4-344 |
| 欻如飛電來・6-52 | 揮翰凌雲烟・4-266 |
| 烜赫大梁城・1-326 | 揮毫贈新詩・3-181 |
| 烜赫耀旌旗・4-274 | 攜妓東山去・4-453 |
| 喧呼救邊急・1-109 | 攜妓東山門・3-167 |
| 喧呼相馳逐・4-426 | 攜妓東土山・2-319 |

攜糧負薪・2-46
休兵樂事多・2-50
攜手綠雲中・4-205
攜手弄雲煙・4-380
攜手凌白日・6-5
攜手凌星虹・3-134
攜手林泉處處行・7-228
攜手訪松子・4-60
攜此臨墨池・7-347
攜壺酌流霞・5-450
匈奴繫頸數應盡・5-13
匈奴犯渭橋・2-50
匈奴笑千秋・3-310
匈奴哂千秋・5-169
匈奴以殺戮爲耕作・1-222
匈奴盡奔逃・2-23
欣得漂母迎・4-88
欣承清夜娛・7-5
欣然願相從・1-69
恰似葡萄初醱醅・2-235
吸景駐光彩・1-40
興酣樂事多・6-301
興酣落筆搖五岳・2-247
興來灑筆會稽山・5-185
興來攜妓恣經過・4-100
興發歌綠水・5-246

興發每取之・3-419
興言且成文・7-55
興與謝公合・5-395
興遠與誰豁・4-171
興引登山屐・4-380
興因廬山發・4-138
興入天雲高・4-335
興在一杯中・4-338
興在趣方逸・4-72
興從剡溪起・3-11
興盡愁人心・6-348
興罷各分袂・4-271
喜見春風還・5-104
喜結海上契・5-234
希君同攜手・3-187
希君生羽翼・3-333
希君一剪拂・3-191
希君種後庭・7-140
晞髮弄潺湲・6-103
希聖如有立・1-3
噫然大塊吹・4-273
噫吁戲・1-197
喜茲一會面・5-227
羲和・1-312
羲和無停鞭・2-211

## 저자소개

- 이백(李白, 701~762)

자는 태백太白이고 호는 청련거사青蓮居士이며 별칭으로 적선謫仙이라 불리기도 한다. 시선詩仙이라 불리며 시성詩聖인 두보杜甫와 더불어 중국 고전 시가의 최고봉이다. 젊었을 때 유가, 도가, 종횡가, 유협 등을 익혔으며 중국 각지를 유람하며 다양한 지역 문화를 접하였다. 42세 때 현종의 부름을 받아 한림공봉을 하였지만 일 년 남짓 있다가 궁을 떠나 천하를 주유하였다. 자신을 대붕大鵬에 비유하며 기상을 떨치고자 하였지만 결국 실패하고 쓸쓸히 세상을 떠났다. 그의 시에는 호방하고 높은 기상이 빛나며 타고난 상상력으로 불후의 작품을 많이 남겼다. 그가 남긴 시는 중국뿐만 아니라 한국의 문인들에게도 영향을 많이 미쳤으며 지금도 세계의 많은 사람들이 그의 시를 애송하고 있다.

## 역자소개

- 이영주

서울대학교 중어중문학과를 졸업하고 동 대학원에서 박사학위를 받았다. 현재 서울대 중어중문학과 교수로 재직하고 있으며, 한국중국어문학회장, 한시협회 자문위원 등을 역임하였다. 唐詩를 주로 연구하고 강의하고 있으며 두보 시 전체를 역해하는 작업을 수행하고 있다. 한시 창작에도 관심이 있어 6권의 자작 한시집을 출간하였다. 연구 논문으로는 〈두시장법연구〉, 〈압운과 장법의 상관성 고찰〉, 〈질서와 조화 - 두보 시의 원리〉 등이 있으며, 저서로는 ≪한자자의론≫(서울대학교출판문화원), ≪한국 시화에 보이는 두시≫(서울대학교출판문화원), ≪사불휴 - 두보의 삶과 문학)≫(공저, 서울대학교출판문화원) 등 다수가 있다.

• 임도현

서울대학교 금속공학과를 졸업하고 소재개발 관련 업무를 수행하다가 중문학으로 진로를 바꾸어 서울대학교 중어중문학과에서 박사학위를 취득하였다. 중국 고전 시가를 주로 연구하고 있으며 특히 이백, 두보, 소식, 사영운 등의 시를 많이 보았다. 연구 논문으로는 〈이백의 자아 추구 양상과 문학적 반영〉, 〈이백의 간알시에 나타난 관직 진출 열망〉 등이 있으며 저역서로는 ≪쫓겨난 신선 이백의 눈물≫(근간, 서울대학교출판문화원), ≪이백시선≫(지식을만드는지식), ≪협주명현십초시(夾注名賢十抄詩)≫(공역, 학고방) 등이 있다.


• 신하윤

이화여자대학교 중문과를 졸업하고 北京大學에서 중국고대문학으로 박사학위를 취득하였으며 이화여자대학교 중어중문학전공에서 가르치고 있다. 중국고전문학을 바라보는 다양한 시각에 관심을 가지고 중국고전시가의 예술적 특징, 문화적 가치에 관해 연구를 진행하고 있다. 연구 논문으로는 〈李白시에서의 시공간 이미지에 관한 고찰〉, 〈중국고전시의 理趣〉, 〈徐振「朝鮮竹枝詞」에 나타난 淸人의 朝鮮인식〉 등이 있으며 역서로 ≪영원한 대자연인 이백≫(공역, 이끌리오) 등이 있다.

한국연구재단
학술명저번역총서
[동양편]　　614

**이태백 시집** 李太白 詩集 찾아보기

1판 1쇄 발행　2015년　3월　30일
1판 2쇄 인쇄　2019년　11월　5일
1판 2쇄 발행　2019년　11월　15일

지　　음 | 이　백
역　　주 | 이영주·임도현·신하윤
펴 낸 이 | 하운근
펴 낸 곳 | 學古房

주　　소 | 경기도 고양시 덕양구 통일로 140 삼송테크노밸리 A동 B224
전　　화 | (02)353-9908　편집부(02)356-9903
팩　　스 | (02)6959-8234
홈페이지 | http://hakgobang.co.kr/
전자우편 | hakgobang@naver.com, hakgobang@chol.com
등록번호 | 제311-1994-000001호

ISBN　　978-89-6071-486-1　94820
　　　　978-89-6071-287-4　(세트)

값 : 29,000원

■ 이 책은 2011년도 정부재원(교육과학기술부 인문사회기초연구사업비)으로 한국연구재단의 지원을 받아 연구되었음(NRF-2011-421-A00057).
This work was supported by National Research Foundation of Korea Grant funded by the Korean Government(NRF-2011-421-A00057).

이 도서의 국립중앙도서관 출판시도서목록(CIP)은 서지정보유통지원시스템 홈페이지(http://seoji.nl.go.kr)와 국가자료공동목록시스템(http://www.nl.go.kr/kolisnet)에서 이용하실 수 있습니다.(CIP제어번호: CIP2015008181)

■ 파본은 교환해 드립니다.